KB132694

온정신의 회복 시리즈 ❶

존 카밧진이 이야기하는

당신이 모르는 마음챙김 명상

Jon Kabat-Zinn 저 | 안희영 · 김정화 공역

MEDITATION
IS NOT
WHAT YOU THINK

학지사

마일라를 위하여
스텔라, 아사, 토비를 위하여
윌과 테레사를 위하여
나우송을 위하여
세레나를 위하여
샐리와 엘프, 하위와 로즈를 추모하기 위하여

마음 써 준 모든 이를 위하여
모든 가능성을 위하여
그러한 것들을 위하여
지혜를 위하여
명료함을 위하여
친절을 위하여
사랑을 위하여

역자 서문

이 책은 15년 전 출간된 『온정신의 회복(Coming to Our Senses: Healing Ourselves and the World Through Mindfulness)』(학지사, 2017)을 저자인 존 카 밧진(Jon Kabat-Zinn) 박사가 수정·보완해서 네 권의 단행본 시리즈[1권 『당신이 모르는 마음챙김 명상』(학지사, 2022), 2권 『온전히 깨어 있기』(학지사, 2022), 3권 『마음챙김의 치유력』(미출간), 4권 『모두를 위한 마음챙김』(미출간)]로 내놓은, 익숙하면서도 새로운 저작의 일부입니다.

카밧진 박사는 마음챙김 선생님(Mr. Mindfulness)이라는 애칭으로 불릴 만큼 현대사회에서 마음챙김을 널리 보급하는 데 큰 공헌을 한 이 시대의 대표적인 명상가입니다. 그는 1979년 불교명상의 핵심이라 불리는 마음챙김 명상을 근거로 현대인들이 체계적으로 배울 수 있도록 세계 최초의 마음챙김 의료명상인 MBSR(마음챙김에 근거한 스트레스 완화) 프로그램을 개발하여, 서구사회를 중심으로 전 세계에 마음챙김을 널리 알린 이 분야의 선구자입니다. MBSR은 카밧진 박사가 소수의 수행자들에게 전승되어 온 마음챙김이라는 심오한 명상의 세계를 잘 배우고 익혀 삶의 고통에 지혜롭게 대처할 수 있도록 체계화한 보편적인 명상 프로그램이라 할 수 있습니다.

새롭게 발간되는 네 권의 단행본에서 저자는 진정한 마음챙김 명상이 무엇인지, 또 마음챙김을 어떻게 해야 하는지, 주의를 바르게 기울이는 것이 어떻게 고통의 감소나 극복으로 이어지는지, 마음챙김이 사회에 어떻게 유익한지, 알아차림 자각이 어떻게 치유의 가능성을 열어 주는지를 설득력 있게 펼쳐 보여 주고 있습니다. 그리고 궁극적으로 우리 모두가 어떻게 존재의 중심으로 돌아올 수 있는지, 더 나아가 사회와 국가라는 차원에서 공동체를 어떻게 치유할 수 있는지 개인과 사회의 변용의 가능성으로 저자 특유의 경험과 지혜로 독자를 친절하게 안내해 주고 있습니다.

이 새로운 시리즈는 전신인 『온정신의 회복』과 마찬가지로 카밧진 박사의 명상 체험과 사상 그리고 세계관을 잘 볼 수 있는 명저입니다. 그런 만큼 MBSR 프로그램의 배경과 철학을 잘 이해하고자 하는 독자에게 많은 도움이 될 것으로 생각합니다.

역자가 MBSR 8주 일반과정을 국내에 처음 공식 소개한 2005년 이후에도 MBSR은 계속 성장·발전하고 있습니다. 카밧진 박사의 사상을 명료하게 담은 이 시리즈도 새로운 옷을 입고 출간됨을 기쁘게 생각합니다. 역자들 나름의 노력에도 불구하고 번역 과정에서 저자의 뜻을 정확하게 표현하지 못한 부분이 있다면 독자 여러분의 지속적인 관심과 지도를 기대합니다.

이 책의 전신인 『온정신의 회복』의 번역을 함께한 김재성 교수님, 이재석 선생에게 감사함을 전합니다. 이번 시리즈 번역에 합류한 김정화 선생과 감사와 기쁨의 마음을 나눕니다. 10년이 넘는 세월을 한결같이 양서 번역을 허락해 주신 학지사 김진환 사장님과 늘 최선을 다하는 편집부 여러분에게도 감사한 마음을 전합니다.

2022년 봄
안희영

한국 독자들에게 전하는 글

이 책을 포함한 『온정신의 회복 시리즈』(전 4권)는 여러분이 삶을 진정으로 중요하게 여기며 사는 데 필요한 열정을 일으키기 위한 것입니다. 이 책들은 모두 여러분을 진정한 사랑과 지혜, 근본적인 깨어 있음으로서의 마음챙김 수련으로 안내하기 위해 집필되었습니다. 마음챙김은 우리의 삶에 할 수 있는 한 온전히 현존하는 것을 의미합니다. 순간순간, 하루하루에 열린 가슴과 열린 마음으로 참여할 동기를 부여받을 때, 여러분은 마음챙김 수련과 삶 사이에 분리가 없음을 더 잘 이해하게 될 것입니다. 자각은 우리가 이러한 존재의 방식을 시작할 때, 중도에, 마지막에 이르기까지 기반이 됩니다. 자각은 그 경험이 스트레스를 주는 것이든, 유쾌한 것이든, 어느 순간에 엄청난 고통을 주거나 반대로 엄청난 기쁨을 주는 것이든 마음챙김을 한다면 언제나 존재할 것이며, 언제나 경험의 저변에 있을 것입니다. 어려운 것은 매 순간 자각의 그 기반을 알아차리고 할 수 있는 한 관념이 아니라 살아 있는 경험으로서 자각 속에 머무르는 것입니다. 존재의 길은 지속적인 수련으로 우리와 함께 성장합니다.

이 책에 나오는 일련의 장은 마음챙김 명상이 무엇인지, 이 특별한 순간에 왜 마음챙김이 그렇게 중요한지를 이해하는 데 다양한 방식이 있음을 보여 줄 것입니다. 이 책을 읽음으로써 여러분이 진지한 수련을 통해 최대한 '기본 설정'으로 자각 속에 '머무르는' 방법을 배우기를 희망합니다. 이 방법을 익히는 것은 우리가 자동적이고 습관적인 반응이나 욕망과 두려움에 휩쓸리는 데 대한 매우 긍정적인 대안이 되어 줄 것입니다. 그것은 한국을 포함하여 세계의 수많은 사람이 수련하고 있는 것처럼 여러분이 삶 속에서 마음챙김을 함양하도록 동기를 부여하는 폭넓은 대안과 개인적인 해결책을 제공해 줄 것입니다.

이번 한국판은 서울 화계사 출신의 고(故) 숭산 스님께 수년 동안 마음챙김을 수행한 개인적 인연이 있는 저자에게는 특별한 의미가 있습니다. 저자의 오랜 친구이자 동료이며, MBSR 지도자인 안희영 박사가 이끄는 번역팀에 의해 번역되었다는 것 역시 특별한 의미가 있습니다. 이 책이 건강과 웰빙, 공동체와 문화, 국가 그리고 세계를 위해서 여러분과 교감하여 여러분의 가슴으로 이 앎과 존재의 심오한 길을 포용하는 계기가 되기를 희망합니다.

2021년 4월 29일
존 카밧진

저자 서문

명상이란 무엇인가

사람들은 보통 명상이 무엇인지 안다고 생각한다. 이것은 드문 일이 아니다. 특히 요즘 명상은 자주 접할 수 있는 말이고, 명상에 대한 사진과 글도 많으며, 그 주제에 대한 팟캐스트나 온라인 담화도 풍부하다. 그러나 사실 우리는 대부분 여전히 명상이 무엇이고 명상으로 무엇을 할 수 있는지에 대해 매우 편협하고 불완전한 관점을 가지고 있는지도 모른다. 또한 명상에 대한 고정관념에 빠지기도 쉽다. 명상이란 바닥에 앉아 모든 생각을 효과적으로 사라지게 하는 것이라는 생각에 갇히거나, 긍정적인 효과를 얻기 위해서는 오랫동안 자주 연습해야 한다거나, 오래된 전통에서 특정 믿음이나 정신 체계를 선택하는 것이라고 생각하기도 한다. 사람들은 또한 명상이 우리의 몸과 마음, 영혼에 거의 마술적인 효과를 준다고 생각할지도 모른다. 비록 그 모든 것이 진실일 수도 있지만, 실제로는 어느 것도 그렇지 않다. 현실은 훨씬 더 흥미롭다.

그렇다면 명상이란 정말 무엇인가? 명상을 우리 삶에 끌어들이는 것이 왜 의미가 있는 걸까? 이것이 바로 이 책의 주제다.

『당신이 모르는 마음챙김 명상』은 2005년에 『온정신의 회복: 마음챙김을 통한 자신과 세계 치유하기(Coming to Our Senses: Healing Ourselves and the World Through Mindfulness)』라는 제목으로 출판된 책의 일부다. 처음 출판된 이래 마음챙김은 엄청난 주류가 되었다. 전 세계 수백만 명의 사람이 일상생활에서 공식적인 마음챙김 명상을 수련하고 있다. 내 생각에 이것은 매우 긍정적이고 유망한 발전이다. 나는 여러 해 동안 다른 사람들과 함께 이러한 일이 촉진되기를 희망하며 돕기 위해 노력하였다. 이것이 주류로 들어오는 과정에서 필연적으로 어느 정도의 과대 선전, 상업적 이용, 기회주의가 나타났고, 명상에 대한 배경도 없고 훈련도 거의 받지 않은 사람들이 명상을 가르치겠다고 나서는 경우도 있다. 그럼에도 불구하고 그 과대 선전조차도 성공의 상징으로 볼 수 있다. 하지만 우리가 인생 경험과 관계 맺는 방법으로서, 그리고 수련으로서 마음챙김의 특별한 치유력과 변화의 힘이 더 널리 이해되고 채택됨에 따라 그런 일들은 오래가지 않아 줄어들 것이다.

명상이 바닥이나 의자에 가만히 앉아 있는 것이 전부는 아니지만, 자리를 잡고 앉는다는 것은 문자 그대로나 비유적으로나 둘 다 마음챙김의 중요한 요소다. 한마디로, 자리를 잡고 앉으면 펼쳐지고 있는 자신의 삶과 알아차림이라는 타고난 능력을 더 잘 알 수 있다는 것이다. 이는 실제로 얼마나 알아차림을 가치 있게 여기는지, 얼마나 간과하고 있는지, 얼마나 과소평가하고 있는지 깨닫는 데 매우 직접적이고도 편리한 방법이다.

삶에 대한 열정

삶 속에서 규칙적으로 명상을 한다는 것은 어떤 입장을 취하는 것으로도 볼 수 있다. 이런 행위 자체가 인간이 지닌 지성에 대한 심오한 표현이기 때문이다. 이는 궁극적으로, 매 순간에 진정으로 머물지 못하는 행동을 멈추게 하고 아주 짧은 순간이라도 실제로 존재하게 하는 온전한 정신과 사랑에 대한 근본적인 행위다. 그 상태로 들어가는 것은 매우 간단하지만 동시에 명상 수련으로서, 그리고 존재의 한 방식으로서 마음챙김을 뒷받침하는 매우 혁신적인 행동이다. 이것은 배우기도, 하기도 쉽다. 하지만 수련하는 것을 잊어버리기도 쉽다. 문자 그대로 이렇게 잠깐씩 하는 것은 시간이 거의 걸리지 않고 기억만 하면 되는데도 말이다.

다행히 사회의 다양한 영역에서 점점 더 많은 사람이 알아차림하는 능력을 알게 되면서 이 능력을 이런저런 형태로 받아들여 키우고 있다. 학교 아이들부터 어른들, 학자부터 사업 전문가, 엔지니어 기술자부터 지역사회 지도자와 사회 활동가들, 대학생들부터 의대생과 대학원생들, 정치가부터 여러 수준의 스포츠 운동선수들에 이르기까지 다양한 사람이 알아차림 능력을 키우고 있다. 그리고 대부분의 경우, 마음챙김이 사치나 지나가는 유행으로서가 아니라 완전하고 윤리적으로 진실한 삶을 살기 위해 절대적으로 필요하다는 인식이 커지고 있다. 우리 모두는 냉혹하게 다가오는 어려움에 직면해 있지만, 적어도 한 순간이라도 우리 마음이 스스로 만들어 내는 습관적 한계와 자신에게 말하는 이야기와 고질적이고 맹목적인 태도가 진실일지언정 완전한 진실은 아닐 수 있다는 것을 꿰뚫어 보고 초월할 수 있다면, 하루하루 이 특정 순간에 우리가 사용할 수 있는 매력적인 커다란 기회와 선택을 마주할 수 있다.

마음챙김은 공식적인 명상뿐만 아니라 일상생활과 업무 중에도 여러 가지 방법으로 키워 나갈 수 있다. 공식적인 명상은 앉아서, 누워서, 서서 또는 걸으면서 하는 등 여러 가지 자세로 할 수 있다. 또한 우리가 **비공식적인 명상 수련**이라고 부르는 것은 말하고 행하는 모든 것이 실제로 명상 수련이 될 수 있음을 의미한다. 여기에는 삶 자체를 명상 수련과 동일 선상에 놓고, 그 안에서 펼쳐지는 모든 것, 원하는 것, 원치 않는 것 그리고 간과하였던 것이 진정한 교육과정이라는 인식이 포함되어 있다. 이렇게 크게 보면 명상은 우리 자신의 마음이나 삶, 또는 세상에 있는 어떤 것도 배제하지 않고, 어떤 순간이라도 펼쳐지고 있는 것에 대한 자각을 심어 주고 배움과 성장과 치유가 일어나는 완벽한 순간이 된다.

　시간이 지남에 따라 가장 중요한 것은 자신에게 진정한 수련 방법, 즉 직관적이고 신뢰할 수 있는 방법을 찾아내는 것이며, 동시에 마음챙김에 관한 고대 전통의 본질에 충실해지는 것이다. 이 책은 적어도 그렇게 하기 위한 평생의 모험을 시작하도록 도움을 주고자 한다. 만약 마음챙김을 처음 대한다면 매일 마음챙김을 계발하는 방법을 배우게 될 것이고, 이미 하고 있다면 더욱 심화시킬 수 있을 것이다. 어느 경우든 마음챙김을 하기 싫은 일이나 부담스러운 짐, 또는 이미 바쁜 와중에 '해야 할 일'이 하나 더 늘어난 것이 아니라 좋아하는 것으로 여기는 방법을 배울 것이다. 그래서 궁극적으로 살아야 할 깊이 있는 삶의 터전으로 여기게 될 것이다. 수십 년의 연구가 보여 주듯이, 마음챙김은 평생 스트레스, 고통, 질병이라는 어려움에 직면하여 극복하는 데 강력한 동반자 역할을 할 수 있다.

행위와 무위

　가끔 마음챙김을 하는 것은 뭔가를 하는 것처럼 보이기도 하지만, 때로는 아무것도 하지 않는 것처럼 보인다. 곁에서 보면 알 수가 없다. 하지만 아무것도 하지 않는 것처럼 느껴질 때도 그런 것이 아니다. 사실 그것은 **행위(doing)**가 아니다. 좀 이상하게 들릴지 모르지만 마음챙김 명상은 우리가 지금껏 무슨 일을 하거나 어디에 가는 것과는 다르게, 단순히 우리가 이 순간에 **존재(being)** 하는 것, 즉 무위에 관한 문제다. 지금 당신이 어떤 상태든지, 그리고 지금 어디에 있든지 적어도 지금 이 순간은 괜찮다! 사실 자신에게 친절하고 무언가 강요하지 않으면서 그 순간을 알아차린다면 그것으로 완벽하다.

규칙적으로 마음챙김 명상을 하면 우리 안의 순수한 알아차림의 특징인 열린 공간에 다가갈 수 있으며, 세상에서 행동하는 방식에 있어서도 마음챙김을 표현할 수 있다. 규칙적인 마음챙김은 말 그대로나 상징적으로나 우리의 삶을 돌려줄 수 있다. 스트레스를 받거나 고통에 시달리거나 불확실성과 감정적 혼란에 사로잡힐 때는 특히 더 그렇다. 물론 우리 모두는 인생에서 그런 순간이나 시기가 있을 것이다.

그러나 이 순간 인기가 있건 평판이 나쁘건 간에, 마음챙김에는 무엇보다도 **수련**이 필요하며 이 수련은 때로 고되기도 하다. 대부분의 사람에게 마음챙김은 의도적이고 지속적인 계발을 필요로 한다. 그리고 그 계발은 순수하고 단순하고 규칙적으로 하는 훈련인 명상 수련을 통해 이루어진다. 이는 간단하지만 그렇다고 쉬운 것은 아니다. 이것이 마음챙김 명상을 할 가치가 있는 이유 중 하나다. 여기에 시간과 에너지를 쏟는 것은 매우 유익하며, 이로 인해 당신은 완전히 변할 수 있다. 이것이 사람들에게 마음챙김 수련이 "내 인생을 되돌려주었다."라고 말하게 만드는 이유 중 하나다.

마음챙김, 주류를 이루다

명상, 특히 지난 40년 동안 마음챙김 명상이 점차 주류가 된 데는 여러 가지 이유가 있다. 그 이유 중 하나는 세계 각국에서 점점 더 성장하고 있는 나의 동료들이 속한 단체와 관련이 있다. 나는 1979년 매사추세츠 대학 의료센터에서 개발하여 시행한 MBSR(마음챙김에 근거한 스트레스 완화) 프로그램을 가르치는 기회를 누려 왔다. 이후 몇 년 동안 MBSR은 우울증에 대한 MBCT(마음챙김에 근거한 인지치료)와 같은 다른 마음챙김에 근거한 수련의 개발과 연구에 영감을 주었으며, 사람들이 스스로 발견하거나 과학적 연구를 통해 MBSR이 가치 있고 효과적임을 보여 주었다.[1]

　MBSR은 외래환자를 위한 8주 코스의 프로그램이다. MBSR 클리닉의 원래 목표는 마음챙김 훈련의 잠재적 가치를 테스트하는 것이었다. 만성질환 환자들은 일반적인 의료 치료가 효과가 없어 주류 의학 및 의료 시스템에서 소외되어 있었는데, 마음챙김 훈련은 만성질환 환자의 스트레스, 통증 및 질병과 관련된 고통을 줄이고 완화하는 데 도움이 되었다. MBSR은 만성질환자들을 보호할 수 있는 안전망으로 여겨졌다. 그 안전망은 그들이 추락하고 있을 때 받쳐 주고, 그들 자신을 위해 무언가를 도전하도록 해 준다. 이것은 스스로 발견한 곳에서 시작하여 더 큰 행복과 건강을 추구하며 자신의 궤도에 들어서기 위한 것이다. MBSR을 새로운 의료 처치법이나 치료법으로 만들고자 한 것은 아니었다. 오히려 시간이 흐르면서 MBSR은 자기학습이 가능한 공중보건적 개입으로 여겨졌다. 점점 더 많은 사람이 그 과정을 거치면서 인류에 대한 정규분포 곡선을 더 건강하고 행복하며 지혜로운 방향으로 이동시킬 수 있는 잠재력을 가지게 된 것일지도 모른다. 우리는 어떤 의미에서는 의사와 병원이 그들을 위해 할 수 있는 모든 것을 함께하는 방법을 사람들에게 가르치고 있었다. 이는 마음챙김 수련을 통해 자신의 내적 자원을 동원하고 그렇게 함으로써 병원을 벗어날 수 있는지, 아니면 적어도 마음챙김으로 자신을 더 잘 돌보고 스트레스와 통증과 다양한 건강 문제와 만성적인 상태를 효과적으로 다루

---

1) MBCP(마음챙김에 근거한 출산 및 육아), 폭음에 대한 MBRP(마음챙김에 근거한 재발예방), 섭식장애를 위한 MB-EAT(마음챙김에 근거한 먹기 요법), MBSPE(마음챙김에 근거한 스포츠 실적 향상), MBWE(마음챙김에 근거한 건강 교육) 등

고 조절하는 새로운 방법을 개발하여 병원을 덜 이용할 수 있는지를 보며 이루어졌다.

MBSR 프로그램은 8주 동안 하루 45분, 일주일에 6일씩 규칙적으로 연습하고 마음챙김을 강조하는 명상 수련으로 이루어져 있다. 우리는 이 명상 수련이 참가자들의 삶의 질과 건강, 행복에서 유의미한 차이를 만드는지 보고 기록하는 데 관심을 가졌다. 그 결과, 대부분의 사람에게 처음부터 차이가 나타났다는 데 의문의 여지가 없었다. 실제로 8주 동안 사람들의 변화를 직접 볼 수 있었다. 그들은 수업에서 그들이 경험한 변화와 힘을 얻게 된 느낌을 기꺼이 공유했고, 우리는 수집한 데이터로 그것을 확인하였다.

우리는 1982년부터 의학 문헌에 논문을 실으며 발견한 것을 공유하기 시작하였다. 몇 년 후 다른 과학자와 임상의들도 마음챙김에 대해 점점 더 자세히 연구를 시작했고, 과학계에서 이 주제에 대한 광범위한 지식을 더해 갔다.

오늘날 의학과 심리학, 신경 과학 및 기타 많은 분야에서 마음챙김과 그 활용 가능성에 대해 활발히 탐구하고 있다. 그 자체도 매우 주목할 만하다. 왜냐하면 그것은 이전에 서로 한 번도 마주친 적이 없는 두 영역의 지식, 즉 한편으로는 의학과 과학, 다른 한편으로는 고대의 명상 수련과의 결합을 상징하기 때문이다.

2005년 1월『온정신의 회복』이 출간되었을 때, 당시 의학 및 과학 문헌 제목에 '마음챙김(mindfulness)'이라는 단어가 실린 논문은 143편밖에 없었다. 이는 2017년까지 발표된 마음챙김에 관한 논문 3,737편 중 3.8%에 해당한다. 그 사이에 모든 분야에서 마음챙김이 미치는 영향을 검토하는 의학과 과학 분야가 등장하여 놀라운 뇌의 변형 능력(신경 가소성)으로부터, 유전적 조절(후성유전학)과 텔로미어에 미치는 영향, 이어서 생물학적 노화 그리고 우리의 생각과 감정(특히 우울증, 불안, 중독 측면에서)에 미치는 영향뿐만 아니라 가정생활, 직장생활, 사회생활까지 광범위하게 연구되고 있다.

새로운 시대, 새로운 형식

앞서 언급했듯이 『당신이 모르는 마음챙김 명상』(학지사, 2022)은 원래 2005년에 더 두꺼운 책으로 출판된 『온정신의 회복』(학지사, 2017)의 일부다. 그 후로 일어난 모든 일을 고려해볼 때, 새로운 세대의 독자를 위해 그 책을 여러 권으로 좀 더 짧게 나누는 것이 유용하다고 생각하였다. 바로 지금 그중 첫 책을 손에 들고 여기까지 읽었다면 당신은 적어도 명상 전반에 대해, 특히 마음챙김에 대해 조금이라도 궁금해하고 있을 것으로 짐작된다. 하지만 그다지 궁금하지 않거나, 명상이 삶에서 많지 않은 소중한 시간을 들여 해야 하는 또 하나의 일로 생각되어 두려울 수 있다. 또는 가족과 친구들이 어떻게 생각할지 걱정될 수도 있다. 심지어 공식적인 명상을 한다는 생각만으로도 믿기 어렵거나 비현실적으로 보일지라도 걱정할 필요가 없다. 그건 문제가 안 된다. 명상, 특히 마음챙김 명상은 정말로 당신이 생각하는 것과 다르기 때문이다.

하지만 명상이 하는 것은 생각에 대한 관계를 바꾸는 것이다. 이것은 당신이 이미 가지고 있지만 그로 인해 구속되기보다는 사용할 수 있는 여러 다른 지능 중 하나로서, 그 능력을 잘 알고 쓰도록 도와준다. 생각이 진실이라기보다는 단지 생각일 뿐이고, 인식의 장에서 일어나는 사건에 불과하다는 것을 기억하지 않으면 우리는 생각에 휩쓸린다. 그래서 이 책은 마음챙김이 **무엇**이고 **왜** 해야 하는지 다루고 있다고 할 수 있다.

두 번째 책인 『온전히 깨어 있기(Falling Awake)』(학지사, 2022)에서는 일상에서의 마음챙김을 체계적으로 계발하는 방법을 자세히 살펴본다. 마음챙김의 치유력과 변화력은 수련 그 자체에 있다. 마음챙김은 기술이 아니다. 그것은 내면과 외면의 전체 경험과 현명하게 관계를 맺는 방법이다. 이는 감각들, 즉 오감보다 많은 감각이 있음을 알려 줄 것이다. 이 두 번째 책은 공식적인 명상 수련으로서의, 존재의 방식으로서의 마음챙김 방법을 상세히 다루고 있다.

세 번째 책인 『마음챙김의 치유력(The Healing Power of Mindfulness)』(미출간)은 마음챙김의 약속에 관한 것이다. 여기서는 내가 직접 관여했던 두 가지 연구를 포함하여 매우 넓은 관점에서 마음챙김의 잠재적인 이점을 살펴본다. 2005년 이후 나온 모든 새로운 과학 연구 결과를 충분히 문서화하지는 못했다. 그 양이 여태까지의 연구 결과를 압도할 만큼 많고, 매일같이 더 많은 내용이 쏟아져 나오기 때문이다. 그러나 주요 추세는 가장 흥미로운 최근의 연구 중 일부를 설명하는 책에 대한 언급과 함께 책의 서문에 요약되어 있다.

이 세 번째 책은 과학을 넘어 우리에게 빛과 치유가 될 수 있는 모든 관점과 상황에 내재된 아름다움과 시적인 면을 불러일으킨다. 어떤 것들은 명상적인 전통에 바탕을 두고 있는데, 특히 개인적으로 선(Zen), 위파사나(Vipassana), 족첸(Dzogchen), 하타 요가(Hatha Yoga)에 크게 감동하여 내가 스물한 살 때 마음챙김을 내 인생에 통합하는 계기가 되었다. 이들은 모두 깨달음을 구현하는 것과 내재적 상호 연결성의 가치를 가리킨다. 그들의 강력한 관점, 통찰력, 수련은 수 세기 동안 우리에게 전해 온 것으로, 오늘날 매우 활기차게 번창하고 있는 주목할 만한 인류의 전통이다.

마지막 네 번째 책인 『모두를 위한 마음챙김(Mindfulness for All)』(미출간)은 삶에서 마음챙김을 실현하는 내용이다. 이것은 마음챙김을 현실로 만들고, 단지 개인으로서가 아니라 인간 공동체의 일원으로서 자신의 방식대로 최선을 다해 구현한다는 의미다. 이 책은 개인의 몸보다는 지난 40년 동안 정치 공동체와 의학에서 배운 것과 수천 년 동안의 명상적 전통에 초점을 맞추고 있다. 이 전통은 지구에서 이 순간 **호모 사피엔스 사피엔스**로서 우리에게 매우 중요한 가치가 될 수 있다. 또한 이것은 특별히 숨 쉬며 살아 있는 인간으로서의 잠재력과 더 큰 세계에서의 자신의 자리를 일깨운다. 이는 깨어 있는 능력을 계속 유지하며 창의성, 관대함, 배려, 편안함, 자연스럽게 생겨나는 지혜를 맛볼 때 이루어진다. 따라서 이 책에는 개인의 실현뿐만 아니라 인간으로서 완전한 잠재력에 대해 보다 사회적이고 인류라는 종으로 깨어나는 것도 포함되어 있다.

이 네 권의 책으로 나는 새로운 세대에게 시대를 초월한 마음챙김의 힘과 오늘날 우리가 발견하는 바와 같이 세상에서 마음챙김을 묘사하고 계발하며 적용할 수 있는 여러 가지 방식을 소개할 수 있기를 바란다. 사실, 나는 미래 세대가 그들 자신의 상황에 적합한 방식으로 새로운 응용 프로그램과 접근법을 많이 개발하고 구현할 것이라고 믿는다. 오늘날 이러한 상황에는 지구 온난화에 대한 새로운 인식, 부도덕한 인명 피해와 전쟁의 파괴성, 제도화된 경제적 불의, 인종차별, 성차별, 연령차별, 암묵적 편견, 성희롱과 성폭행, 왕따, 성 정체성에 대한 도전, 사이버 해킹, 우리의 관심을 끌기 위한 끝없는 경쟁, 소위 '주목 경제(attention economy)'라고 하는 것, 전반적인 시민성 부족, 정부 내 또는 정부 간의 극단적인 양극화와 선동 등이 포함된다. 여기에는 다른 모든 공포뿐만 아니라 역사가 동트기 전부터 우리 인간의 삶의 일부로서 함께 펼쳐져 온 절묘한 아름다움도 포함된다.

동시에 실제로 아무것도 변하지 않았다는 관점을 염두에 두어야 한다. 프랑스인들이 "더 많이 변할수록, 더 많은 것이 그대로 남아 있다(Plus ça change, plus s'est la meme chose)."라고 즐겨 말하듯이, 많은 것이 변할수록 우리는 더 똑같은 상태가 된다. 시간이 시작된 이래 탐욕, 증오, 망상은 인간의 마음속에서 계속 작용하여, 끝없이 폭력과 고통을 만들어 냈다. 그래서 자신과 세상을 위한 길을 선택한다면, 우리는 지금 이 순간 그를 위해 할 일이 있다. 동시에 우리의 마음이 스스로를 깊이 알게 되면서 우리는 태초부터 아름다움, 친절, 창의성, 통찰력을 알아 왔다. 예술, 음악, 시, 과학 그리고 지혜와 내적·외적 평화에 대한 초월적인 작품이 널리 퍼져 있는 것에서 알 수 있듯이, 우리 인간에게는 관대함과 친절함, 부드러움, 연민 또한 필수적인 부분이었다.

알아차림 속에서 포용하는 지금 이 순간의 힘

지금 마음챙김과 연민과 지혜가 그 어느 때보다 중요하다는 데는 의심의 여지가 없다. 마음챙김의 본질은 시대를 초월하지만, 이것은 지금 이 순간 그리고 있는 그대로의 어떤 순간과 관련이 있다. 과거는 지금 이 순간 우리에게만 허용된 것이다. 그리고 우리가 상상하고 지배하기 위해 끝없이 노력하는 미래는 아직 펼쳐지지 않았다. 미래가 달라지길 바란다면 현재를 온전히 살아가는 것, 즉 마음챙김과 진심을 다해 살아갈 수밖에 없다. 비록 행동이 아닌 것처럼 보이지만 그 자체가 행동이다. 그러면 바로 다음 순간이 새로운 가능성으로 가득 차게 될 것이다. 왜냐하면 당신이 이 순간에 기꺼이 나타나려고 했기 때문이다. 이 순간에 완전히 살라. 그러면 바로 다음 순간(미래)은 이미 다를 것이다. 지금 매 순간이 분기점이다. 어떤 것이든 다음 순간에 펼쳐질 수 있다. 그러나 어떤 것이 펼쳐질지는 우리가 여기에서 완전히 깨어 있고 어느 정도까지 자각하고 있는지 여부에 달려 있다. 물론 가끔은 지혜와 연민, 정의와 자유를 위해 행동하는 것이 중요하다. 그러나 행동 그 자체는 존재에서 나오지 않는 한 무의미하거나 비효율적일 수 있다. 그때는 완전히 다른 형태의 행동이 나타난다. 우리가 '현명한 행위(wise doing)' 또는 '현명한 행동(wise action)'이라고 하는 것은 마음챙김의 용광로에서 형성된 진정한 행동이다.

시간을 확인해 보면, 다시 지금(now)이 된다는 경이로운 사실을 발견하게 될 것이다. 마음챙김을 수련이자 존재 방식으로 받아들이고, 그렇게 함으로써 평생의 학습, 성장, 치유, 변화의 여정을 시작하거나 다시 시작하거나 다시 활성화할 수 있는 더 좋은 시간은 언제일까? 역설적이게도 우리는 아무 데도 가지 않을 것이다. 왜냐하면 우리는 이미 온전하고 완전하며 충만한 모습이기 때문이다. 마음챙김은 자신을 **향상하는 것**이 아니다. 향상하는 것이 될 수 없다. 왜냐하면 우리는 이미 (우리의 모든 '결점'을 포함해서) 온전하고 완벽하기 때문이다. 우리의 사고방식에서 어떤 뛰어난 부분이 바로 이 순간에 동원될 수도 있다는 반론에도 불구하고 오히려 우리가 이 순간에 이미 온전하고 완전하다고 인식하는 것이 중요하다. 이것은 기회가 있을 때 우리가 살 수 있는 단 하나의 삶의 완전한 차원과 가능성을 되찾는 것이다. 그리고 그것이 잠재적으로 무한한 창조적 방식으로 구현되면, 그것은 어떤 순간에 필연적으로 해체되어 그 순간에 실제로 어떻게 펼쳐지는지 인식할 것이다. 삶에 순간순간 깨어 있고 순간을 인식하는 이런 방식에는 선택을 하고 창조할 수 있는 엄청난 자유가 있다.

진화 포물선

마음챙김 수련은 인도와 중국 문명에서 수천 년 전, 심지어 붓다(Buddha) 이전으로 거슬러 올라간다. 하지만 마음챙김을 가장 분명하고 자세하게 표현했던 이들은 붓다와 수 세기 동안 그의 발자취를 따라온 사람들이었다. 붓다는 마음챙김을 고통에서 해방되는 '직접적인 길'이라고 말하였다. 앞서 살펴본 것처럼, 마음챙김은 존재의 한 방식으로 생각될 수 있다. 마음챙김은 인간의 깨어남에 대한 본질과 그것이 새로운 시대와 문화 그리고 도전에 직면하여 어떻게 구현될 수 있는지 끊임없이 재검토하고 재조명하는 것이다. '마음챙김'이라는 단어는 수 세기 동안 발전해 온 인간의 지혜에 관한 진화 포물선(evolutionary arc)을 나타내고 있으며, 이제는 새로운 방법을 찾아 새로운 형태를 취하여 우리 삶의 본질적인 온전함을 고도로 상호 연결되어 있는 지구상의 존재로 인식하도록 돕고 있다. 그래서 대단히 젊고 매우 빨리 성숙하는 인류의 지속적인 발전을 촉진하고 있다. 과학자와 명상가들 사이의 지속적인 연구와 교류, 대화를 통해, 그리고 점점 더 많은 전통과 문화를 가진 다양하고 헌신적이며 잘 훈련된 마음챙김 교사들의 연구를 통해, 우리는 마음챙김과 잠재적으로 치유와 변화의 효과를 이해할 수 있는 더 타당한 방법뿐만 아니라 다른 영역에서 이를 구현할 수 있는 새로운 방법을 찾고 있다. 심지어 전 세계 정치인과 정부조차 지역사회나 국가의 건강함을 증진할 수 있다는 가능성을 바탕으로 마음챙김의 계발과 수련에 주목하고 정책을 개발하기 시작하였다. 정치인들을 너무 믿으라는 말은 아니다. 다만, 그들 역시 인간이고 어떤 상황에서는 그들이 더 큰 이익을 위해 사회에서 소외되고 박탈당한 사람들에게 조직적인 도움을 주는 방식으로 행동할 수 있다는 것이다.

도전과 열망

결국 가장 중요한 도전은 우리 모두가 최소한 지금보다 더 깨어나야 한다는 것이고, 말 그대로나 비유적으로 우리가 할 수 있고 관심을 가질 수 있는 만큼 온정신을 회복하는 것이다. 특히 마음챙김이 근본적으로 인간으로서 가장 심오하고 가장 좋은 것과의 사랑이라는 것을 깨닫는다면 말이다. 그러면 우리는 여기서 보이는 것을 보고, 느껴지는 것을 느끼고, 모든 감각을 통해 더 잘 인식하는 더 나은 상태에 있을 것이다. 모든 인간의 경험은 일생 동안의 실험이나 모험으로서, 기회가 있는 동안 펼쳐질 수 있는 것을 보기 위해 삶에 더 온전히 초대되기를, 알아차림으로 유지되기를 기다리고 있다. 점점 더 의도를 확장하고 깨어 있는 상태를 구현하는 세계에 온 것을 환영한다.

  마음챙김에 대한 여러분의 관심과 이해가 자라서 꽃을 피우고, 여러분의 삶과 일, 가족과 공동체 그리고 우리 모두가 속한 이 세상에 매일 매 순간 영양을 주고 활력을 주기를 기원한다.

2018년 1월 24일
매사추세츠 노샘프턴
존 카밧진

차례

제2부:
주의의 힘과 세상의 불편함

들어가는 말

일생의 도전

> 더 이상 무엇을 해야 할지 알 수 없을 때,
> 그때 비로소 진짜 해야 할 일을 하게 된다.
> 더 이상 어디로 가야 할지 알 수 없을 때,
> 그때 비로소 진정한 여정이 시작된다.
>
> 웬델 베리(Wendell Berry)

여러분은 어떨지 잘 모르지만, 나는 우리가 이 지구에서 살아가는 데 있어서 매우 중대한 시점에 와 있는 듯한 느낌이 든다. 삶은 얼마든지 다양하게 펼쳐질 수 있다. 세상은 불타오르고 있으며, 우리의 마음은 두려움과 불확실성으로 들 끓고, 아무것도 확신할 수 없으며, 강렬하지만 현명하지 못한 열정으로 채워지고 있는 듯하다. 이 시점에서 우리 자신과 세상을 바라보는 방식은 앞으로 이 세상이 펼쳐지는 방식에 큰 변화를 가져올 것이다. 미래에 개인적으로 또는 사회적으로 우리 앞에 나타날 일들은 우리가 가진 선천적이고 비할 데 없는 능력인 현재 순간에 대한 자각(알아차림)을 어떻게 활용하느냐에 따라 크게 좌우될 것이다. 그것은 우리가 자신과 세상의 좋고 아름답고 건강한 모든 것을 키우고 보호하더라도, 우리의 삶과 이 시대의 근본적인 고통과 불만족, 불편함을 치유하기 위해 무엇을 선택하느냐에 따라 달라질 것이다.

내 생각으로 온정신을 회복하는 것(coming to our senses)은 개인에게나 인류에게나 우리에게 닥친 도전이다. 세상은 많은 어려움에 직면해 있지만, 눈에 잘 띄지 않고 제대로 이해되지 않았던 인간의 창조성과 선함, 돌봄이라는 시냇물이 친절하며 깨어 있는 마음, 연민과 지혜라는 강물로 합쳐지고 있으며, 전 세계적으로 이러한 움직임은 상당하다고 말해도 좋을 것이다. 이 모험 가득한 여정이 인류라는 하나의 종으로서, 그리고 개별적인 우리의 삶에 있어서, 심지어 매일매일 우리를 어디로 데려갈지 알 수 없다. 우리가 속한 이 집단여행의 목적지는 아직 정해지지 않았고 미리 정할 수도 없다. 목적지가 따로 있는 것이 아닌 여행 그 자체가 목적이기 때문이다. 지금 우리가 직면한 일을 이 순간 어떻게 이해하고 대처하느냐가 다음 순간, 그리고 또 그 다음에 일어날 일을 결정짓는다. 이 모든 것은 결국 미리 결정할 수 없는 신비로운 방식으로 일어난다.

다만 한 가지 확실한 것은 이는 지구상에 있는 사람이라면 좋아하든 싫어하든, 알든 모르든, 계획대로든 아니든, 모두가 함께하는 여정이라는 것이다. 삶이란 그런 것이며, 정말 중요한 것처럼 살아내는 도전이다. 우리는 인간이기에 항상 어떻게 살아갈지 선택을 할 수 있다. 우리는 제대로 검토되지 않은 채로 잘못된 환상과 미망 속에 가두는 힘이나 습관에 휩쓸려 살 수도 있다. 아니면 그런 것들에 완전히 깨어 있으면서 어떤 순간에 일어나는 일을 '좋아하든' 좋아하지 않든 눈앞에 펼쳐지는 모습에 온전히 참여하면서 살아갈 수도 있다. 우리가 깨어 있을 때만 비로소 우리의 삶은 현실이 되고 개인적이거나 집단적인 망상, 질병, 괴로움에서 해방되는 기회를 가지게 된다.

몇 년 전, 열흘간의 침묵 명상 수련을 마친 명상 지도자는 다음과 같은 질문으로 인터뷰를 시작했다. "세상이 당신을 어떻게 대하고 있습니까?("어떻게 지내세요?"라는 인사말, 역자 주)" 나는 별 문제가 없다는 생각에 대충 얼버무렸다. 그러자 그는 내게 물었다. "그런데 당신은 세상을 어떻게 대하고 있습니까?"

나는 매우 당황했다. 그것은 전혀 예상치 못한 질문이었다. 일반적인 의미로 물어본 것이 아님이 분명했다. 그는 가벼운 대화를 하려고 한 것이 아니었다. 그는 바로 거기, 집중명상 수련회에서 바로 그 날 그 당시 내가 어떤 상태에 있는지를 대수롭지 않은 듯 물어본 것이었다. 나는 '세상'을 잠시 떠나 이 명상 수련에 참가하는 것이라고 생각했지만, 그의 질문은 내가 세상을 떠날 수 없으며, 명상 수련같이 인위적으로 단순화된 환경에서도 매 순간 내가 세상과 어떻게 관계를 맺는지가 내가 그곳에 있는 궁극적인 목적에 있어서 아주 중요하다는 것을 깨닫게 해 주었다. 나는 그 순간 내가 애당초 왜 그곳에 왔는지, 명상이 정말 무엇인지, 그 모든 것을 넘어 내가 정말 내 삶을 어떻게 살아왔는지 잘 모르고 있다는 것을 깨달았다.

세월이 흐르면서 나는 서서히 그 두 질문이 사실은 동전의 양면과 같다는 사실을 알게 되었다. 우리가 매 순간 세상과 접촉하며 살아가고 있기 때문이다. 그 관계 속에서 주고받는 것이 끊임없이 우리 삶의 모양을 만들어 간다. 그것은 또한 우리가 살아가는 세상, 우리의 경험이 펼쳐지는 바로 그 세상을 만들어 간다. 대부분 우리는 세상이 나를 어떻게 대하고 있고, 내가 어떻게 세상을 대하고 있는지 이 두 가지 삶의 측면을 별개의 문제라고 인식한다. 마치 세상이 '여기 안'이 아닌 단지 '저기 바깥에' 있을 뿐이라는 생각, 또는 세상이라는 고정된 무대에서 연기하는 배우라는 생각에 얼마나 쉽게 사로잡히는지 알아차릴 수 있겠는가? 마치 우리가 저기 바깥과 여기 안 사이가 의미심장하게 분리되어 있는 것처럼 행동하는 것을 알아차릴 수 있겠는가? 경험상 그것을 분리하는 것이 가장 얇은 막이라고, 아니 정말로 분리하는 것이 전혀 없다는 것을 알지라도 말이다. 비록 우리가 안과 밖이 가까이 있다는 것을 안다 해도, 여전히 우리는 각자의 삶이 세상에 영향을 미치고 세상을 만들어 가는 방식에 대해, 세상이 우리 각자의 삶에 영향을 미치는 방식에 대해 꽤 무감각할 수 있다. 사실 나와 세상은 삶의 모든 영역에서 상호 의존하며 공생의 춤을 추는 것이다. 우선 우리는 몸과 마음으로 세상과 교류한다. 또 가족과의 관계, 구매 습관, 텔레비전에서 보았거나 보지 않은 뉴스에 대한 견해, 정치 공동체라는 더 큰 세상에서 우리가 어떻게 행동하고 행동하지 않는가에 이르기까지 우리는 세상과 관계를 맺으며 살고 있다.

　우리는 종종 모든 것이 '내 방식'대로 되기를 강요하며, 그 과정에서 모든 것 안에 흐르고 있는 리듬이 깨지고, 아무리 작더라도 여전히 심각할 수 있는 잠재적인 폭력이 수반되는 것을 고려하지 않는다. 이러한 무감각은 일을 어렵게 하거나 심지어 그르치게 할 수도 있다. 이런 강요는 이내 춤 자체가 갖는 아름다운 복잡성과 서로 주고받는 상호성을 부정하기에, 우리는 춤을 추는 동안 알게 모르게 남의 발을 밟는 것처럼 많은 문제를 일으킨다. 그러한 무감각과 단절이 우리를 우리 자신이 가진 가능성에서 분리한다. 우리가 어느 순간 있는 그대로의 현실을 인정하기를 거부하는 것은 아마도 그렇게 되는 것을 원하지 않기 때문이다. 우리는 상황이나 관계를 우리가 원하는 방식으로 강요하려고 시도한다. 그렇게 하지 않으면 우리 욕구를 충족시키지 못할지도 모른다는 두려움 때문이다. 그 와중에 우리는 대부분 어떻게 살아야 하는지 거의 알지 못한다는 것을 잊어버린다. 안다고 생각할 뿐이다. 그리고 이 춤이 단순하면서도 매우 복잡한 것 중 하나라는 사실도 잊어버린다. 우리가 두려움 앞에서 무너지지 않고, 강요를 멈추고 진실대로 살 때, 아주 오랫동안 어떤 것을 엄격히 통제하고 능력을 제한하는 것을 넘어설 때 새롭고 경이로운 일이 일어난다는 사실도 잊어버린다.

개인으로서 그리고 생명체의 한 종으로서 우리는 더 이상 우리가 세상과 관계를 맺고 상호 연결되어 있다는 근본적인 속성을 무시할 수 없다. 또한 우리의 진실한 열망과 의도에서 새로운 가능성이 탄생한다는 사실도 무시할 수 없다. 그것들이 때로는 모호하고 불투명하게 느껴질지라도 말이다. 과학과 철학, 역사, 영적 전통을 통해서 우리는 개별적 존재로서의 건강과 안녕, 행복이 우리가 어떻게 사느냐에 달려 있음을 보아 왔다. 또한 비록 잠시 나타났다가 사라지는 거품과도 같지만 영원히 이어지는 생명의 흐름과 다음 세대에 전달하는 삶과 세상 역시 우리가 어떤 삶을 선택하는가에 달려 있음을 알게 된다.

동시에 지구에 사는 생명체와 그 문명은 말할 것도 없이, 이 지구의 운명도 우리가 사회적 존재로서 행하는 집단적 행동에 달려 있음을 알게 되었다.

몇 가지 눈에 띄는 예시 중에서 지금까지 거의 모든 사람이 인정하는 한 가지로 지구 온난화를 들 수 있다. 지구의 온도는 적어도 40만 년 전으로 거슬러 올라간 시점까지 정확하게 측정할 수 있으며, 그 기간 동안 온난기와 한랭기가 번갈아 나타났음을 알 수 있다. 우리는 최근까지 지구가 경험한 그 어떤 온난기보다 더 따뜻하다고는 할 수 없지만 비교적 더 온난한 시기에 있다. 2002년, 나는 달라이 라마와 과학자들이 만난 자리에서 남극의 이산화탄소를 측정했을 때, 지난 44년 동안 대기 중 이산화탄소 수치가 18%나 증가했고, 이 수치가 지난 16만 년 동안 가장 높은 수치라는 사실을 알고 깜짝 놀랐다. 그리고 그 수치는 지금도 계속 증가하는 추세에 있다.[1] 2015년, 2016년, 2017년은 기록상 가장 온난한 해다.

최근 대기 중 이산화탄소가 놀랄 만큼 증가한 것은 전적으로 인간의 활동 때문이다. 기후 변화에 관한 정부 간 패널(IPCC)은 적절한 규제가 없다면, 2100년까지 대기 중 이산화탄소의 농도는 두 배가 될 것이며, 그 결과 지구 전체의 평균 온도가 급격히 상승할 것이라고 예측했다. 우리 모두 알고 있듯이, 북극의 바다는 이미 여름에 얼지 않고, 양 극지방에서는 얼음이 녹고 있으며, 전 세계적으로 빙하가 빠르게 사라지고 있다. 전 세계의 기후를 불안정하게 만드는 이러한 변화는 혼란스럽고, 이것이 촉발하는 잠재적 결과는 매우 심각하다. 폭풍은 점점 거세지고 도시에 미치는 영향은 위태로운 결과를 가지고 온다. 완전히 예측할 수는 없지만, 온난화의 결과로 비교적 짧은 시간 안에 해수면이 급격히 상승하여 전 세계의 모든 해안에 있는 거주지와 해변 도시에 범람이 일어날 것이다. 해수면이 15m 상승한다면 맨해튼이 어떻게 될지 상상해 보라. 해수면이 상승하고 더 심각한 날씨가 이미 감지되고 있는 방글라데시, 푸에르토리코, 모든 해안 국가, 도시, 섬을 생각해 보라.

이러한 기온과 날씨 패턴의 변화는 지구의 자가면역 질환의 여러 증상 중 한 가지 증상에 불과하다. 인간의 무분별한 행동이 지구의 전반적인 역동적 균형을 심각하게 무너뜨리고 있다. 그 사실을 알고 있는가? 관심을 기울이고 있는가? 과학자나 정부, 정치인, 공기업, 자동차 회사들이 책임져야 할 문제라고 생각하는가? 만약 우리 모두가 한 몸의 일부라면, 이 문제에 대해 지혜를 모아 역동적인 균형을 회복할 수 있을까? 그리고 우리와 후손의 삶 그리고 다른 많은 생명체의 삶에 위협이 되지 않는 방법으로 회복할 수 있을까?

내가 보기에는 이제 타인과 환경이라는 바깥 세계에 대해 우리가 이미 알고

---

1) 스탠퍼드 대학교, 노벨 물리학상 수상자 스티븐 츄(Steven Chu), Mind and Life Institute, Dialog X, 다람살라, 인도, 2002년 10월.

느끼는 데 관심을 가지는 것을 지나 우리 자신의 생각과 감정, 열망과 두려움, 희망과 꿈이라는 내면의 세계에 주의를 기울일 때가 되었다. 우리가 누구든 어디에 살든 우리 모두는 공통점을 가지고 있다. 우리는 누구나 평화롭게 살고 싶고, 개인적인 열망과 창작에 대한 열의를 불태우고자 하며, 의미 있는 방식으로 좀 더 큰 목적에 기여하고자 한다. 우리는 잘 어울리고 소속되어 있는 그대로 소중히 여겨지기를 바란다. 개인과 가족의 번창을 바라며, 상호 존중하고 목적이 있는 사회로 번영하기를 바란다. 그리고 개인으로서는 건강이라는 역동적 조화를 이루며 살기를 바라며, 공동체로서는 공공복지라는 역동적 균형을 이루기를 바란다. 이는 서로의 차이를 존중하고 서로의 창의성을 최대한 활용하며 우리의 안녕과 존재를 위협하는 악의적 피해와 위협이 없는 미래에 살기를 바라는 것이다.

내 생각에 이런 집단의 역동적인 균형 속에서는 천국이나 아주 편안한 집에 있는 느낌일 것이다. 이것은 우리가 내면과 외면에서 진정으로 평화를 체험하고 평화가 무엇인지 알 때, 평화가 어떤 것인지 느끼고 건강하다는 것이 어떤 것인지 느끼는 것이다. 이것은 진정한 행복의 느낌이라고 할 수 있다. 가장 편안하게 집에 있는 느낌이다. 우리 모두가 정말로 원하는 것은 이런 것이 아닐까?

역설적으로 그런 균형은 이미 여기 우리 손끝에 있다. 희망 사항이나 경직된 혹은 권위적인 통제, 또는 유토피아와는 전혀 관계가 없는 작은 방법들로 말이다. 우리가 몸과 마음에 조화될 때, 그리고 하루와 일생에 걸쳐 우리를 앞으로 나아가게 하는 힘, 즉 무엇을 위해 살 가치가 있고 무엇을 위해 필요한가에 대한 우리의 동기와 비전(vision)에 조화될 때 균형은 이미 여기에 있다. 이 균형은 낯선 사람들 사이, 가족 사이, 심지어 전쟁 중에 맞선 적들 사이에서 일어나는 작은 친절 속에도 있고, 우리가 병이나 신문을 재활용하거나 물을 절약해야겠다고 생각할 때마다, 또는 이웃을 돌보거나 황폐해져 가는 자연과 이 지구에서 함께 살아가는 다른 생명체들을 보호하기 위해 행동할 때마다 이미 거기에 있는 것이다.

지구가 자가면역 질환을 앓고 있고 그 원인이 인간의 활동과 정신 상태로부터 나온 것이라면, 우리는 그러한 질환에 대한 가장 효과적인 치료법으로 현대의 첨단의학을 고려해 볼 수 있다. 지난 40년 동안 밝혀진 것을 보면, 의학은 심신의학, 행동의학, 정신의학, 통합의학으로 다양하게 알려진 분야의 연구와 임상 실습으로 놀랄 만한 꽃을 피웠다. 이를 통해 우리가 '건강'이라고 부르는 신비하고 역동적인 균형은 몸과 마음 모두와 관련되어 있음을 알게 되었다(우리는 어색하고 인위적인 말로 둘을 분리해 왔다). 그리고 주의 기울이기라는 지속적이고 회복적이며 치유적인 특정 성질을 이용하여 건강을 증진할 수 있다는 것도 알게 되었다. 우리 모두는 내면 깊이 자리 잡은 역동적이고 생기 넘치는 내면의 평화와 안녕에 대한 능력이 있음을 알게 되었다. 또한 단지 개념상의 인식을 훨씬 뛰어넘어 거대하고 선천적이며 다채로운 지능을 가질 능력이 있음을 알게 되었다. 우리가 그 능력을 활용할 수 있다면, 우리는 신체적·정서적·영적으로 훨씬 더 건강해질 것이다. 그리고 지금보다 훨씬 더 행복해질 것이다. 사고는 더욱 명확해지고, 마음속에 부는 폭풍에 휩쓸리는 일도 줄어들 것이다.

주의를 기울이고 지적으로 행동을 할 수 있는 이 능력은 우리가 그렇게 할 의도만 있다면, 우리가 꿈에도 생각하지 못할 정도로 충분히 계발될 수 있다. 슬프게도 우리는 생명을 위협하는 질병이나 신체적·정신적으로 엄청난 고통을 동반하는 심한 충격을 받은 다음에야 그런 의도를 가진다. 스트레스 완화 클리닉에서 MBSR 프로그램을 경험하는 환자들처럼, 일단 우리가 아무리 현대의 의료 기술이 뛰어나더라도 완전한 치료법을 만드는 데는 한계가 있다는 사실을 알게 되고, 이 치료라는 것도 종종 현 상태를 근근이 유지하기 위한 후속 조치에 불과하며, 심지어 무엇이 잘못되었는지에 대한 진단이 부정확한 경우도 많다는 사실을 깨닫고서야 이 의도를 가지기도 한다.

과장 없이 말하면 신경과학, 후성유전학 등 의료의 새로운 발전은 우리가 인간이기에 누구나 가지고 태어난 내면의 깊은 자원을 평생에 걸쳐 학습과 성장, 치유, 변화에 활용하는 것이 가능하다는 사실을 보여 주었다. 이러한 능력은 우리 유전자와 뇌, 몸과 마음 그리고 서로의 관계와 세상과의 관계 속에 이미 들어 있다. 우리가 그 능력에 접근할 수 있는 것은 바로 지금 여기서부터다. 왜냐하면 우리가 어디에 있더라도 바로 지금 여기야말로 우리가 가진 유일한 것이기 때문이다. 어떤 상황에 있더라도 우리 모두는 치유와 변화의 잠재력을 가지고 있다. 그 상황이 오래되었든 최근에 나타났든, 원인이 내적이든 외적이든, '좋은' 것으로 보든 '나쁜' 것으로 보든, 절망적이든 희망적이든 간에 말이다. 이 내적 자원은 우리의 타고난 권리다. 그것은 우리와 어떤 식으로도 분리되지 않기 때문에 평생에 걸쳐 활용할 수 있다. 배우고 성장하며 치유하고 생각하며 행동하는 데 있어 더 큰 지혜를 향해 나아가고, 우리 자신과 다른 사람들에 대한 더 큰 연민을 향해 나아가는 것은 바로 인간으로서의 본성이다.

그러나 이런 능력도 밝혀내고 계발해야 활용할 수 있다. 그것이 우리가 인생에서 해야 할 도전이며, 살아가는 매 순간을 최대한 활용할 수 있는 기회다. 일반적으로, 우리는 순간을 쉽게 흘려보낸다. 아니면 원하는 것이나 원하지 않는 것으로 순간을 채운다. 하지만 우리가 실제로 가질 수 있는 것은 삶이 펼쳐지는 순간밖에 없다는 것도 쉽게 깨달을 수 있다. 그리고 우리가 그 순간에 현존하는 것이야말로 축복이며, 현존하는 매 순간 흥미로운 일들이 일어나기 시작한다는 것을 깨달을 수 있다.

이러한 학습과 성장, 치유와 변혁을 위한 능력을 키우려는 선택은 일생일대의 도전이며 모험이다. 이제 우리가 진짜 누구이고 중요한 것은 무엇인지 깨달으며 살아가는 여정을 시작하는 것이다. 이것은 우리가 생각하는 것보다 더 중요하다. 행복과 성취에 대한 기쁨과 감동이 일어나는 것은 당연하지만, 단지 우리 자신의 즐거움이나 성취를 넘어서 우리가 생각하는 이상의 삶을 살 수 있다.

더 큰 건강과 온전함을 향한 이 여정은 우리가 이미 가지고 있는 자원을 동원하고 개발함으로써 촉진된다. 그리고 가장 중요한 것은 주의를 기울일 수 있는 능력이다. 특히 이것은 우리가 그다지 주의를 기울이지 않았거나, 겉으로 보기에는 영원히 무시해 왔다고 말할 수도 있는 측면에 대한 능력이다.

주의를 기울이는 것은 자각을 연마하는 것이다. 이것은 언어와 함께 개인적이고 집합적인 학습과 변화의 가능성을 드러내며 우리 존재를 특징짓는다. 우리는 오감을 통해 사물을 직접 파악함으로써 성장하고 변화하며 배우고 자각한다. 여기에는 마음의 힘도 더해진다. 불교에서는 마음도 하나의 감각으로 본다. 우리는 이들 경험의 어떤 한 측면은 무한히 상호 연결된 그물망 안에 존재한다는 것을 알 수 있으며, 그중 일부는 즉각적이거나 장기적인 행복에 대단히 중요한 것이다. 사실 우리는 그 많은 관계를 바로 보지 못할 수도 있다. 그것들은 당분간은 우리 삶의 숨결 속에 숨어 있고 잘 보이지 않는, 그리고 발견되기를 기다리고 있는 차원이 될지도 모른다. 그렇더라도 우리가 **자유의 새로운 차원**(new degree of freedom)이라고 부르는 이러한 숨겨진 차원은 잠재적으로 이용할 수 있다. 지속적으로 깨어 있는 의식의 힘을 계발하고 거기에 머물 때, 숨겨진 차원은 우리에게 스스로 모습을 드러낼 것이다. 여기에는 놀라울 정도로 복잡하지만 근본적으로는 질서가 있는 우주, 세계, 국가, 지리, 지형, 가족, 마음 그리고 몸 모두에 대해 경외심과 부드러움을 가지고 의도적으로 주의를 기울여야 한다. 우리 주변의 세계는 알든 모르든, 좋든 싫든 간에 우리 자신을 찾고 방향을 정하는 모든 수준에서 끊임없이 유동적으로 변화하고 있다. 그것은 우리에게 수많은 예기치 못한 도전과 기회를 제공하여, 깨어나서 더욱 분명하게 보고, 성장하며, 행동을 통해 더 큰 지혜를 향해 나아갈 수 있다. 그리고 그것은 지금까지 궁극적으로 고요함과 휴식과는 거리가 먼 소란스러운 마음을 가라앉혀 줄 것이다.

건강과 온전함으로 향하는 이 여정은 실제로 우리가 아직 죽지 않고 살아 있는 동안 삶의 충만함에 깨어 있으라는 초대장과 다름없다. 헨리 데이비드 소로(Henry David Thoreau)는 『월든(Walden)』에서 다음과 같이 매우 강력하게 충고했다.

> 나는 숲으로 왔다.
> 천천히 살며 오로지 삶의 본질에 직면하기 위해.
> 삶이 가르쳐 준 것을 깨닫지 못한다면
> 죽음을 맞이하는 순간 내 삶이 헛된 것임을 알기 위해.

삶을 실제로 충분히 살지 못하고, 기회가 있어도 삶에서 깨어나지 못한 채 죽음을 맞이하는 것은 우리 모두가 끊임없이 맞닥뜨리는 중대한 위험이다. 오늘날 우리는 데이비드 소로가 살았던 시대보다 훨씬 빠른 속도의 시대에 살고 있다. 이 시대에 일어나는 우리의 습관과 분별 없는 자동성은 가장 소중한 관계부터 삶에서 잘 드러나지 않는 부분까지 영향을 미치고 있다.

그러나 소로가 충고했듯이, 우리는 지혜롭고 열린 가슴으로 주의를 기울이는 타고난 능력에 기반을 두고 배울 수 있다. 그는 우선 마음과 정신적으로 넓고 광활한 자각을 맛본 다음 그 안에 머물 수 있으며, 또 그것이 바람직하다고 했다. 그런 능력을 적절하게 계발하면, 그러한 자각으로 우리는 일상화된 사고 패턴과 일상화된 감각, 일상화된 관계가 드리우는 장막과 한계를 분별하고 감싸 안으며 초월함으로써 그로부터 자유로워질 수 있다. 그리고 그런 것들에 따르는 혼란스럽고 파괴적인 마음 상태와 감정에서도 해방될 수 있다. 그러한 습관은 유전적으로 물려받은 것뿐만 아니라 우리의 과거로부터 조건화된 결과다. 즉, 트라우마, 두려움, 신뢰와 안전감의 결핍, 있는 그대로의 자신으로 인정받고 존경받지 못하는 데서 오는 가치가 없다는 느낌, 또는 과거에 당한 무시와 부당함, 혹은 분명하고 압도적인 피해에 대한 오랜 분노에서 비롯되는 것이다. 그럼에도 불구하고 그냥 둔다면 그것들은 우리 시야를 좁히고 이해를 왜곡시키며 성장과 치유를 막는 습관이 된다.

문자 그대로든 은유적으로든 인류 전체로서, 개인으로서 온정신의 회복을 위해서는 우선 생물학적 감각과 마음이 일어나는 몸으로 되돌아갈 필요가 있다. 그런데 몸은 우리가 대부분 무시하는 장소이기도 하다. 우리는 거의 몸에 살고 있지 않을 수도 있다. 몸에 관심을 가지지도 않고 존중하지도 않는다. 이상하게도 몸은 우리에게 가장 친숙한 동시에 낯선 풍경이 되기도 한다. 우리의 과거, 과거에 마주했거나 두려워했던 것에 따라 몸을 두려워하거나 심지어 혐오할 수도 있다. 또 어떤 때, 우리는 몸의 크기나 모양, 몸무게, 또는 외모에 집착하여 무의식적이면서도 끝없이 자기함몰과 자아도취에 빠지기도 한다.

개인적 차원에서, 우리는 지난 40년 동안 심신의학 분야의 여러 연구를 통해 몸과 마음 안에서 어느 정도 평화에 도달할 수 있다는 것을 알고 있다. 따라서 큰 도전과 어려움 속에서도 더 큰 건강과 안녕, 행복, 명료함을 발견할 수 있다. 수천 명의 사람이 이미 MBSR을 통해 이 여정을 시작했고, 그들 자신과 삶과 일을 함께하는 주변 사람들과 놀라운 혜택을 계속 보고 하고 있다. 우리는 이렇게 주의를 기울여 삶의 숨겨진 차원과 새로운 차원의 자유를 누리는 것이 선택받은 소수만을 위한 길이 아님을 알고 있다. 누구라도 그런 길을 택할 수 있고, 그 길에서 큰 혜택과 위안을 누릴 수 있다.

온정신을 회복하는 것은 전혀 시간이 드는 일이 아니다. 오직 지금 여기에 존재하고 깨어 있는 것에 관한 문제다. 그것은 또한 역설적으로 평생 동안 해야 할 일이기도 하다. 이 문장의 모든 의미에서 평생 동안(for life)은 '삶을 위하여(for life)'라고 말할 수도 있다.

삶의 어떤 수준에서든 온정신을 회복하는 데 수반되는 모험의 첫 단계는 자각 그 자체에 대한 친밀감을 키우는 것이다. **마음챙김(mindfulness)**은 자각(알아차림, awareness)과 같은 표현이다. 마음챙김에 대한 나의 조작적 정의는 "의도를 가지고 현재 이 순간에 비판단적으로 주의를 기울임으로써 생기는 자각"이다. 만약 당신이 그렇게 할 이유가 필요하다면, 우리는 "지혜와 자기 이해, 그리고 타인과 세계와의 본질적인 상호 연결성을 위하여 그 결과 친절과 연민을 위하여"를 추가할 수 있을 것이다. '비판단적(non-judgment)'이라는 것이 정말로 무엇을 의미하는지 이해하면, 마음챙김은 근본적으로 윤리적인 것이 된다.[2] 이것은 판단을 하지 않는다는 것을 의미하는 것이 아니다. 우리는 자주 판단을 할 것이다. 판단을 가능한 한 멈추고, 판단하는 것을 판단하지 않으며, 판단이 일어날 때는 단순히 인식하는 초대장 같은 것으로 받아들인다.

우리의 알아차림(awareness) 능력과 자기 인식(self-knowing) 능력은 우리를 인간이도록 하는 궁극의 공통 경로라고 할 수 있다. 우리는 마음챙김을 기르면서 우리 자신의 자각 능력에 대한 힘과 지혜에 접근할 수 있다. 그리고 마음챙김은 마음챙김 명상을 통한 존재의 한 방법으로서 신중하고 체계적으로 계발·발전·연마될 수 있다.

마음챙김 명상은 지난 40년 동안 전 세계로 급속도로 퍼져 나가며 서구 문화의 주류로 확산되어 왔다. 그것은 마음챙김 명상이 가지고 있는 다양한 효과에 대한 과학적·의학적 연구가 계속 증가하면서 그에 따른 심리학과 심리치료는 말할 것도 없이 초·중등 교육, 고등 교육, 기업, 스포츠, 형사 재판, 군대, 정부 등 여러 분야에 대한 관심이 폭발적으로 증가한 결과다.

명상 자체나 명상을 할 때 기이하거나 이상한 것은 아무것도 없다. 명상은 마치 정말로 중요한 것처럼 우리 삶에 단순히 주의를 기울이는 것에 관한 것이다. 왜냐하면 그것은 생각보다 진짜로 훨씬 더 중요하기 때문이다. 또한 명상은 전혀 이상하거나 특별한 것이 아니지만, 동시에 매우 특별하고 상상도 못했던 방식으로 우리 삶을 변화시키는 무엇이기도 하다.

마음챙김을 계발하고 연마하면, 개인에서부터 기업, 사회, 정치 그리고 전 세계에 이르기까지 사실상 모든 수준의 인간 경험에서 효과적인 기능을 발휘할 수 있다. 그러나 그것은 우리가 자신의 진정한 존재를 깨닫고 삶이 정말로 중요한 것처럼 우리 자신뿐만 아니라 다른 사람들과 세상을 위해서도 삶을 진지하게 살겠다는 동기가 있을 때 가능하다. 왜냐하면 우리가 깨어났을 때 현실 그 자체, 즉 우리가 사는 세상에는 깊은 상호 연결성이라는

2) 그것은 명료함과 분별력, 친절과 연민과 같은 인간의 가치를 회피하지 않는다.

특징이 있다는 것을 깨닫기 때문이다. 정말 어떤 것도 연결되지 않은 것은 없다. 그리고 깨어 있을수록, 자각하는 것을 연습할수록 이러한 상호 연결성은 명백해진다.

인생의 이 모험은 우리가 첫발을 내딛을 때마다 펼쳐진다. 우리가 이 길을 걸을 때, 앞으로 이 책과 또 나머지 세 권에서 함께하면서 우리는 혼자 노력하는 것이 아니며, 또한 삶이 어려울 때도 혼자가 아니고 나만 그렇지 않다는 것을 발견할 수 있다. 왜냐하면 마음챙김 수련에 임하는 것은 의도와 탐험에 관해 더욱 강력한 세계 공동체에 참여하는 것이고, 궁극적으로는 우리 모두를 포함하는 공동체에 참여하는 것을 의미하기 때문이다.

여정을 떠나기 전 유념할 것이 한 가지 더 있다.

마음챙김을 계발하여 배우고 성장하고 치유하기 위해 스스로 아무리 노력한다 해도, 어떤 의미로 건강하지 못한 세상에서는 혼자 온전히 건강한 개인으로 남는 것은 불가능하다. 우리와 가깝고 소중한 사람과 전혀 모르는 사람들, 가까이 있든 먼 곳에 있든 모든 사람에게 큰 고통과 고뇌가 있다는 사실은 분명하다. 우리가 모든 것과 상호관계 속에 있을 때 다른 사람의 고통은 곧 우리의 고통이 된다. 우리는 그것이 견디기에는 너무나 고통스러워서 때때로 외면하려고 할 수 있다. 그러나 그것은 해결해야 할 문제라기보다는 우리 자신과 세상 모두의 내면적·외면적 변화를 위한 강한 동기가 될 수도 있다.

이 세계 자체가 심각하고 점점 더 악화되는 병폐로 고통 받고 있다고 해도 과언은 아니다. 지금의 세계는 과거 어느 시대보다 격렬한 광기의 세계다. 집단 광기와 편협한 근본주의가 판치고, 엄청난 불행과 혼란과 경쟁의 기운이 만연해 있는 시대라는 것을 명백히 알 수 있다. 이러한 분출은 지혜와 균형과는 정반대의 상태다. 이런 상태는 보통 자기 과장이나 타인을 명백하게 착취하는 편협한 오만으로 인해 악화하는 경향이 있다. 이런 것들을 인본주의, 경제 발전, 세계화, 물질적 '진보'와 서구형 민주주의라는 이름으로 포장할 수도 있지만, 이데올로기나 정치, 문화, 종교 또는 기업 주도권이라는 의제와 필연적으로 연관되어 있다. 이러한 힘들은 흔히 문화적 또는 환경적인 동질화와 퇴보, 무자비한 인권 탄압 등의 숨은 비용을 치르게 하며 이것은 기존의 병폐를 더 악화시킨다. 이제 추는 점점 더 빨리 움직여서 우리가 지금 발작과 편안이나 평화로움 사이의 어디에 위치하는지 확인할 시간조차 없어 보인다.

우리는 20세기가 평화와 평온 그리고 전쟁 종식이라는 이름으로 과거 어느 시대보다 조직적인 살상을 자행했다는 것을 알고 있다. 그 살상의 대부분은 역설적이게도 학문과 훌륭한 문화의 중심지인 유럽과 극동 아시아에서 일어났다. 그리고 지금 21세기는 다르지만 마찬가지로 파괴적인 방식으로 그 뒤를 잇고 있다. 누가 주장을 했든, 그리고 어떤 대의명분과 특정한 논쟁거리가 있든 암암리에 진행되는 전쟁과 테러와의 전쟁을 포함한 모든 전쟁은 항상 모든 면에서 거기에 참가한 당사자의 가장 확실한 목적과 원칙의 명분으로 진행되었다. 그리고 전쟁은 항상 잔혹한 유혈 사태로 이어지며, 결국에는 피해자와 가해자 모두에게 해를 입힌다. 그리고 언제나 전쟁은 사람들의 마음속 분란 때문에 일어나는 것이기도 하다. 더 좋은 해결책이 있는데도 다른 사람을 해치는 방법으로 분쟁을 해결한다면, 우리는 전쟁과 폭력 자체가 인류가 집단적으로 고통받고 있는 독특한 자가면역질환 증상이라는 사실 속에서 길을 잃은 것이다. 비록 전쟁을 혐오하고 그에 맞서 격렬하게 저항하고 싸우기도 하지만, 무의식적으로 전쟁을 크게 키우거나 매우 실제적이며 위험한, 심지어 치명적인 힘으로 조화와 균형을 파괴하기도 한다. 그리고 그러한 상황을 회복할 수 있는 또 다른 방법을 찾지 못하고 있다.

게다가 미국이 이라크와 아프가니스탄에서 직면했듯이 오늘날 전쟁에서 '승리한다'는 것은 전쟁의 상흔 속에서 평화를 얻는 것과는 전혀 다른 새로운 도전으로 다가온다. 그렇기 때문에 우리에게는 지금까지와는 전혀 다른 사고 능력과 인식 그리고 계획이 요구되는데, 그것은 우리가 자신과 다른 사람들을 더 잘 이해하는 데서 오는 것이다. 그들은 우리가 가장 중요하게 여기는 것에 대해 열망하지 않을 수도 있고, 자신만의 문화와 관습, 가치를 가지고 있으며, 때로는 동일한 사건이라도 우리와는 너무나 다르게 해석한다. 실제로 미국은 제2차 세계대전 이후 유럽에서 마셜 플랜(Marshall Plan: 제2차 세계대전 후, 1947년부터 1951년까지 미국이 서유럽 16개 나라에 행한 대외원조계획, 역자 주)에서 놀라운 선견지명으로 자애로운 천재성과 지혜를 통해 이러한 사고와 의식 그리고 계획을 달성했다.

동시에 우리는 더 크고 더 포괄적이고 어쩌면 더 정확하게 보지 못하게 하는 제한된 틀에 갇혀 있기에 우리의 의식과 그러한 의식을 형성하고 또한 동시에 의식에서 나오는 동기에 대한 상관성을 지속적으로 인식할 필요가 있다. 세계의 상황을 고려해 볼 때, 이제는 우리 모두가 더 깊은 차원의 인간 지성과 다양한 시각, 지식의 기초가 되는 더 깊은 차원의 공통성을 계발해야 할 때가 되었다. 이것은 개인의 행복과 안전에만 초점을 맞추는 것이 매우 현명하지 못한 행동이라는 것을 의미한다. 왜냐하면 행복과 안전은 점점 더 좁아지는 세계 속에서 다른 모든 것과 밀접하게 연결되어 있기 때문이다. 온정신을 회복한다(Coming to our senses)는 것은 우리의 모든 감각에 대한 대단히 중요한 알아차림을 계발하는 것이다. 여기에는 자신의 마음과 그 한계까지 포함된다. 또 우리가 깊은 불안감을 느낄 때, 그 불안감을 해소해 줄 거라고 생각되는 자원이 많을 때, 외부 세계의 모든 가능한 변수를 되도록 엄격하게 통제하려는 유혹에 대한 알아차림도 포함된다. 그런 통제란 불가능하고 궁극적으로 우리를 소진시키고 본질적으로 폭력적이며 자기소모적일 수밖에 없는 시도다.

세계의 건강이라는 더 큰 영역에서, 자신의 삶과 마찬가지로 '몸'에 대한 알아차림에 무엇보다 큰 중요성을 두어야 한다. 그것은 매우 근본적인 것이기 때문이다. 이 경우, '몸'은 다양한 공동체와 단체, 국가와 국가 집단으로 구성된 정치 공동체(body politic)를 가리킨다. 이 모든 것에는 질병과 병폐, 다양한 관점은 물론 그들 자신의 전통과 문화 속에서, 그리고 그 너머에서 오늘날 세계의 특징 중 하나인 자아 인식과 치유를 위한 심오한 자원이 있다.

자가면역 질환은 실제로 몸 자체의 자기감각과 감시 체계, 보안 체계, 면역 체계가 엉망이 되어 자신의 세포와 조직을 공격하는 것이다. 즉, 자신을 공격하는 것이다. 아무리 건강하고 활력이 넘치더라도 자신의 한 부분이 다른 부분에 대해 전쟁 중인 상황에서는 어떠한 몸도, 어떠한 정치적 공동체도 오랫동안 번영할 수 없다. 또한 어떠한 국가라도 면역 체계의 조절 이상으로 생긴 알레르기 반응 같이 만들어진 외교정책으로는 오랫동안 번영을 누릴 수 없다. 또한 2001년 9·11 테러 이후 심각한 트라우마 때문에 집단으로 고통을 받고 있는 것은 사실이지만 이를 변명으로 오랫동안 번영을 누릴 수도 없다. 그 트라우마는 IS의 발생과 전 세계 테러리즘에 의해 복합적으로 작용했을 뿐이다. 독소적이고 인종차별적인 포퓰리즘의 흐름이 상승한 것도 맥을 같이 하기 때문이다. 선의의 혹은 냉소적인 지도자들이 치유나 적절한 안보, 진정한 민주주의와는 무관한 목적으로 그러한 조건을 어떤 사건에 더 쉽게 이용할 뿐이다.

치명적이지 않은 심장마비나 예기치 않은 진단으로 깜짝 놀라서 의도치 않게 건강과 안녕을 생각하게 된 사람들과 마찬가지로, 전체 시스템에 가해진 충격은 그것이 매우 두려울 수도 있지만 우리가 보살핌과 주의를 기울이고 이해한다면 치유를 위한 노력과 우선순위를 재조정하는 데 사용할 수 있는 내면의 강력한 자원을 활용할 기회가 될 수도 있다. 안전과 행복을 보장하기 위해 신중하게 그리고 열심히 대응했다는 사실에도 불구하고 그 자원은 우리가 너무 오래 방치했거나 심지어 잊어버렸을지도 모른다.

이렇게 더 큰 세계를 치유하는 것은 여러 세대에 걸쳐 진행되어야 한다. 세계는 다 죽어가는 환자 같지만 우리는 이에 주의를 기울이지 않는다. 이 지구상의 생명체인, 특히 지구상의 모든 존재의 운명을 좌우하는 인간의 삶인 그 '환자'의 역사에 관심을 가지지 않는다. 직면하고 있으면서도 쉽게 받아들이기 어려운 자가면역 질환 진단에 주의를 기울이지 않는다. 그리고 아직 시간이 남은 동안 살아 있는, 따라서 지각하는 존재로서 자신의 본성에서 가장 심오하고 가장 좋은 것을 폭넓게 수용하는 치료에 대한 가능성에 주의를 기울이지 않는다. 이러한 행동이 얼마나 위험한지 깨닫게 되면서 이미 많은 곳에서는 치유가 시작되었다.

이 세상을 치유한다는 것은 아무리 잠정적으로라도 우리 세대뿐만 아니라 다가올 다음 세대들에게도 우리가 가진 다양한 지성을 생명과 자유 그리고 진정한 행복 추구에 적용하기 위해 사용하는 학습이 수반되어야 할 것이다. 그것은 미국인을 포함한 서구인들을 위해서뿐만 아니라, 어느 대륙, 어느 섬에 살고 있든 이 지구상의 모든 거주민을 위한 것이다. 그리고 이것은 단지 인간만이 아닌, 자연계에 존재하는 모든 존재, 인간의 세상을 넘어서 불교에서 유정물(sentient beings, 지각하는 능력이 있는 모든 생명체)이라고 부르는 세상에 있는 모든 존재를 위한 것이기도 하다.

왜냐하면 모든 말과 행동에서 지각(sentience)하는 능력은 우리가 온정신을 회복하여 가능한 것에 눈을 뜨게 하는 핵심적인 요소이기 때문이다. 자각 능력이 없이는, 우리의 의식을 사용하고 연마하고 그 속에서 사는 방법을 배우지 않고는, 개인으로서 우리 자신 속에서, 기업, 상원과 하원, 백악관, 정부 부처들, 국제 연합과 유럽 연합 같은 더 큰 집합체를 포함한 우리의 제도 속에서 더 분명하게 보고 이타적으로 행동할 수 있는 타고난 능력 없이는, 우리는 자신에 대한 자각하지 못함(unawareness)이라는 자가면역 질환에 걸릴 수밖에 없다. 이것으로부터 환상과 망상, 탐욕과 두려움, 잔인함과 자기기만 그리고 궁극적으로는 무의미한 파괴와 죽음이 끊임없이 반복된다. 지구라는 행성의 자가면역 질환은 바로 인간, 즉 인류 그 자체다. 우리는 질병 자체이자 그 질병의 최초의 희생자이기도 하다. 그러나 이것은 어떤 방법으로도 이야기의 끝이 아니다. 적어도 지금은 아니다.

우리가 숨 쉬고 있는 한 여전히 삶을 선택할 시간이 있고, 그 선택이 우리에게 요구하는 것을 되돌아볼 시간이 있다. 이러한 선택은 거대하고 두려운 관념적 선택이 아니라, 핵심적이고 현재 순간에 맞닿아 있는 것이다. 그것은 어떤 방식으로든, 생각과 감정을 통해 우리 내면에서 매 순간 말과 행동을 통해 외면에 펼쳐지는 삶의 근본적인 기질과 매우 긴밀하게 맞닿아 있다.

이 세상은 있는 그대로의 모든 꽃을 필요로 하고 있다. 그 꽃들이 아무리 짧은 순간만 꽃을 피울지라도 말이다. 우리가 평생이라고 부르는 것도 사실은 짧은 순간이다. 우리의 임무는 우리 하나하나가 어떤 꽃인지, 전체는 어떤 꽃인지 알아내는 것이다. 또한 살아 있는 소중한 시간에 우리의 독특한 아름다움을 세상과 공유하고, 살아가는 방식과 제도 속에서 그리고 가정과 세계에서 우리의 상호 연결성을 존중하는 방식을 통해 구현되는 지혜와 연민이라는 유산을 자손들에게 남기는 것은 우리의 임무다. 이렇게 우리는 오늘날 우리의 삶 속에서, 우리가 사는 세상 속에서, 서로의 반영이자 한 생물

종으로서 우리가 지닌 천재성의 내적·외적 반영인 온전한 정신을 위해 굳건히 서 있어야 하지 않겠는가?

우리 각자의 창조적이고 창의적인 노력과 행동은 매우 중요하며, 다름 아닌 세계의 건강은 이러한 균형에 달려 있다. 세계는 문자 그대로, 또는 비유적으로 우리가 온정신을 회복하기를 바라고 있으며 지금이 바로 적기라고 말할 수 있다. 이제 우리는 본연의 충만한 아름다움에 눈을 뜨고, 이전에 있었던 것들과 지금 꽃피우고 있는 모든 가치 있는 것의 토대 위에서 자신과 사회, 그리고 지구를 치유하는 일을 계속 확장해야 할 때다. 어떠한 의도도 사소한 것이 없으며, 어떠한 노력도 소중하지 않은 것이 없다. 이 여정의 모든 걸음이 중요하다. 그리고 앞으로 보겠지만 우리 한 사람 한 사람 모두가 중요하다.

앞에서 말했듯이, 이 책은 네 권 중 첫 번째 책으로 각 권이 1부와 2부로 나뉘어 있다. 네 권의 책을 통틀어 나의 개인적 경험에 관한 이야기를 여기저기 엮어 놓았다. 이렇게 한 이유는 독자들에게 명상 수련이 한편으로 얼마나 개인적이고 특수한지, 다른 한편으로 그것이 끊임없이 자기화하는 마음의 습관이 지어내는 '나'의 경험, '나'의 삶이라는 자기중심적 이야기를 넘어서 얼마나 비개인적이고 보편적인지 역설적인 느낌을 주기 위한 것이다. 특히 인간이기에 겪는 엄청난 고통에 직면하고, 세상과 우리 자신을 이해하려고 필사적으로 집착하는 우리가, 의견과 견해라는 왜곡된 렌즈의 궁극적 무상함에 비추어 볼 때, 건강하고 가벼운 마음과 유머 감각을 가지고 자신의 경험을 진지하게 받아들이되 개인적으로 받아들이지는 않는 것이 얼마나 중요한지 독자가 느끼게 하려는 의도다.

이 책의 제1부에서는 어떤 것이 명상이고 어떤 것이 아닌지와 마음챙김의 계발과 관련된 것이 무엇인지 살펴본다. 제2부에서는 고통과 '불편함(disease)'의 근본 원인이 무엇인지, 의도를 가지고 비판단적으로 주의를 기울임으로써 고통에서 어떻게 해방될 수 있는지, 어떻게 마음챙김이 의학에 통합되어 왔는지, 그리고 우리의 마음과 정신이 완전히 회복되고 바뀔 수 있는 새로운 차원을 마음챙김이 어떻게 밝혀내는지에 대해 살펴본다.

2권(『온전히 깨어 있기』, 학지사, 2022)의 제1부에서는 우리 삶의 '감각풍경(sensescape)'과 감각에 대한 더 큰 알아차림이 우리의 행복에 얼마나 도움이 되는지, 우리의 삶과 이 세계 속에서 그리고 우리 내면에 대한 지식과 존재 방식을 어떻게 풍부하게 하는지 살펴본다. 제2부는 여러 공식 명상 수련으로 다양한 감각을 통해 마음챙김을 계발하는 것에 대한 상세한 지침을 제공한다. 여기서 독자들은 매 순간 아주 뛰어난 풍부한 감각을 느낄 수 있을 것이다.

3권(『마음챙김의 치유력』, 미출간)의 제1부에서는 우리가 세상을 이해하고 행동하는 방식에서 소위 '새로운 차원으로의 의식변혁(orthogonal rotation in consciousness)'을 통해 마음챙김이 어떻게 치유와 행복을 더 증가시킬 수 있는지 살펴보고 있다.[3] 제2부에서는 마음챙김 계발을 더 폭넓게 살펴보고, 내가 있는 곳을 경험하는 것부터 매우 유명한 스포츠 경기를 관람하거나 관람하지 않기, 죽기 전에 진정한 자신을 만나는 것에 이르기까지 일상의 여러 방면에 마음챙김이 어떤 영향을 미치는지 다양한 예를 제시한다.

4권(『모두를 위한 마음챙김』, 미출간)의 제1부에서는 심신의학의 관점에서 정치 세계(the world of politics)와 세상의 스트레스를 살피며, 마음챙김이 정치

---

3) 이 거창한 말에 겁먹을 필요는 없다. 이것은 단지 사용 중인 좌표계에서 '90도'를 의미한다. 우리가 익숙한 기존의 차원을 넘어 그보다 더 큰 차원에 기초한 새로운 관점을 주기 위해 새로운 차원을 기술한다고 생각해 보자.

공동체와 세계의 건강을 변화·발전시키는 데 도움이 될 몇 가지 방법을 제시한다. 제2부에서는 우리의 삶과 현재 우리가 직면하고 있는 도전을 인간이라는 생물 종 자체와 지구상에서 인간의 진화라는 더 큰 맥락과 관점에서 살펴보고, 우리의 삶과 도전이 정말 중요한 것처럼 매 순간 그리고 매일을 살아가게 해 주는 가능성의 숨겨진 차원을 밝혀 본다.

앞서 언급했듯이, 이 네 권의 책은 마음챙김이란 '무엇'이고 '왜' 해야 하는가부터 우리 삶에서 마음챙김을 '어떻게' 계발해야 하는가에 관한 내용이며, 여기에는 우리가 그렇게 하도록 동기 부여할 수 있는 이유, 즉 마음챙김에 대한 '약속'에 대한 것과 우리가 실제로 삶을 영위하는 방법을 실현하는 과정이 있다. 여러분이 그것들을 키워 나가기를 바란다.

제1부

명상,
그것은 당신이 생각하는
그런 것이 아니다

우리의 생각과 행동의 범위는
우리가 알아차리지 못하는 것에 의해 제한된다.

R. D. 랭(R. D. Laing)

내 안에 그것이 있다. 그것이 무엇인지는 알 수 없다.
하지만 나는 그것이 내 안에 있다는 사실을 안다.

월트 휘트만(Walt Whitman)

명상은 심약한 사람을 위한 것이 아니다

모든 것이 너무 빨리 변해 가는 이때, 지금 이 순간에 관한 영원한 아름다움과 풍요로움에 대해 말하기란 쉽지 않은 일이다. 그러나 그 모든 것이 더 빨리 움직일수록 그 영원함을 접하거나 그 안에 머무는 것은 더 중요해진다. 그렇지 않으면 우리는 행복과 불행 사이에서, 지혜와 어리석음 사이에서, 몸이나 마음 또는 세상에서 겪는 불편함(dis-ease) 같은 소모적인 혼란과 안녕감 사이에서 중요한 역할을 하는 인간의 속성과 접촉하지 못하기 때문이다. 왜냐하면 우리가 느끼는 불만족은 사실 질병(disease)이라고 할 수 있기 때문이다. 비록 그렇게 보이지 않을지라도 말이다. 때로 우리는 일상적으로 이런 느낌과 상태를, 그리고 우리가 대부분 느끼는 '불편함'을 '스트레스'라고 표현한다. 그것은 대개 고통스러우며 우리를 짓누른다. 그리고 거기에는 항상 근본적으로 만족스럽지 않은 느낌이 있다.

1979년 나는 매사추세츠주 우스터에 있는 매사추세츠 대학 의료센터에서 스트레스 완화 클리닉을 시작했다. 거의 40년이 지난 그때를 회상하면서, 나는 스스로 "어떤 스트레스?"라고 묻는다. 그 이후로 세상은 너무 많이 변했고, 그만큼 삶의 속도는 빨라졌으며, 전에 없이 예측하기 어려운 변화와 위험이 바로 우리 눈앞에 닥쳐 있다. 40년 전에도 우리가 처한 개인적 상황과 환경을 직시하고 건강과 치유를 위해 참신하고 창의적인 방법을 찾아내는 것은 중요했지만, 상호 연관성이 더 높아지고 좁아진 세상에서 삶이 점점 더 혼란스럽고 더 빠르게 전개되는 지금, 그러한 방법을 찾아내는 것은 훨씬 더 중요하고 급박해졌다.

이처럼 기하급수적으로 가속화되고 그 어느 때보다도 더 파괴적인 시대에, 더 중요하고 시급한 일은 우리가 시간이 지나도 변하지 않는 삶을 배우고, 위안이 되는 것과 삶을 분명히 알기 위해 변하지 않는 삶에 의지하여 사는 방법을 배우는 것이다. 그것은 처음부터 우리 스트레스 완화 클리닉 과정의 핵심이었고, 현재는 MBSR(마음챙김에 근거한 스트레스 완화)로 알려져 있다. 이는 어떤 먼 미래에 대해 말하는 것이 아니다. 오랜 기간 노력하여 마침내 무언가를 성취하고, 명상적 알아차림과 그로 인해 시간을 초월한 모든 것에 대한 아름다움을 맛보고, 그리하여 마침내 더 효과적이고 만족스러우며 평화로운 삶을 살아갈지도 모른다는 환상적인 미래를 말하는 것이 아니다. 나는 지금 이 순간, 시간이 지나도 변하지 않는 것에 다가가는 것에 대해 말하는 것이다. 왜냐하면 그것은 항상 우리 가까이에 있기 때문이다. 그렇게 함으로써 현재 우리에게 숨겨진 가능성의 차원에 접근하는 것이다. 그 차원이 숨겨져 있는 이유는 우리가 현재에 머무는 것을 거부하고, 미래와 과거에 유혹당하고 매혹되며, 그 두려움에 사로잡히기 때문이다. 또한 우리가 종종 생각지도 못할 정도로 '급한' 것에 집착하지 않더라도 사건의 흐름과 날씨 패턴에 따라 반응하거나 무감각하게 행동하고, 실제로 몹시 중요한 우리 자신의 행복과 온전함을 위해, 그리고 우리의 생존을 위해 매우 중요한 것과의 접촉을 잃기 때문이다. 우리는 과거에도 미래에도 대부분의 시간 동안 이 순간을 전혀 알아차리지 못하는 심각한 습관에 빠져 있다. 결과적으로, 우리는 자신의 삶과 마음의 기복에 대해 거의 통제하지 못한다고 느낄 수 있다.

의학, 건강관리, 사회에서의 마음챙김센터(CFM)가 수년간 비즈니스 리더들에게 제공한 마음챙김 집중수련 및 훈련 프로그램을 소개하는 안내 책자의 첫 인사말은 다음과 같다. "명상은 심약한 사람을 위한 것이 아닙니다. 또한 자기 마음이 속삭이는 갈망에 계속 귀를 닫고 있는 사람을 위한 것도 아닙니다." 이 문장은 맨 처음에 둔 데는 그럴 만한 이유가 있다. 그것은 아직 영원함에 준비가 되지 않은 사람들, 또 그러한 영원함을 이해하려 하지 않고 그러한 경험이나 기회에 다가갈 마음의 여유가 없는 사람들에게 프로그램 참가를 권하지 않고자 함이었다.

만약 그들이 그 5일 프로그램 중 하나에 참가하게 된다면, 명상 수련이 말도 안 되는 소리며, 순전히 고문 같고, 너무 따분한 시간 낭비라고 생각하면서 프로그램 내내 갈등하게 될 것이다. 아마도 그들은 저항하는 마음과 반대되는 생각에 너무 사로잡혀서 그런 방식으로 실제로 매 순간의 경험을 탐구하기 위해 함께 모였을 때, 우리가 가진 짧고 소중한 순간에 머무는 방법을 결코 발견하지 못할 것이다.

그렇기 때문에 이 수련회에 참가한 사람들은 그 문장 때문에, 혹은 그 문장에도 불구하고 참가했다고 추측할 수 있다. 어느 쪽이든 우리의 전략이 괜찮았다면 몸과 마음의 내적 풍경과 고대 중국 도가 사상가와 선승들이 무위(non-doing)라고 부르는 영역을 탐험하려는 의지가 참가자들에게 숨어 있을 것이라고 생각한다. 무위의 영역은 진정한 명상의 영역이며, 그 속에서는 어떤 것도 일어나거나 행해지는 일이 없지만 동시에 중요한 것을 남김없이 행하게 되어, 그 결과 개방적이고 자각적인 무위의 신비로운 에너지가 행위의 세계에서 놀랄 만한 방식으로 나타날 수 있다.

물론 살면서 행위의 흐름에 떠밀릴 때, 특히 너무 다양한 방향으로 관심을 가지고 점점 더 산만해지면, 우리는 가슴속에서 속삭이는 갈망을 대부분 외면

한다. 그리고 나는 명상이 항상 쉽거나 즐겁다고 말하려는 것도 아니다. 명상은 단순하지만 항상 쉽지는 않다. 바쁜 일상 가운데 몇 분이라도 규칙적으로 공식 수련을 할 시간을 내는 것은 쉽지 않은 일이다. 또 언제나 펼쳐지는 삶의 모든 순간에서 '비공식적' 마음챙김이 가능하다는 것을 떠올리기도 쉽지 않다. 하지만 때로는 더 이상 우리 가슴이 넌지시 내비치는 바를 무시할 수는 없다. 그리고 왜 그런지 모르지만, 평소에 잘 가지 않는 곳으로 이끌려 가는 자신을 발견하기도 한다. 예를 들면, 어릴 때 살았던 곳이나 자연과 명상 수련회에 이끌릴 수 있다. 혹은 평생 자기 자신을 만나고 싶어 하는 열망이나 우리 자신에 의해 오랫동안 무시되고 있던 측면을 드러내서 보고 듣고 느끼는 기회를 주는 책이나 강좌, 대화로 신비롭게 이끌린다.

우리 존재는 그동안 너무 오랫동안 무시당하고 방치되며 거부당했을지도 모른다. 마음챙김의 세계가 우리에게 제시하는 모험은 그 존재의 차원으로 들어가는 하나의 방법이다. 앞으로 보게 되겠지만, 마음챙김은 삶이 펼쳐지는 데 풍요롭고 조화로운 영향을 미칠 수 있다. 이 세계는 우리 가정과 직장, 사회 전체, 우리 자신을 하나의 국민으로 보는 방식, 소위 정치 공동체라고 부르는 것, 지구상에 함께 모여 사는 세계 공동체를 모두 포함한다. 마음챙김은 우리가 속해 있는 더 큰 세계에 영향을 미칠 수도 있다. 그리고 이 모든 것은 바로 마음챙김 수련에 대한 자신의 경험을 통해서 이루어질 수 있다. 그것은 바로 우리 자신이 이 세계에서 따로 떨어질 수 없는 한 부분이기 때문이고, 우리의 내면과 외면, 존재와 행위가 상호관계에 있기 때문이다.

우리가 생명 그 자체의 그물망과 우리가 마음이라고 부르는 그물망 안에 완벽하게 속해 있음은 의심의 여지가 없다. 마음은 지각과 의식, 자각의 잠재력을 가능하게 하여 무지를 지혜로, 불협화음을 화해와 조화로 바꿔 놓는 보이지 않는 무형의 본질이다. 자각은 상황이 '나아져' 통제할 수 있거나 '개선된' 미래의 시간을 위해서가 아니라 현재 우리 자신을 회복하고 활력 있고 역동적인 조화, 평온, 창의성, 유쾌함 속에서 쉴 수 있는 안전한 안식처를 제공해 준다. 이상하게 들릴지 모르지만, 마음챙김하는 능력은 우리가 가장 간절히 원하는 것과 이루어지기 힘든 것을 맛보고 구현하게 해 준다. 그것은 신기하게도 우리에게 허용된 모든 순간에 아주 가까운 곳에서 더 큰 안정감과 마음의 평화 그리고 그에 수반되는 모든 것과 함께한다.

미시적 차원에서 보면 평화는 바로 지금 이 순간과 별개로 존재하는 것이 아니다. 거시적 차원에서 평화는 우리 모두가 집단적으로 어떻게 해서든지 열망하는 것이다. 특히 정의와 더 큰 전체성 안에서 모든 사람의 타고난 인간성과 권리에 대한 내재적 다양성을 인정하는 것이 동반된다면 더욱 그렇다. 평화는 실제로 우리가 개인으로서 좀 더 깨어 있고, 인류라는 종으로서 훨씬 더 많이 깨어나는 것을 배울 수 있다면 우리 스스로 이룰 수 있다. 즉, 평화는 우리가 현존하는 방법을 완전히 배울 수 있다면, 인간으로서 내재적인 잠재력 속에 머물 수 있을 때 일어나는 무엇이다. "평화에 이르는 길이 따로 있는 것이 아니다. 평화가 곧 길이다."라는 격언이 있다. 세상의 외적 풍경에 대해서도 우리 마음속 풍경에 대해서도 마찬가지다. 그리고 실제로 이 둘은 심오한 의미에서 보면 서로 다르지 않다.

마음챙김은 열린 마음으로 매 순간의 비판단적인 알아차림을 하는 것으로 생각할 수 있는데, 이것은 단순히 그에 대한 생각과 철학을 통해서가 아니라 명상을 통해 가장 적절하게 계발될 수 있다. 그리고 마음챙김의 가장 정교하고 완전한 표현은 불교 전통에서 비롯되었고 불교에서는 마음챙김을 불교 명상의 핵심이라고 한다. 그래서 나는 책의 여기저기서 불교와 불교가 마음챙김 수련과 맺는 관계에 대해 몇 가지를 언급할 것이다. 이것은 이 일을 통해 불교라는 특별한 전통이 지난 2,600년 동안 다른 여러 문화권에서 존립해 오면서 오늘날 세계에 던지는 메시지에 대한 어느 정도 이해를 돕고 그로부터 이로움을 얻기 위한 것이다.

내 생각에 불교 자체는 중요하지 않다. 우리는 붓다를 시대의 천재, 위대한 과학자로 생각할지도 모른다. 적어도 다윈이나 아인슈타인처럼 뛰어난 인물로 생각할 수도 있다. 불교학자 앨런 월러스(Allan Wallace)가 표현한 것처럼 붓다는 자신의 마음 외에는 아무런 도구도 없이 생과 사의 본질과 고통의 불가피성을 깊이 들여다보고자 했다. 탐구를 계속하기 위해서 붓다는 우선 이러한 목적을 위해 자신이 사용하는 도구, 즉 자신의 마음을 이해하고 개발하며 정교하게 해야 했고, 조정하고 안정시키는 방법을 배워야 했다. 그것은 오늘날 실험실의 과학자들이 물리학과 물리적 현상, 화학, 생물학, 심리학, 또는 다른 어떤 연구 분야에서든 우주의 본질과 그 안에서 펼쳐지는 방대한 일련의 상호연관 현상을 깊이 조사하고 탐구하려는 목적으로 자신의 감각을 확장하기 위해 거대한 광학 망원경이나 전파 망원경, 전자 현미경, 기능적 자기 공명 영상(fMRI), 양전자 방출 단층 촬영(PET) 스캐너 등을 계속 개발하고 정제하며 조정 및 안정화해야 하는 것과 마찬가지다.

이 도전을 위해 붓다와 그의 발자취를 따라온 사람들은 마음 자체와 삶의 본질에 대해 심오한 질문을 하였다. 자기관찰에 대한 그들의 노력은 놀라운 발견으로 이어졌다. 그들은 우리의 특정한 생각, 믿음 그리고 문화와는 무관한, 철저히 인간과 관련된, 우리 모두가 공통으로 가지고 있는 마음의 측면과 관련된 영역을 정확하게 지도화하는 데 성공했다. 그들이 사용한 방법과 그 탐구의 결실은 모두 보편적인 것으로, 어떠한 주의나 이데올로기, 종교 또는 신념 체계와도 관련이 없다. 이러한 발견은 의학적·과학적 이해와 더 유사한 것으로, 붓다가 처음부터 누구라도 어디서나 자기 스스로 진위를 검사할 수 있는 틀로 자신의 제자들에게 제안한 것이다.

내가 마음챙김 수련을 하고 가르치기 때문에 사람들은 자주 내가 불교도라고 생각한다. 불교도인지 질문을 받으면 보통 아니라고 대답한다(하지만 나는 불교를 가르치는 분들과 함께 집중수련을 하고, 불교 전통과 수행을 존경하고 사랑한다). 나는 불교도라기보다 불교 명상을 헌신적으로 배우는 제자다. 내가 불교 명상을 배우는 것은 불교 자체에 헌신해서가 아니라, 불교의 핵심 가르침과 수행이 매우 심오하고 보편적으로 적용되며, 깨달음을 주고, 치유적이라는 사실을 발견했기 때문이다.[1] 나는 지난 50년 이상 수련을 해 오면서 내 인생에서 이런 일이 일어난다는 것을 알게 되었다. 마음챙김센터와 MBSR 지도자들의 글로벌 네트워크를 통해 일하고 수련할 수 있는 특권을 가진 다른 사람들의 삶에서도 마찬가지의 일이 일어난다는 것을 알게 되었다. 지금도 계속해서 지도자와 그 외의 모두에게 깊은 감동과 영감을 받는다. 그들은 자신의 삶에서 이러한 가르침과 수행에 녹아 있는 지혜와 연민을 구현하고 있다.

나에게 있어 마음챙김 수련은 정말로 사랑하는 것과 같은 것이다. 인생에서 가장 근본적인 것과의 사랑, 우리가 진실이라고 부르는 것에 대한 사랑이다. 거기에는 아름다움, 알려지지 않은 것, 가능한 것, 모든 것이 여기 이 순간에 녹아들어 있다. 모든 것이 이미 여기에 있기 때문이다. 동시에 그것은 모든 곳에 존재한다. 왜냐하면 여기는 결국 어느 곳이라도 될 수 있기

---

[1] 최근의 별난 베스트셀러, 『불교는 왜 진실인가』를 참조하라(Wright, 2017).

때문이다. 마음챙김은 언제나 지금이다. 왜냐하면 이미 언급했고 앞으로도 여러 번 언급하겠지만, 무엇보다도 우리에게는 지금 말고 다른 시간이란 존재하지 않기 때문이다.

'지금 여기'는 어디서나 항상, 영원과 무위, 매 순간 펼쳐지는 대로의 자신의 삶에서 구현되는 알아차림에 관심을 가지고 노력하고자 한다면 그것과 함께할 많은 기회를 준다. 이것이야말로 시간을 초월한 일이고, 일생의 일이기도 하다.

어느 문화도, 어떤 예술 형태도 진리나 아름다움에 대한 독점권은 없다. 하지만 이 책과 우리 삶에서 함께할 특별한 탐험을 위해, 시라고 부르는 마음과 정신적 언어에 자신을 바친 지구상의 특별한 사람들의 작품을 살펴보는 것이 유용하고 영감을 주는 일임을 알게 된다. 가장 위대한 시인들은 명상 전통에서 가장 위대한 수행자나 스승들처럼 마음과 언어, 내면과 외면의 풍경 사이의 친밀한 관계에 대하여 깊은 내적 탐구를 떠나는 사람들이다. 사실, 명상 전통에서 깨달음과 통찰의 순간들이 시를 통해 표현되는 것은 드문 일이 아니다. 수행자와 시인은 모두 용감하게 진리를 탐험한 사람들이며 가능성에 대한 분명한 수호자다.

시라는 위대한 렌즈를 통해 진실한 예술과 마찬가지로 우리의 시야를 넓힐 수 있고, 더욱 중요한 것은 우리가 처한 상황, 정신, 삶에 대한 통찰력과 관련성을 느낄 수 있는 능력을 향상한다는 것이다. 그것은 명상 수련이 우리에게 보고 이해하고 가슴을 열라고 요청하는 방식, 그리고 무엇보다도 우리가 느끼고 아는 방식과 다르지 않다. 시는 이 지구상의 모든 문화와 전통에서 나왔다. 시인은 양심과 인간 영혼의 수호자이며, 그것은 어느 시대나 마찬가지였다. 그들은 주의를 기울이고 숙고할 가치가 있는 진리의 다양한 측면을 말한다. 북미, 중미, 남미, 중국, 일본, 유럽, 터키, 페르시아, 인도, 아프리카나 기독교, 유대교, 이슬람교, 불교, 힌두교, 자이나교나 정령신앙, 고전 신앙에서 여성과 남성, 고대와 현대, 동성애자, 이성애자, 성전환자 모두에게 개방적일 때, 적절한 상황에서 탐구하고 음미하며 소중히 할 가치가 있는 신비한 선물을 줄 수 있다. 그들은 우리에게 문화와 시대를 통해 자신을 바라보고 알 수 있는 새로운 렌즈를 주며, 우리가 예상했거나 이미 알고 있는 것보다 훨씬 근본적이고 더 인간적인 것을 제공한다. 그러나 그 렌즈를 통해 보는 풍광이 언제나 편안한 것은 아니다. 때로는 매우 불안하고 혼란스러울 수도 있다. 그런데 아마도 그러한 시야말로 우리가 가장 오래 머물러야 할 시일 것이다. 왜냐하면 그러한 시는 우리 마음의 스크린에서 펼쳐지고, 우리 마음속 깊은 곳에서 움직이는 빛과 그림자의 끊임없이 변화하는 모든 스펙트럼을 드러내기 때문이다. 최상의 순간에 시인들은 표현 불가능한 것을 분명히 표현해 내고, 그러한 순간에 뮤즈와 가슴으로부터 선사 받은 신비한 은총에 의해 언어 이상의 언어의 달인으로 변모한다. 그리고 말로 표현할 수 없는 것은 우리가 지적으로 부분적으로 참여함으로써 화술과 유행으로 살아난다. 우리가 시에 다가가고 시가 우리에게 다가오는, 시를 읽고 듣는 그 순간, 우리의 모든 감각과 지성으로 단어 하나하나, 사건 하나하나를, 또 그러한 순간들을 일깨우는 호흡 하나하나를 음미할 때, 그리고 궁극적으로 모든 기교를 넘어, 우리 자신과 실제의 진리로 돌아올 때 시는 생명력을 얻는다.

이를 위해 우리는 지금 잠시 멈추고, 이 네 권의 책을 통해 다시 여행하면서 이 명료함과 고뇌 속에 잠기고 스스로를 알고자 하는 인간적 열망을 위해 피할 수 없는 노력에 몸을 담글 것이다. 그리하여 지금 알고 있는 것을 스스로 상기하고, 때로는 매우 친절하고, 궁극적으로는 대단히 관대하고 자애로운 행동으로 성공을 거둘 것이다. 비록 그런 목적을 위해 시도된 적은 거의 없지만, 그것은 우리의 삶과 시선과 감정을 심화시킬 수 있는 방법들을 가리킬 것이다. 그럼으로써 아마도 우리 본연의 모습, 또 가능성의 모습까지도 더 잘 이해하고 심지어 축복할 수 있을 것이다.

가슴이 마구 뛴다
당신의 관심을 끌고 또 많은 사람의 관심을 끌 소식을
당신에게 전하려고 생각하니

보라. 무엇이 새로운 것으로 통하는지

당신은 거기서는 그것을 발견할 수 없으리
오히려 사람들이 경멸하는 시 속에서 그것을 발견하리

시에서 새로운 것을 얻기는 어렵다
그러나 바로 시에서 발견되는 것이 부족하여
사람들은 매일 비참하게 죽어 간다

윌리엄 카를로스 윌리엄스(William Carlos Williams)

바깥은 너무나 추운 사막의 밤
오늘 또 다른 밤에 불이 붙으며 뜨거워진다.
가시가 돋친 껍질로 풍경이 뒤덮이게 하라.
여기 부드러운 정원이 있다.
대지는 파괴되고
도시와 마을 모든 것이
시커멓게 그을린 공처럼 되었다.

우리가 들은 소식은 미래에 대한 슬픔으로 가득하지만
여기에서 진짜 소식은
새로운 것은 아무것도 없다는 것이다.

루미(Rumi)

히포크라테스 선서의 진실성을 목격하다

1979년 9월 하순 오후였다. 나는 매사추세츠 주립대학 의료센터의 넓고 멋진 새로운 교수 회의실에서 저물어 가는 오후의 햇살을 받으며 열다섯 명의 환자와 함께 카펫이 깔린 바닥에 누워 있었다. 그것은 스트레스 완화 및 이완 프로그램의 첫 회기 수업으로, 나중에 스트레스 완화 클리닉 또는 MBSR(마음챙김에 근거한 스트레스 완화) 클리닉으로 알려지게 되었다. 나는 누워서 하는 바디스캔 명상을 안내하는 중이었다. 우리는 모두 새로 구입한 다양한 밝은 색 매트 위에 등을 대고 누워 있었다. 환자들은 내 안내문을 더 잘 듣기 위해 방 한쪽 끝에 모여 있었다.

조용한 가운데 갑자기 문이 열리며 흰색 가운을 입은 서른 명 정도의 사람들이 들어섰다. 맨 앞에는 키가 크고 위엄 있어 보이는 남자가 한 명 있었다. 그는 내가 누워 있는 곳으로 성큼성큼 걸어와서 나를 내려다보았다. 나는 검은색 티셔츠와 검은 도복 바지 차림에 맨발로 다리를 쭉 뻗고 누워 있었다. 그는 방을 둘러보더니 놀랍고 황당한 표정을 지었다.

그는 다시 나를 내려다보며 한참 뜸을 들이다가 마침내 입을 열었다. "여기서 무엇을 하고 계십니까?" 나와 환자들은 알록달록한 매트 위에 시체처럼 그대로 누워 있었다. 우리가 주의를 기울이던 곳은 처음 발에서 시작해서 머리로 향하던 중 어딘가에 멈춰 있었다. 이 위엄 있는 인물의 뒤로 하얀 가운을 입은 사람들의 모습이 비쳤다. "이것은 병원에서 새로 시작한 스트레스 완화 프로그램입니다." 나는 누운 채로 도대체 무슨 일이 벌어지고 있는지 궁금해하며 대답했다. 그러자 그는 "아, 지금 이곳에서 우리 병원의 외과의들과 협력병원 의사들이 특별 합동 회의를 하기로 되어 있습니다. 이 회의실을 특별히 이런 목적으로 예약해 두었습니다."

이 말을 듣고 나는 자리에서 일어났다. 내 키는 그의 어깨 정도밖에 오지 않았다. 내 소개를 하고 "어떻게 이런 일이 생겼는지 잘 모르겠습니다. 오늘부터 10주간 수요일 오후 4시부터 6시까지 이 회의실을 예약했고 일정을 사무실에 두 번이나 확인해 봤습니다."라고 말했다.

그는 파란색으로 이름(H. 브라우넬 휠러, 의학박사, 외과 과장)이 수놓인 하얀 가운을 입고 큰 키로 나를 위아래로 훑어보았다. 그는 나를 본 적이 없었고, 확실히 이 새로운 프로그램에 대해서도 모르는 게 확실했다. 그는 우리가 신발과 양말을 벗은 채, 많은 사람이 편한 옷을 입고 교수 회의실 바닥에 누워 있는 광경을 보았을 것이다. 그는 일정이 촌각을 다툴 정도로 바쁘고 이 의료센터에서 가장 힘 있는 사람 중 한 명이었다. 그의 시간에 맞추어 특별 회의를 소집했는데[2] 병원에서 아무런 지위도 없는 사람이 주도하는 기이하기 이를 데 없는 현장을 전혀 예상치 못하게 마주하게 된 것이다.

그는 바닥에 누워 있는 사람들을 한 번 더 둘러보았다. 어떤 사람들은 무슨 일이 일어나고 있는지 알기 위해 팔꿈치로 몸을 받치고 일어났다. 휠

[2] 이 회의는 개별 지역 병원 외과 레지던트 프로그램을 종료하고 하나의 '통합' 매사추세츠 주립대학 프로그램을 만드는 것을 둘러싸고 새로운 의료센터와 지역 사회 병원 사이에서 발생한 갈등을 다루고 알리기 위해 소집되었다. 지역 병원들은 매사추세츠 주립대학에 상당한 불만을 품고 있었기 때문에 휠러 박사는 이 회의에 많은 부담이 있었고 매우 훌륭하고 적절한 이 공간에서 회의를 개최하는 것은 매우 중요한 문제였다. 나는 이 사실을 한참 후에 알게 되었다.

러 박사가 물었다.

"이 사람들은 우리 환자들입니까?" 그는 바닥에 누워 있는 사람들을 둘러보며 물었다.

"네, 그렇습니다." 내가 대답했다.

"그럼 우리가 회의를 열 다른 곳을 알아보겠습니다."라고 말하고 그는 돌아서서 일행을 이끌고 회의실을 나갔다.

나는 그에게 고맙다는 인사를 하고 그들이 나간 뒤 다시 바닥에 누워 우리 프로그램을 다시 진행했다.

그것이 브라우니 휠러 박사와의 첫 만남이었다. 그 순간 나는 내가 이 의료센터에서 즐겁게 일을 하게 되리라는 것을 알았다.

휠러 박사와 내가 친구가 된 몇 년 후, 나는 그에게 이 에피소드를 이야기하면서 그가 병원 환자들을 존중하는 태도에 내가 얼마나 감명받았는지 말했다. 그는 그것이 특별히 대단한 일은 아니라고 했다. 무슨 일이 있어도 환자가 우선이라는 원칙에 어떤 타협도 없을 뿐이었던 것이다.

그 무렵, 나는 휠러 박사가 명상 수련을 하고 있으며, 몸과 마음의 연결성이 가진 힘과 그것이 의료를 변화시킬 수 있는 가능성에 대해 깊이 이해하고 있다는 것을 알았다. 그는 20년 이상 스트레스 완화 클리닉의 든든한 후원자가 되어 주었으며, 외과 과장직에서 물러나 파킨슨병으로 쓰러지기 전까지 죽음 과정에 인간으로서의 존엄성과 친절함이 존재하도록 앞장서 왔다. 그가 세상을 떠나기 며칠 전, 그의 딸이 전화로 알려 주어 우리는 다시 그때의 일에 대해 이야기를 할 수 있었다.

그는 그 당시 의료센터에서 한창 잘 나가던 시절이었지만 그날 늦은 오후에 그 상황에서 자신을 위해 권력이나 권위를 사용하지 않았다. 그 사건으

로 나는 우리 사회에서 너무나 드문 모습을 목격했고 그 수혜자가 되었다
는 것을 알았다. 그것은 바로 지혜와 연민의 구현이었다. 그날 그가 환자들
에게 보여 준 존중은 바로 회의실 문이 열린 순간 우리가 명상 수련을 통
해 키우고자 했던 바로 그것이었다. 즉, 우리 자신에 대한 깊고 비판단적인
수용과 우리 자신의 변화와 치유 가능성을 계발하는 것이었다. 그날 오후
휠러 박사의 인자한 행동은 단지 훌륭한 말 그 이상으로 이 세상에 그토
록 많은 면에서 절실히 필요한 의학에서의 고대 히포크라테스 원칙을 다시
금 되새기게 했다. 그는 훌륭한 말은 한마디도 하지 않았지만, 행동으로 모
든 것을 보여 주었다.

명상은 세계 어디에나 있다

다음과 같은 상황을 상상해 보자. 전 세계의 병원과 의료센터에서 의사가 환자들에게 명상과 요가를 권하고 있다. 어떤 경우에는 의사가 직접 명상을 지도하기도 한다. 또는 의사 자신도 프로그램에 참가하여 환자들과 함께 명상을 한다.

노르웨이 오슬로의 저명한 혈관 외과의사 안드리에스 크뢰제(Andries Kroese)는 30년 동안 명상을 해 왔으며 정기적으로 인도에서 위파사나 명상[3] 집중 수행에 참가했다. 그는 MBSR 훈련을 원하는 건강 전문가들을 위한 7일간의 수련회에 참가하기 위해 캘리포니아로 왔다. 귀국 직후 그는 외과 시술 시간을 줄이고 그 시간을 스칸디나비아의 동료와 환자들에게 명상을 가르치는 데 사용하기로 결심했다. 그것은 오랫동안 꿈꿔 왔던 일이었다. 그후 그는 노르웨이어로 마음챙김에 근거한 스트레스 완화에 관한 책을 썼다. 이 책은 노르웨이와 스웨덴에서 베스트셀러가 되었다. 그는 10여 년이 지난 지금도 여전히 이 일을 하고 있다.

어느 날, 캘리포니아 마운틴뷰에 있는 엘 카미노 병원의 외과의사인 하워드 누델만(Howard Nudelman)이 전화를 걸었다. 그는 자신이 흑색종에 걸렸다고 소개하면서 오래 살지 못할까 봐 두렵다고 했다. 그는 명상에 친숙하고 명상이 개인적으로 삶을 바꾼다는 것을 알고 있다고 말했다. 그는 나의 책『마음

---

3) 상좌부 불교에서 전통적으로 하는 마음챙김 명상

챙김 명상과 자기치유(Full Catastrophe Living)』를 우연히 접하고, 그는 우리가 이미 꽤 오랫동안 그가 꿈꾸던 일, 즉 명상을 주류 의학에 접목시키는 방법을 찾아냈음을 깨달았다고 했다. 그는 자신이 떠난 뒤에도 언제든지 그의 병원에서 그런 일이 일어나게 하고 싶다고 말했다. 한 달 후, 그는 의사와 행정가들로 이루어진 팀을 데리고 우리를 방문했다. 집으로 돌아오자마자, 그들은 뛰어난 마음챙김 지도자인 밥 스탈(Bob Stahl)이 이끄는 MBSR 프로그램을 시작했고, 프로그램이 성장함에 따라 다른 훌륭한 지도자들을 합류시켰다. 이 일은 20년 이상 지난 지금도 계속되고 있다. 하워드는 자신이 베이 지역에서 마음챙김 명상센터를 만들려는 단체의 회장이라는 사실을 굳이 내게 말하지는 않았다(이 센터는 결국 캘리포니아 우드에이커에 있는 스피릿 록 명상센터가 되었다). 그는 우리를 방문한 후 1년도 채 되지 않아 세상을 떠났다. 그가 우리를 방문했을 때 그에게 소개했던 브라우니 휠러는 그 해 엘 카미노 병원에서 열린 하워드 누델만 기념비 건립식에서 기념사를 했다.

엘 카미노 병원은 현재 샌프란시스코만 지역에서 MBSR을 운영하고 있는 수많은 병원과 의료센터, 클리닉 중 한 군데이고, 이 글을 쓰고 있는 현재 캘리포니아 북부의 카이저 퍼머넌트 시스템(Kaiser Permanente system: 미국의 대표적 건강보험회사, 역자 주)의 여러 병원 가운데 한 곳이다. 카이저 퍼머넌트는 환자들뿐만 아니라 의사와 직원들에게까지도 마음챙김 명상 훈련을 제공한다. MBSR 프로그램은 시애틀에서 마이애미까지, 발상지인 매사추세츠 주 우스터에서 캘리포니아 주 샌디에고, 캐나다 유콘 지역 화이트호스에서 밴쿠버, 캘거리, 토론토와 핼리팩스까지, 베이징과 상하이에서 홍콩과 대만까지, 영국과 웨일즈에서 유럽 전역까지, 멕시코에서 콜롬비아와 아르헨티나까지 번성하고 있다. 남아프리카 공화국의 케이프타운과 호주와 뉴질랜드에도 MBSR 프로그램이 있다. 또 미국의 듀크 대학교, 스탠퍼드 대학교, 위스콘신 대학교, 버지니아 대학교, 제퍼슨 의과대학의 의료센터 그리고 전국의 다른 저명한 의료센터에서도 오래전부터 MBSR 프로그램을 진행해 오고 있다. 이제 점점 더 많은 과학자가 의학과 심리학에서 마음챙김 응용에 관한 임상연구를 수행하고 있다. 2000년대 초 MBSR에 영감을 받아 그것을 모델로 세 명의 인지치료사와 연구진은 MBCT(마음챙김에 근거한 인지치료)를 개발했다. MBCT는 수많은 임상실험을 통해 심각한 우울증을 앓고 있는 사람들의 재발률을 극적으로 감소시키는 것으로 나타났다. 또한 MBCT는 적어도 재발 방지를 위한 항우울제 치료만큼이나 효과가 있는 것으로 나타났다. 이 프로그램은 임상심리학에 엄청난 관심을 불러일으켰으며, 새로운 세대의 심리학자와 심리치료사들은 자신의 삶에 마음챙김 명상을 받아들여 그들의 임상 작업과 연구에 적용하였다[이 시리즈의 세 번째 책인 『**마음챙김의 치유력**』(미출간)의 '쉽게 해결될 문제가 아니다(You Can't Get There From Here)'라는 제목의 장을 참조하라].

40년 전만 해도 명상과 요가가 학구적인 의료센터와 병원에서 널리 보급되는 것은 고사하고 정식으로 받아들여지리라고는 상상도 할 수 없었다. 그러나 지금은 보편적으로 받아들여지고 있으며, 단순히 대체 의학으로만 여겨지는 것이 아니라 오히려 양질의 의료의 또 다른 요소로 인식되고 있다. 심한 스트레스를 받고 있는 의대생과 병원 직원들을 대상으로 하는 마음챙김 프로그램도 점점 늘어나고 있다.

심지어 일부 병원에는 의료 치료 스펙트럼에서 고도로 기술집약적이고 침습적인 영역에 속하는 골수 이식 환자들에게 명상을 가르치는 프로그램도 있다. 이 일은 내 오랜 동료인 엘라나 로젠바움(Elana Rosenbaum)이 주도해 왔다. 그녀는 한때 림프종 진단을 받고 골수 이식을 받았다. 수술 합병증으로 죽음의 문턱까지 갔지만, 병원 직원들과 의사들은 그녀의 상태에 매우 놀라워했다. 그 결과 많은 의사가 마음챙김 프로그램과 마음챙김 명상 수련을 배워서 자신과 환자들에게 적용하고자 했다. 도시 빈곤층과 노숙자를 위한 MBSR 프로그램도 있다. 미국에는 스페인어로 가르치는 MBSR 프로그램도 있다. 통증 환자, 암 환자, 심장병 환자를 위한 마음챙김 프로그램도 있다. 현재 UCSF에 있는 오셔(Osher)통합의료센터에 기반을 둔 MBSR 지도자이자 산파인 낸시 바댁(Nancy Bardacke)은 예비부모를 위한 MBCP(마음챙김에 근거한 출산 및 육아 프로그램)를 개발했다. 요즘은 많은 환자가 의사들이 MBSR이나 다른 마음챙김에 근거한 프로그램을 권할 때까지 기다리지 않고 먼저 요구하거나 스스로 찾아온다.

이제는 법률 회사에서도 마음챙김 명상을 가르치고 있으며 예일, 컬럼비아, 하버드, 미주리, 게인즈빌 및 기타 지역 대학의 법학도가 배우고 있다. 샌프란시스코 대학의 론다 마지(Ronda Magee) 교수는 변호사와 법대생을 위한 강력한 마음챙김에 근거한 강좌를 개발했는데, 이는 사회 정체성에 근거한 편견을 최소화하기 위한 방법으로 이루어졌다. 2002년 하버드 로스쿨에서는 마음챙김과 법과 대안적 분쟁 해결에 관한 선구적인 심포지엄이 열렸으며, 그곳에서 제시된 논문들은 같은 해 『하버드 협상법 리뷰(Harvard Negotiation Law Review)』에 게재되었다. 현재 법조계 내에서는 저명한 법률 회사에서 변호사들에게 요가와 명상을 가르치는 움직임이 나타나고 있다. 최근 『보스턴 글로브 선데이 매거진(Boston Globe Sunday Magazin)』은 양복과 넥타이를 갖춰 입은 고위 변호사가 미소를 지으며 맨발로 요가의 나무 자세를 하고 있는 사진에 '새로운(더 친절하고 부드러운) 변호사'라는 제목을 붙여 표지 사진으로 실었다.

무슨 일이 일어나고 있는 걸까?

언급된 바와 같이, 점점 더 많은 비즈니스 리더와 기술 지도자가 매일 아침 6시에 시작해서 저녁 늦게까지 하는 엄격한 5일간의 집중수련회에 참석하고 있다. 그들은 세상을 바꾸고, 자신의 스트레스 수준을 조절하며, 사업이라는 삶과 삶이라는 사업에 더 큰 알아차림을 가져오기를 원하기 때문이다. 미시간주의 플린트와 같은 많은 선구적인 학교나 단체는 초등학교, 중학교 및 고등학교 수준에서 마음챙김 프로그램을 실시하고 있다. 학교에는 마음챙김 교실과 교내 마음챙김 그룹이 있고 다니엘 레채픈(Daniel Rechshaffen)의 교사들을 위한 온라인 마음챙김 교육 프로그램(Mindful Education Online Training)이 있는데, 이들은 모두 주목할 만한 일을 하고 있으며 유치원부터 고등학교의 교사와 학생 모두 심오한 결과를 보고하였다. 스포츠 영역에서는 시카고 불스의 감독 필 잭슨(Phil Jackson) 재임 시 팀은 조지 멈포드(George Mumford)의 지도 아래 마음챙김을 훈련하고 연습했다. 그는 마음챙김센터에서 교도소 프로젝트를 이끌었고 이너시티 MBSR 클리닉을 공동 설립하였다. 이후 잭슨이 레이커스 농구팀을 감독하기 위해 로스앤젤레스로 옮겼을 때도, 그 팀은 마음챙김 수련을 했다. 두 팀 모두 불스 6회(조지와 함께 3회), 레이커스 5회(모두 조지와 함께) NBA 챔피언이 되었다.[4] 골든 스테이트 워리어스(Golden State Warriors)는 불스 팀에 있을 때 마음챙김을 알게 된 수석 코치 스티브 커(Steve Kerr)의 격려로 마음챙김을 경기 접근방식의 일부로 채택하였다. 미국뿐 아니라 영국과 인도의 교도소에서도 수감자와 교도관 모두에게 명상 프로그램을 제공하고 있다.

---

4) Mumford, G. (2015). 『마음챙김을 하는 선수: 순수한 실적의 비밀』(Parallel Press, Berkeley, CA).

어느 해 여름, 나는 알래스카 어부이자 선(禪) 명상가이며 지금은 인사이드 패시지(Inside Passages)의 MBSR 지도자인 커트 휠팅(Curt Hoelting)과 함께 환경 운동가들을 위한 명상 집중수련을 지도했다. 여기에는 앉기 명상, 요가, 마음챙김 걷기 외에도 마음챙김 카약까지 포함되어 있었다. 집중수련은 알래스카 남동부의 광대한 테벤코프만 야생 지역의 외딴 섬에서 진행되었는데, 수상비행기를 타고 가야 했다. 야생에서 8일을 보낸 뒤 마을로 돌아왔을 때, 『타임(Time)』지(2003년 8월 4일)의 표지 기사로 명상에 관한 내용이 실려 있었다. 명상이 뇌와 건강에 미치는 영향에 대해 상세한 설명을 담은 표지 기사였는데, 이것은 명상이 얼마나 우리 문화의 주류에 깊숙이 들어왔는지 보여 주는 것이었다. 명상은 더 이상 극소수의 기이한 사람이 하는 별난 행동이 아니다. 2014년에는 마음챙김과 MBSR에 관한 또 다른 『타임』지 커버 스토리가 있었다. 그때쯤에는 '마음챙김 혁명'이라고 홍보되고 있었다.

실제로 집중수련과 강좌, 워크숍을 운영하고 심지어 출근길에 잠시 명상을 할 수 있는 명상센터가 곳곳에 생겼으며, 명상을 배우고 함께 수련하기 위해 찾아오는 사람들이 점점 더 많아지고 있다. 요가는 그 어느 때보다도 인기가 높고, 아이와 노인들 그리고 그 사이에 있는 모든 사람이 열정적으로 받아들이고 있다. 그리고 지금은 온라인 명상 모임을 손끝으로 바로 선택할 수 있고, 숙련되고 경험이 풍부한 발표자들과 함께 신경과학, 의학, 건강관리 그리고 심리학을 포함한 다양한 관점에서 마음챙김에 더 깊은 관심이 있는 사람을 돕는 훌륭한 팟캐스트가 있다.

도대체 무슨 일이 일어나고 있는 걸까?

우리는 하나의 문화로서 내면에 깊은 친밀감을 가질 가능성과 고요와 침묵 속에 머무를 수 있는 알아차림을 계발하고 학습하는 힘에 눈뜨는 초기 단계에 있다고 말할 수 있다. 우리는 지금 이 순간의 힘을 깨닫기 시작하고 있다. 이 힘은 우리가 더 큰 명료함과 통찰력, 더 큰 정서적 안정과 지혜, 구체적인 지혜를 가지도록 한다. 우리는 이것을 세상으로, 가정과 직장으로, 더 폭넓은 사회로, 전 세계로 가져갈 수 있을 것이다. 한마디로 명상은 더 이상 우리 문화에 이국적이거나 기이한 것이 아니다. 지금은 다른 어느 것 못지않게 미국적인 것이 되었으며, 영국, 프랑스, 이탈리아, 남미에도 스며들었다. 명상은 이미 우리 곁에 와 있다. 오늘날 세계의 상황이나 그것이 우리 삶에 미치는 거대한 힘을 고려할 때, 결코 빨리 온 것은 아니다. 그것은 단지 무한히 많은 다른 형태를 통해서 전 세계적으로 자신을 표현하는 깨달음, 연민, 지혜에 관한 르네상스의 시작일 수도 있다(그리고 나는 그렇다고 생각하고 싶다).

하지만 다시 한번, 한 가지 사실만은 명심하자. 명상은 당신이 생각하는 그러한 것이 아니다.

본래의 순간

1970년대 초반부터 후반까지 나는 한국의 선승 숭산 선사님께 가르침을 받았다. 숭산이라는 이름은 말 그대로 높은 산(High Mountain)이라는 뜻으로, 중국의 제6대 조사(祖師) 혜능이 깨달음을 얻었다는 중국의 산 이름이다. 우리는 그를 선사님이라고 불렀는데, 그 의미가 존경 받는 선승이라는 것을 한참 후에야 알게 되었다. 그 당시에는 우리 중 누구도 그 명칭이 무엇을 의미하는지 알지 못했다. 그냥 그분의 이름인 줄 알았다.

그는 한국에서 건너와 로드아일랜드의 프로비던스에 자리를 잡았는데, 그곳의 브라운 대학교 학생 몇 명이 그를 '발견했다'. 뜻밖에도(이후 우리는 그의 모든 것이 뜻밖이라는 사실을 알게 되었다.) 그는 한국인이 운영하는 작은 가게에서 세탁기를 수리하고 있었다.

선사님은 아주 매력적인 면이 있었다. 우선, 그는 선의 대가였지만(그게 무엇이든 간에) 세탁기를 수리하고 있었고 그 일을 할 때 매우 행복해 보였다. 그는 상대방의 마음을 무장 해제할 정도로 호감을 주는 동그란 얼굴을 하고 있었다. 그는 언제나 현재에 존재했고 완전히 자기 자신이었으며, 어떤 허세나 자만심도 없었다. 그는 머리를 완전히 삭발했다(승려들은 머리카락을 '무지의 풀'이라고 불렀으며, 규칙적으로 머리를 깎아야 한다고 했다). 그는 작은 배처럼 생긴 재미난 하얀 고무신(한국 승려들은 가죽이 동물에서 나온 것이라 하여 가죽신을 신지 않는다.)을 신었다. 초기에는 대부분 속옷 바람으로 다녔는데, 가르칠 때는 긴 회색 가사를 입고 여러 조각의 천을 이어서 꿰맨 납작한 사각형 모양의 간단한 갈색 가사를 목과 가슴에 걸쳤다. 그것은 선불교 전통으로 중국에서 첫 선수행자의 낡은 가사를 상징하는 것이었다. 그는 또한 특별한 의식에 입는 더 화려한 색상의 가사도 있었는데, 그것은 지역 불교 공동체 행사 때 입었다.

그는 처음에는 영어 단어를 많이 알지 못하고 문법도 전혀 몰라서 이상한 방식으로 말을 했다. 그는 한국어를 섞은 엉터리 영어로 말했는데, 그 때문에 오히려 그가 말하고자 하는 요지가 믿을 수 없을 정도로 신선한 방식으로 우리 마음에 와 닿았다. 우리의 마음은 한 번도 그런 생각을 들어본 적이 없었기 때문에 우리가 보통 듣는 것처럼 일반적인 방식으로는 해석할 수가 없었다. 그런 상황에서 흔히 일어나는 일이지만, 많은 제자가 같은 방식으로 엉터리 영어로 대화를 나누기 시작했다. 서로 "그냥 똑바로 가라, 따지지 말라." "화살이 이미 시내에 도착했다." "내려놓아라, 그냥 내려놓아라." "너는 이미 알고 있다." 등의 말을 했다. 다른 사람에게는 헛소리처럼 들리는 말이었다.

선사님은 178cm 정도의 키에, 마르지도 살이 찌지도 않았다. 약간 통통하다고 표현하는 것이 가장 맞겠다. 어려 보였지만 아마 40대 중반이었을 것이다. 그는 한국에서 이미 매우 유명하고 많은 이에게 존경을 받는 사람이었지만, 미국에 와서 가르침을 전파하고 싶었던 것 같다. 1970년대 초반의 미국 젊은이들은 확실히 동양의 명상 전통에 대한 에너지와 열정을 많이 가지고 있었고, 그는 1960년대와 1970년대에 미국으로 온 아시아의 여러 명상 지도자 중 한 명이었다. 만약 그 당시 그의 말 그대로 가르침을 맛보고 싶다면 스티븐 미첼(Stephen Mitchell)이 쓴 『부처가 부처를 묻다(Dropping Ashes on the Buddha)』를 읽어 보라.

　선사님은 보통 손이 닿는 곳에 주장자라는 막대기를 가지고 대중법회를 시작하곤 했는데, 그 막대기는 울퉁불퉁하고 뒤틀렸으며 광택이 많이 나는 기이한 모양의 나뭇가지로 만들어진 것이었다. 그는 가끔 그 막대기에 턱을 괴고 청중들을 바라보곤 했다. 아니면 머리 위로 막대기를 수평으로 들고 물었다. "이것이 보이는가?" 청중들은 어리둥절한 표정을 지으며 침묵했다. 그는 막대기로 바닥이나 앞에 놓인 테이블을 내리치기도 했다. 그것은 쿵 소리를 내었다. "이 소리가 들리는가?" 긴 침묵이 흘렀다. 더욱 어리둥절한 표정들이었다.

　그러고 나서 그는 법문을 시작하곤 했다. 그는 그 시작 행위가 무엇에 관한 것인지 설명하지 않았다. 그러나 전하고자 하는 내용은 서서히 분명해졌다. 어쩌면 그것을 몇 번씩 보고 나서야 비로소 분명해졌을지도 모른다. 그것은 선이나 명상, 마음챙김과 관련되어서는 아무것도 복잡하게 만들 필요가 없다는 것이었다. 명상은 인생이나 마음에 대한 훌륭한 철학을 발전시키기 위한 것이 아니다. 그것은 생각하는 것에 관한 것이 아니다. 그것은 모든 것을 단순하게 하는 것에 관한 것이다. 지금 이 순간, 보고 있는가? 듣고 있는가? 아무런 꾸밈없이 이렇게 보고 들을 때, 이것이 바로 '본래의 마음'을 포함하여 모든 개념으로부터 자유롭게 본래의 마음을 회복하는 것이다. 그리고 본래 마음은 이미 여기에 있다. 그것은 이미 우리의 것이다. 정말로 그것을 잃어버린다는 것은 불가능하다.

　만약 당신이 막대기를 본다면, 누가 보고 있는 것인가? 막대기가 부딪히는 소리를 듣는다면 누가 듣는 것인가? 처음 보는 순간에는 단지 보는 것이 있다. 그것은 생각이 끼어들기 전, 마음이 이런 생각들을 만들어 내기도 전이다. '도대체 무슨 말이지?' '당연히 내가 막대기를 보고 있지.' '저건 막대기지 뭐야.' '저렇게 생긴 막대기는 본 적이 없어.' '저런 막대기를 어디서 구할 수 있지?'

'아마 한국일 거야.' '나도 저런 막대기가 하나 있으면 좋을 텐데.' '저 막대기로 뭘 하는 건지 알겠어.' '저런 걸 가진 사람이 또 있을까?' '멋진 막대기네.' '와우!' '명상은 정말 엉뚱한 거 같아.' '나도 하나 구했으면 좋겠다.' '내가 저 옷을 입으면 어떻게 보일까?'

혹은 막대기가 부딪히는 큰 소리를 들으면 이렇게 생각할지 모른다. '법문을 시작하는 독특한 방법이군.' '누가 듣긴 당연히 내가 소리를 듣지.' '우리가 귀가 먹었다고 생각하나?' '진짜 저 테이블을 내리치는 건가?' '저렇게 세게 내리치면 자국이 남을 텐데.' '진짜 세게 내리치네.' '어떻게 그럴 수가 있지?' '본인 물건도 아닌데 괜찮다고 생각하나?' '신경을 안 쓰는 건가?' '도대체 어떤 사람이지?'

그것이 요점이었다.

"보고 있는가?" 우리는 대개 제대로 보지 않는다.

"듣고 있는가?" 우리는 대개 제대로 듣지 않는다.

우리가 하는 모든 경험에는, 심지어 경험을 하기도 전에 기대와 생각과 해석, 감정이 너무나 빠르게 끼어든다. 그래서 우리는 처음 보는 순간, 처음 듣는 순간에 '거기에' 있었다고 말하기 어렵다. 만약 거기에 우리가 있다면, 그것은 '거기'가 아니라 '여기'가 될 것이다.

대신, 우리는 막대기를 보는 것이 아니라 막대기에 관한 우리의 관념을 보는 것이다. 우리는 막대기를 내리치는 소리가 아니라 소리에 관한 우리의 관념을 듣는다. 우리는 평가하고, 판단하고, 벗어나고, 분류하고, 감정적으로 반응한다. 그것은 너무 빨리 일어나기 때문에 순수하게 보고, 순수하게 듣는 순간을 잃어버린다. 적어도 그 순간만큼은 우리가 정신을 놓아버리고 감각에서 벗어난 상태라고 말할 수 있을 것이다.

물론 그렇게 알아차리지 못하는 순간은 그 다음에 이어지는 순간에도 영향을 미친다. 그래서 우리는 길을 잃고, 오랫동안 자동적인 생각과 감정의 패턴에 빠지는 경향이 있다. 그러면서도 그것을 알지 못한 채 살아갈 수도 있다.

그래서 선사님이 "이것이 보이는가?" "이 소리가 들리는가?"라고 물었을 때 그것은 우리가 언뜻 생각하듯 그렇게 단순한 질문이 아니었다. 그는 우리가 스스로 빠진 꿈에서 깨어나기를 요청했다. 그리고 지금 이 순간(이것이 모여 결국 우리 삶이 된다.)에 일어나고 있는 것으로부터 우리를 단절시키며 온갖 이야기를 지어내는 끊임없는 습관에서 벗어나기를 원했던 것이다.

오디세우스와 눈먼 예언자

우리는 누군가에게 실제 상황을 깨달으라고 "정신 차려!"라고 말할 때가 있다. 하지만 그렇게 하라고 한다고 해서 마술처럼 사람들에게 분별력이 생기는 것은 아니다(혹은 우리 스스로 그렇게 하라고 해도 안 된다). 이때는 자기 자신과 처한 상황, 그 밖의 모든 것에 대한 점검이, 때로는 아주 철저한 점검이 필요하다. 어떻게 그렇게 할 수 있을까? 때때로 우리는 건강상의 위험을 겪고 나서야 그렇게 한다. 그 위험 때문에 우리가 죽지 않는다면 말이다.

우리는 어떤 사람이 실제와의 접촉이 없어 현실적이지 않을 때 "그 사람 정신이 나갔다."라고 말한다. 대부분의 경우, 다시 접촉 상태로 돌아오는 것은 쉽지 않다. 이미 접촉을 상실한 경우 어디서부터 시작해야 하는가? 그리고 만약 사회 전체가, 또는 전 세계가 정신이 나갔다면, 그래서 모두가 코끼리의 한 부분에만 집중하면서 아무도 코끼리의 전체 모습을 파악하지 못한다면 어떻게 될까? 한편으로, 우리가 코끼리라고 생각했던 것이 미쳐 날뛰는 괴물로 변해간다면, 우리가 있는 그대로 인식하고 그것에 정확히 이름을 붙이려 하지 않는다면 어떻게 될까? 보이지 않는 새 '옷'을 입은 벌거벗은 임금님의 나라에 사는 구경꾼들과 똑같지 않겠는가?

문제는 훈련 없이 온정신을 회복하기는 그리 쉬운 일이 아니라는 것이다. 그리고 대개 우리는 훈련이 매우 부족하다. 감각에 관련하여 우리는 건강하지 못하다. 우리는 감각을 느끼고 감각과 시공간을 공유하며, 감각으로 정보를 얻고, 감각으로 생기는 몸과 마음의 관계를 인식하는 데 문제가 있다. 즉, 우리는 내적으로든 외적으로든, 또는 둘 다 인식과 알아차림에 관한 한 엉망이다. 우리는 근육을 훈련하는 것처럼 반복해서 주의를 기울이는 능력을 훈련하면서 본래 상태를 회복한다. 그리고 우리 마음이 상당한 저항에 직면하면서도, 그러한 훈련을 통해 더욱 강해지고 튼튼해지고 유연해지는 모습은 이두박근이 발달하는 것보다 훨씬 더 흥미롭다.

우리는 대부분 마음을 포함한 우리의 감각에 속는다. 그것은 단지 습관 때문이기도 하고, 감각이 뇌의 다양한 영역에서 일관되고 능동적인 평가와 해석을 요구하는 비수동적인 특성을 가지기 때문이다. 우리는 본다. 하지만 이것을 볼 수 있는 우리의 능력과 보이는 대상과의 관계로 지각하는 경우는 거의 없다. 우리는 생각하는 것이 우리 앞에 있다고 믿는다. 하지만 그 경험은 실제로 다양한 무의식적 사고 구조와 눈을 통해 받아들일 수 있는 세상 속에서 우리가 살아 있는 것처럼 보이는 신비한 방식을 통해 걸러진 것이다.

그래서 우리는 어떤 것을 보지만, 동시에 우리 앞에 펼쳐진 삶에서 무엇이 가장 중요하고 가장 관련이 있는지 보지 못할 수도 있다. 그렇게 우리는 습관적으로 본다. 즉, 매우 제한된 방식으로 보나 혹은 전혀 보지 않는다는 것을 의미한다. 심지어 바로 눈앞에 있는 것도 못 볼 수 있다. 그렇게 우리는 인식하지 못하는 배경 속에서 무언가를 하면서, 그 배경의 일부일 뿐이라는 것을 알게 될 때까지 자동 조종 방식으로 보며, 본다는 기적을 당연하게 여긴다.

우리는 아이를 낳고 기르면서 실제로 아이들을 오랫동안 있는 그대로 보지 못할 수 있다. 왜냐하면 기대나 두려움으로 가득한 부모의 생각만으로 아이들을 '보기' 때문이다. 모든 인간관계도 마찬가지일 수 있다. 또 우리는 자연 안에 살고 있지만, 대부분의 시간 동안 자연을 알아차리지 못하면서 살아간다.

햇빛이 특정한 나뭇잎을 어떻게 비추는지, 혹은 도시 안에서 건물의 창문과 자동차 앞 유리에 어지럽게 반사된 빛이 우리를 어떻게 둘러싸고 있는지 놓치고 있다. 또한 우리는 일반적으로 다른 사람들이, 또는 야생동물이 우리를 보고 감지하고 있다는 것을 알지 못한다. 하룻밤만이라도 열대 우림 속에서 밤을 보내 보면 우리의 관점과 전혀 다른 방식으로 사물을 바라보게 된다는 것을 알게 될 것이다.

아마도 우리가 인간으로서 지닌 보편적이고 흔한 맹목성이야말로 호메로스(Homer)가 서구 문학 전통의 여명기였던 기원전 약 800년경 『오디세이(Odyssey)』에서 오디세우스가 하데스의 국경 지역에서 티레시아스를 찾도록 한 이유일 것이다. 오디세우스가 자신의 운명을 알고 고향으로 안전하게 돌아갈 방법을 알기 위해서는 티레시아스라는 눈먼 예언자가 필요했다. 그리고 '눈먼 예언자'가 등장하면 상황은 더 흥미롭고 실감나게 된다. 호메로스는 우리에게 실제로 본다는 것은 단지 볼 수 있는 눈을 갖는 것 이상이라고 말하고 있는 듯하다. 사실, 눈으로 본다는 것은 자신의 길을 찾는 데 장애가 될 수 있다. 우리는 자신의 습관적이고 기질적인 맹목성을 넘어서는 방법을 배워야 한다. 오디세우스의 경우 그의 맹목성은 오만과 위선의 산물이었다. 그것은 그가 역경을 견디는 힘이면서도 실패로, 따라서 우리가 무언가를 배울 수 있는 비할 데 없는 재능이라고 할 수 있다.[5]

우리는 여기에 있는 것을 보지 못할 뿐 아니라, 종종 여기 없는 것도 볼 수 있다. 이런 점에서 눈은 얼마나 기만적인가! 마음은 없는 것도 만들어 낸다. 이것은 우리의 엄청난 창조적 상상력 때문이기도 하고 한편으로는 우리의 신경계가 연결되어 있는 방식이기도 하다. 이 그림은 카니자 삼각형(kanizsa

triangle)이라고 알려진 것이다. 그림에 삼각형이 있는가, 없는가? 선사님이라면 다음과 같이 말할 것이다. "만약 삼각형이 있다고 하면, 죽비로 서른 번 때릴 것이다(그는 실제로 그렇게 하지 않았지만, 옛날 중국에서는 실제로 때렸다고 한다). 삼각형이 없다고 하면 그때도 서른 번 때릴 것이다. 어떻게 하겠는가?" 그는 카니자 삼각형이 아니더라도, 손에 잡히는 어떤 물건이라도 활용했다. "이것이 막대기, 유리컵, 시계, 바위라고 해도 때리고 아니라고 해도 때릴 것이다. ……어떻게 하겠는가?" 그것은 확실히 우리에게 형체(色)나 실

---

5) 실제로 티레시아스는 생의 마지막에 오디세우스의 두 번째 항해를 예언하는데, 이번 여행은 전사들 없이 그의 혼자만의 여행이 될 것이다. 그것은 홀로 가는 내면으로의 여행이며, 노를 어깨에 짊어지고 간다. 마침내 그는 한 번도 바다를 본 적이 없는 낯선 사람으로부터 이런 질문을 받게 된다. "당신의 어깨에 있는 키질할 때 쓰는 것 같은 부채 모양의 물건은 무엇이오?" 고대 세계에서는 키질하는 부채는 곡식의 껍질을 분리하는 데 사용되었으며, 여기서는 현명한 분별을 상징하며, 오디세우스가 오랜 여정을 끝내고 그의 아내에게 구혼한 자들을 다 없애고, 그의 영토를 회복한 후에야 비로소 얻을 수 있는 지혜를 상징한다. 눈먼 예언자는 그의 말년에 이러한 내면으로의 여행을 예견했으며, 다시는 호메로스에 의해 언급되지 않는다. 호메로스가 한 번도 말하지 않았던 이야기를 쓰고자 했던 헬렌 루크에 따르면, 그것은 지혜와 내면의 평화를 향한 노년의 여정과 우리 자신의 맹목성과 오만으로 상처받은 신들과의 화해를 예언하는 것이었다.

체가 없는 것(空)에 집착하지 않도록, 혹은 적어도 그런 모습을 보이지 말라는 가르침이다. 하지만 우리는 자신도 모르게 많은 시간 그런 모습을 보였고 그 과정에서 어떻게든 배우고 성장하기를 바랐다. 겉보기에는 보살피지 않는 것 같은 그의 보살핌 속에서 말이다.

우리 모두는 눈을 통해 인식하는 것과 관련해서, 어떤 대상은 볼 수 있지만 또 다른 대상은 보지 못한다는 것을 알고 있다. 심지어 그 대상이 우리를 똑바로 응시하고 있을 때에도 말이다. 그리고 우리는 특정한 방식으로만 보도록, 그래서 그 외의 다른 방식으로는 보지 못하도록 쉽게 조건화될 수 있다. 눈속임을 하는 마술사들은 항상 우리가 관찰할 때 이러한 선별성을 이용한다. 그들의 묘기는 우리의 주의를 능숙하게 딴 곳으로 돌리고 감각에 혼란을 줌으로써 우리를 당황하게도 만들고 즐겁게도 만든다.

또 서로 다른 문화권의 사람들은 그들의 신념 체계나 성향에 따라 같은 사건이라도 매우 다르게 볼 수 있다. 그들은 서로 다른 마음의 렌즈를 통해 보기 때문에 다른 것을 보고 있다고 할 수 있다. 어떤 것도 실제 그대로인 것은 없다. 대부분은 어느 정도만 사실일 뿐이다. 미군은 이라크의 해방자인가, 아니면 압제자인가? 자신이 하는 말에 유의하라. 우리는 부분적으로만 사실일 수 있고 어느 정도만 진실일 수 있는 하나의 견해에 얼마나 집착하고 있는가?

우리는 때때로 절대적인 것을 추구하는 흑백논리에 빠지기 쉽다. 그것으로 우리는 더 기분 좋고 더 안전하다고 느끼지만, 한편으로 눈이 멀 수도 있다. 이것은 좋고 저것은 나쁘다. 이것은 옳고 저것은 틀리다. 우리는 강하고 그들은 약하다. 우리는 현명하고 그들은 그렇지 않다. 그녀는 훌륭하고 그는 골칫거리다. 난 망했다. 그들은 미쳤다. 그는 결코 그것에서 벗어날 수 없을 것이다. 그녀는 너무 무신경하다. 나는 결코 이것을 할 수 없을 것이다.

그것은 막을 수 없다. 이런 식으로 끝이 없다.

이러한 말들은 모두 생각이며, 부분적으로는 사실일지라도 전체로 보면 왜곡되고 한계가 있는 말들이다. 왜냐하면 현실 세계에서는 대부분 어느 정도만 진실이기 때문이다. 절대적인 의미로 키가 큰 사람은 없다. 한 사람의 키는 어느 정도까지밖에 되지 않는다. 절대적 의미로 똑똑한 사람도 없다. 어느 정도 똑똑한 사람일 뿐이다. 그러나 우리가 흑백논리에 빠져 있을 때, 자각의 관점을 넓혀서 검토해 보면 그것이 경직되어 있고 제한적이며 적어도 부분적으로는 잘못된 경향이 있다는 것을 알게 된다. 그렇게 흑백논리와 이것 아니면 저것 식의 사고방식은 바로 고정적이고 제한적인 판단으로 이어진다. 이는 심사숙고 없이 반사적이고 자동적으로 일어난다. 이러한 판단으로 우리는 삶의 온갖 변화무쌍한 기복을 겪으며 자신의 길을 찾아가는 본연의 능력을 잃어버린다. 한편, 분별(discernment)은 판단(judging)과는 구별되는 것으로, 우리는 분별로 미묘한 색조들, 흰색과 검은색 사이에 있는 회색 음영들, 좋은 것과 나쁜 것 사이의 것들을 보고 듣고 느끼고 인식할 수 있다. 우리는 소위 '현명한 분별(wise discerning)'로 서로 다른 가능성을 보고 탐색할 수 있는 반면, 판단으로는 즉각 반응하면서 그런 가능성을 처음부터 보지 못한다. 판단함으로써 우리는 실재하는 것의 전체 스펙트럼을 보지 못하고, 자동적으로 그리고 무의식적으로 가능성을 제한해 버린다.

극과 극 사이의 이러한 중간 세계의 복잡한 프랙탈 패턴(fractal pattern)을 연구하는 수학과 공학 분야가 있다. 이것을 퍼지 수학(fuzzy math)이라고 한다. 재미있는 사실은 어떤 것이 어느 정도(degreeness)인가에 주의를 기울일수록 마음이 모호(fuzzy)해지는 것이 아니라 오히려 더 분명해진다는 것이다. 마음챙김이라는 탐험으로 점점 더 깊이 들어갈 때 이 사실을 명심하는 것이 도움이 될 것이다. 남부 캘리포니아 대학의 바트 코스코(Bart Kosko) 교수는 그의 저서 『퍼지 사고(Fuzzy Thinking)』에서 0과 1의 세계, 흑과 백의 세계는 아리스토텔레스에 의해 표현된 세계라고 지적했다. 덧붙여 말하자면 아리스토텔레스는 서구 문화에서 처음으로 오감에 관해 글로 설명했다. 0과 1 사이의 모든 회색 음영은 붓다에 의해 명명된 세계다. 그렇다면 어떤 세계 모델이 정확할까?

여기에 주의할 것이 있다!

사과는 빨간색일 수도 녹색일 수도 노란색일 수도 있다. 그러나 만약 가까이에서 보면 어느 정도 빨간색이거나 녹색이거나 노란색이다. 때때로 다른 색의 크고 작은 반점이 뒤섞여 있는 경우도 있다. 어떠한 자연 속의 사과도 완전히 빨간색만 있거나 녹색만 있거나 노란색만 있을 수 없다. 명상 지도자 조셉 골드스타인(Joseph Goldstein)은 사과를 들어 보이며 아이들에게 "애들아, 이 사과가 무슨 색이니?"라고 질문한 초등학교 선생님에 관한 이야기를 들려주었다. 많은 아이가 빨간색, 녹색, 노란색이라고 대답했는데, 한 소년만이 "하얀색이요."라고 대답했다. 선생님은 "하얀색? 왜 하얀색이라고 했니? 누가 봐도 하얀색이 아니라는 건 분명하잖니?"라고 했다. 그때 소년은 교단으로 와서 사과를 한 입 베어 물며 그것을 선생님과 반 아이들이 볼 수 있도록 들어 보였다.

또한 골드스타인은 하늘에 북두칠성이 없다는 것을 지적하기를 좋아한다. 단지 그 별들을 특정 각도에서 바라보았을 때 생기는 큰 국자 모양이 있을 뿐이라는 것이다. 하지만 어두운 밤에 올려다보면 확실히 커다란 국자처럼 보인다. 그리고 이 커다란 국자 아닌 국자는 여전히 우리가 북극성을 찾거나 항해를 하는 데 도움을 준다.

더 읽기 전에 잠시 다음 그림을 보라. 무엇이 보이는가?

　어떤 사람들은 오로지 노파로만 본다. 또 다른 사람들은 오로지 젊은 여자로만 본다. 어느 쪽이 옳은가? 만약 이 그림을 보여 주기 전에, 만약 내가 청중의 절반에게 눈을 감고 있으라고 하고 나머지 절반에게는 왼쪽의 젊은 여인 그림을 5초간 보여 주고, 다른 절반에게는 노파 그림을 보여 준다면, 왼쪽 그림을 먼저 본 사람들은 오른쪽 그림을 먼저 본 사람들보다 이 그림

을 젊은 여인의 그림이라고 하고, 반대로 오른쪽 그림을 먼저 본 사람들은 이 그림을 노파의 그림으로 볼 가능성이 크다. 일단 패턴이 자리 잡으면, 헷갈리지 않는 두 그림을 모두 보여 주지 않는 한 한참 동안 그림을 바라보아도 자기가 보는 것 이외에 다른 것을 보는 것은 쉽지 않다.

여기 생텍쥐페리의 『어린왕자』에 나오는 멋진 이야기가 있다.

내가 여섯 살 때 나는 『진짜 이야기』라고 불리는 정글에 관한 책에서 멋진 그림을 보았다. 야생동물을 삼키는 보아뱀의 모습이었다.

책에는 이렇게 씌어 있었다. "보아뱀은 먹이를 씹지 않고 통째로 삼킨다. 그러고 나면 더 이상 움직일 수 없게 되고, 먹이를 소화하기 위해 6개월 동안 잠을 잔다."

그 시절 나는 정글의 모험에 대해 많은 생각을 했고, 결국 색연필을 사용하여 나의 첫 그림을 그렸다. 내 첫 번째 그림은 이렇게 생겼다.

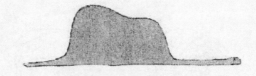

나는 어른들에게 나의 걸작을 보여 주며 내 그림이 무섭지 않냐고 물었다.

그들은 이렇게 대답했다. "모자가 뭐가 무섭니?"

내가 그린 그림은 모자 그림이 아니었다. 그것은 보아뱀이 코끼리를 소화하고 있는 그림이었다. 그래서 나는 보아뱀의 속을 그렸고 그제야 어른들은 이해할 수 있었다. 어른들은 항상 설명이 필요했다. 나의 두 번째 그림은 이런 그림이 되었다.

　어른들은 내가 그린 보아뱀의 겉과 속을 그린 그림을 치우고 대신 지리, 역사, 수학, 문법 등을 공부하라고 충고했다. 그래서 나는 여섯 살 때 예술가라는 멋진 직업을 포기하게 되었다. 나는 첫 번째 그림과 두 번째 그림의 실패로 기가 죽었다. 어른들은 혼자서는 아무것도 이해하지 못한다. 아이들이 어른들에게 끊임없이 설명을 해야 하는 것은 무척 피곤한 일이다.

　그러므로 우리가 온정신을 회복하기 위해서, 아마도 우리는 표면 아래의 실재를 보다 근본적인 차원으로 볼 수 있는 타고난 능력을 계발하고 신뢰하는 방법을 배울 필요가 있다. 눈은 멀었지만 무엇이 중요한지 알 수 있었던 티레시아스가, 눈은 볼 수 있었으나 가장 절실하게 보고 알아야 할 것을 분별하지 못했던 오디세우스를 위해 했던 것처럼 말이다. 아마도 우리에게 숨겨진 것처럼 보이는 이 새로운 차원이야말로 우리가 깨어날 수 있도록 도와줄 것이다. 이 차원들은 세상에 대한 경험의 전체 스펙트럼에 깨어 있도록 하며, 우리 자신을 이해하고, 우리 자신과 세상을 살리는 방법을 발견하는 잠재력에 눈뜨게 하며, 또한 우리 자신과 사람들 속의 가장 깊은 최선의 것, 가장 인간적인 것을 이끌어 내는 잠재력에 눈뜨게 할 것이다.

나의 내면이여, 귀를 기울여라,
가장 위대한 영혼, 스승이 가까이 있다.
깨어나라, 깨어나라!

그를 좇아가라.
그는 지금 네 머리 바로 옆에 서 있다.
너는 수백만 년 동안 잠들어 있었다.
오늘 아침 깨어나지 않겠는가?

카비르(Kabir)

집착하지 않기

이런 농담이 있다.

> 불교 진공 청소기(Buddhist vacuum cleaner)에 대해 들어 본 적 있나요?
> 농담이죠? 불교 진공 청소기라니 도대체 그게 뭔가요?
> 있잖아요! 부속품이 없는 청소기요(No attatchment: 집착이 없다는 뜻도 있다)!

사람들이 이런 농담을 한다는 사실은 불교 명상의 핵심 메시지가 우리 문화의 집단정신 속으로 들어왔음을 시사한다. 1940년대와 1950년대 내 어린 시절에는 이러한 문화가 정신적으로 확대되는 것이 거의 불가능했고 심지어 상상도 할 수 없었다. 칼 융(Carl Jung)은 비록 그 자신이 선(禪)의 목적과 방법에 대해 커다란 존경심을 가지고 있었음에도 서구인이 선을 이해하는 것은 어렵다고 말했다.

그럼에도 불구하고 그 변화는 이미 일어나고 있으며, 아마도 융이 초기에 가졌던 선에 대한 지속적인 관심은 중요할 뿐만 아니라 현재의 변화에 대한 상징이기도 하다. 그래도 그는 마음챙김과 다르마의 지혜가 주류 세계에 얼마나 깊이 파고들었는지 알면 놀라움을 금치 못할 것이다.

역사학자 아놀드 토인비(Arnold Toynbee)는 불교가 서구에 도래하는 것은 20세기의 단일 사건 중 역사적으로 가장 중요한 사건이라고 평했다. 인류가 서로에게 가한 말할 수 없는 고통을 포함하여 지난 백 년간 일어났던 모든 주목할 만한 사건들을 고려해 보면 이것은 놀라운 주장이다. 토인비의 말이 옳았는지 아닌지는 두고 봐야 할 것이다. 제대로 된 평가를 받으려면 아마도 앞으로 적어도 백 년은 더 필요할 것이다. 그러나 무언가 일어나고 있다는 사실은 분명하다.

어찌 됐건, 요즘 서구인들은 진공청소기와 같은 농담이나 『뉴요커』를 비롯한 다양한 매체에서 만화로 명상을 접한다. 여기 하나를 소개한다.

> 가사를 입은 두 명의 승려가 막 좌선을 끝냈다. 한 승려가 다른 승려를 향해 말한다. "제가 생각하지 않은 것을 스님도 생각하지 않습니까?"

서구 문화는 이제 명상에 대해 조금씩 알아가고 있다. 그리고 그것은 고급 문화에만 국한되지 않는다. 우리는 풍선껌 포장지 만화, 영화, 지하철 벽, 잡지, 신문 광고에서도 명상을 발견할 수 있다. 내면의 평화는 이제 온천에서의 휴가, 새 차부터 향수, 은행 계좌에 이르기까지 거의 모든 것을 판매하기 위해 사용된다. 이제 아무도 "이것은 좋은 상품입니다."라고 말하지 않는다. 하지만 이는 추구하는 일에 대한 어느 정도의 가능성과 실제적 현실에 대해 좀 더 알게 되면서, 그리고 상품을 팔기 위해 어떤 것이라도 이용하는 우리의 능력에 대해 좀 더 의식하게 되면서 무언가 변화하고 있음을 나타낸다.

몇 년 전, 어느 젊은 환자가 내게 준 풍선껌 만화에서 다음과 같은 대화가 있었다. 이 대화에서 만화의 그림까지 상상할 수 있을 것이다.

> "모트, 뭘 하고 있는 거야?"
> "명상 수련을 하고 있어. 몇 분 후면 마음이 텅 빌 거야."
> "저런, 나는 네가 원래 그런 사람인 줄 알았네."

　만화에 나온 명상은 마음을 텅 비게 만드는 것이라는 것이다. 그것은 명상에 대한 완전한 오해다. 그렇다 하더라도, 사람들이 명상을 뭐라고 이해하든 간에 명상은 전에 없이 서구 문화권 안으로 들어와 있다. 몇 년 동안, 애플 컴퓨터의 거대한 광고판에서는 달라이 라마의 얼굴이 사람들을 내려다보고 있었다. 사무용품을 사기 위해 우리 동네 문구점에 들러 보면, 그의 책 『달라이 라마의 행복(The Art of Happiness)』이 놀랍게도 비즈니스 섹션에 전시되어 있다. 지난 40년 동안 무언가 심오한 변화가 일어났고, 그 변화의 씨앗이 지금 사방에서 싹트고 있다. 이것은 서양에 다르마(Dharma)가 도래했다고 할 수 있을 것이다. '다르마'라는 말이 생소하거나 현재 그 의미가 분명하지 않겠지만, 제2부에서 어느 정도 자세히 다룰 것이다. 일단은 붓다의 공식적인 가르침(Dharma), 그리고 사물의 실재 및 지각하고 아는 마음의 본성을 묘사하는 보편적이고 윤리적이며 본질적인 법칙성(Dbarma)이라고 생각하면 충분하다.

　45년 이상 계속해서 가르침을 전했던 붓다는 언젠가 그의 모든 가르침의 핵심은 한 문장으로 요약될 수 있다고 말한 적이 있다. 그 문장을 기억해 두는 것은 나쁘지는 않을 것이다. 언제 그것이 유용하게 쓰일지, 어느 순간에 언제 그것이 당신에게 이치에 맞을지 그렇지 않을지는 결코 알 수 없다. 그 문장은 바로 이것이다.

> "아무것도 나, 나를, 나의 것이라고 집착할 만한 것은 없다."

즉, 아무것에도 집착하지 말라는 것이다. 특히 자신과 자신이 누구인지에 대한 고정된 생각에 집착하지 말라는 의미다.

이것은 처음에는 받아들이기 어렵다. 왜냐하면 이것은 우리가 나라고 생각하는 모든 것에 의문을 제기하기 때문이다. 이러한 의문은 우리가 동일시하는 모든 것, 우리의 몸, 생각, 감정, 관계, 가치, 내가 행복해지기 위해서 어떤 일이 '일어나야만 하고' 나를 위해 일이 이렇게 해결되어야만 한다는 기대, 우리가 어디에서 왔는지, 어디로 가고 있는지, 우리가 누구인지에 대한 이야기에서 나온다.

처음에는 붓다의 가르침이 조금 무섭거나 심지어 어리석고 부적절하다고 느낄지도 모르지만, 그렇게 빨리 반응하지는 말자. 여기서 중요한 말은 '집착'이다. 집착이 무슨 의미인지 제대로 이해하는 것이 중요하다. 그래야 붓다의 이 말을 우리가 소중히 여기는 모든 것을 부정하는 것으로 잘못 해석하지 않는다. 오히려 붓다의 가르침은 어떤 언어를 쓰든 가슴으로 소중히 여기는 모든 사람과 더 많이 접촉하고 온전한 사람, 몸, 마음, 정신, 영혼으로서의 우리의 행복에 가장 중요한 것과 더 많이 접촉하며, 그것들과 직접적이고 살아 있는 접촉을 하라는 것이다. 거기에는 인간이라는 이유로 생기는 스트레스와 고뇌같이 우리가 살아가면서 어쩔 수 없이 생기는 다루기 어려운 문제들도 포함된다. 붓다의 가르침은 다음과 같이 말하고 있다. 우리가 온전한 삶을 사는 데 방해가 되고 우리 본연의 모습, 우리에게 중요하고 가능한 것을 실현하는 데 장애가 되는 것은 바로 우리가 자신에 대해 가지고 있는 생각에 대한 집착이라는 것이다. 이렇게 자신에 대한 완고한 생각과 '나' '나를' '나의 것'이라며, 자신을 언급하는 시각이나 존재 방식에 집착하는 과정에서 우리는 본질적인 것을 놓치거나 잊어버린 채, 본질적이지 않은 것에 집착하는 습관을 유지하고 있을지도 모른다.

신발의 기원에 관한 이야기

신발이 어떻게 생겨났는지에 대한 오래된 이야기가 있다.

> 아주 오랜 옛날 어느 왕국에서 공주가 오솔길을 걷다가 튀어나온 나무뿌리에 발가락이 찔렸다. 화가 난 공주는 재상에게 달려가 앞으로 아무도 발을 다치는 일이 없도록 왕국의 모든 길을 가죽으로 포장하라는 칙령을 내리라고 했다. 재상은 왕이 딸이 원하는 일이라면 무엇이든 한다는 것을 알고 있었으므로, 왕에게 왕국의 모든 길을 가죽으로 덮어 달라고 할 수도 있었다. 그러면 문제가 해결되고, 공주를 기쁘게 해 줄 것이며, 더 이상 나무뿌리에 걸려 다치는 사람도 없을 것이라고 생각했다. 그러나 이 방법은 비용이 매우 많이 드는 것 외에도 문제가 많았다. 재상은 생각 끝에 재빨리 이렇게 대답했다. "제게 좋은 생각이 있습니다. 공주님! 왕국 전체를 온통 가죽으로 덮는 대신, 공주님 발 모양에 맞게 가죽을 잘라 발에 덧대고 다니면 어떨까요? 그러면 어디에 닿든 발을 보호하실 수 있습니다. 그러면 엄청난 비용을 들이지 않아도 되고, 대지의 부드러움도 계속 느낄 수 있을 것입니다." 공주는 이 제안에 매우 기뻐했다. 그래서 신발이란 것이 세상에 나오게 되었고, 그로 인해 큰 어리석음을 피할 수 있었다.

나는 이 이야기가 꽤 매력적이라고 생각한다. 얼핏 보기에는 단순히 아이들을 위한 동화에 불과할 수 있지만, 이 이야기는 우리의 마음에 대한 몇 가지 심오한 통찰력을 드러낸다. 첫째, 우리에게는 화냄과 싫음을 일으키는 일들이 일어나게 마련이다. 이 두 단어는 전통 불교에서 자주 사용하는 단어로, 일이 '우리 마음대로' 되지 않을 때 우리의 감정을 정확하게 묘사한다고 생각한다. 우리는 발가락이 찔리면 좋아하지 않는다. 바로 그때, 우리는 짜증이 나고 좌절감을 느끼며 혐오감에 빠진다. 심지어 이렇게 말할 수도 있다. "나는 내 발가락이 찔리는 게 싫다." 바로 그때, 그리고 거기서 우리는 그것을 문제로, 보통 '나의' 문제로 만들어 버린다. 그리고 그 문제는 해결책을 필요로 한다. 이때, 우리가 신중하지 않으면 해결책이 문제보다 훨씬 더 나쁠 수 있다. 둘째, 지혜가 있으면 해결책을 적용해야 하는 지점이 접촉하는 바로 그 순간에 있음을 알 수 있다. 우리는 무지와 욕망, 두려움 혹은 분노로부터 온 세상을 덮는 것이 아니라 바로 우리의 발을 보호함으로써 발이 찔리는 것을 막아야 한다.

　마찬가지로, 우리는 있는 그대로의 감각에 대한 느낌 때문에 짜증이 나거나 생각과 감정에 끌리는 것으로부터 자신을 보호할 수 있다. 우리는 감각적인 느낌과 접촉하는 순간에 우리의 관심을 접촉의 지점에 가져옴으로써 그렇게 할 수 있다. 이런 방식으로 볼 때, 눈은 순간적으로 보이는 대상을 있는 그대로 접촉하게 된다. 하지만 바로 다음 순간 온갖 생각과 감정이 쏟아져 들어올 것이다. '나는 그게 뭔지 알아.' '사랑스럽지 않아?' '난 다른 것만큼 좋아하지 않아.' '이대로만 있으면 좋겠는데.' '그것이 없어졌으면' '나를 짜증나게 하고, 좌절시키고, 방해하는 것이 어째서 지금 여기에 있지?' 등 끝이 없다.

　그 대상이나 상황은 있는 그대로다. 우리는 보는 그 순간에 주의를 열어 놓고 볼 수 있는가? 낮에 이어 밤이 오는 것처럼 최초의 접촉 순간으로부터 생기는 일련의 생각, 감정, 좋음, 싫음, 판단, 소망, 두려움, 절망을 유발하는 것을 보기 위해 최초의 접촉 순간을 알아차릴 수 있겠는가?

우리가 한순간만이라도 여기 보이는 대상을 보는 것 자체에 머물고 접촉하는 순간에 주의 깊게 마음챙김을 적용할 수 있다면, 그것이 시작되면서 경험의 결과로 일어나는 유쾌하거나 불쾌하거나 중립적인 일련의 생각과 반응에 주의를 기울이고 그것이 어떤 성질을 가졌든 간에 얽매이지 않을 수 있다. 그 대신 그것이 유쾌하다고 추구하지 않고, 불쾌하다고 거부하지 않으며 그대로 펼쳐지도록 할 수 있다. 바로 그 순간, 괴로움은 단순히 마음에서 일어나는 정신적 현상으로 인식되기 때문에 실제로 해체되는 것을 볼 수 있다. 접촉하는 순간, 접촉하는 시점에 마음챙김을 적용할 수 있다면, 우리는 고도로 조건화되고, 반응적이며, 습관적인 생각이나 감정 영역의 혼란스러운 흐름 속에 얽매이지 않고 마음을 열어 순수하게 볼 수 있다. 물론, 혼란스러운 느낌은 마음의 혼란과 소용돌이를 더 많이 일으켜, 우리가 존재의 실재성을 인식하거나 그 문제에 대해 효과적이고 진실한 방식으로 대응할 가능성을 앗아가 버릴 수도 있다.

이렇게 마음챙김은 우리를 보호해 주는 신발 역할을 한다. 어떤 감각적 느낌이 일어나는 바로 그 순간 우리가 존재의 본성을 더 깊이 인식하지 못하고, 기억하지 못하고, 그 속에 머무르지 못하면 습관적으로 감정적 반응, 망각, 무의식적 해악이라는 결과를 낳는다. 마음챙김은 이런 것들에게서 우리를 보호한다.

바로 그 순간에 그런 방식으로 마음챙김을 적용하면, 접촉의 지점에서, 일어나는 그 자체에서, 우리가 본다는 본성, 본다는 기적은 자유롭게 있는 그대로의 것이 되며 마음의 본질적인 본성은 왜곡되지 않는다. 적어도 그 순간만큼은 우리는 해로움으로부터, 모든 개념화로부터, 모든 집착의 흔적으로부터 자유롭게 된다. 대상이 유쾌하든 불쾌하든 중립적이든, 우리는 그저 보고 듣고 냄새 맡고 맛보고 느끼고 생각하는 것을 알고 있을 뿐이다. 이런 방식으로 마음챙김의 순간들을 엮을 수 있다면 우리는 점차 더 자주 비개념적이고 비대응적으로 더 선택 없는 알아차림 속에 머물게 되고, 실제로 마음챙김이 이미 존재한다는 것을, 그것이 넓고 자유롭다는 것을 알 수 있다.

값싼 신발치고는 나쁘지 않다. 사실, 마음챙김은 결코 값싼 신발이 아니다. 그것은 값을 매길 수 없을 만큼 소중하다. 그것은 돈으로도 살 수 없고, 오직 우리의 고통과 지혜로부터만 생겨난다. T. S. 엘리엇의 말로 마무리지어 보면, "모든 것을 다 내주어야 얻을 수 있다."라고 할 수 있다.

명상, 그것은 당신이 생각하는 그런 것이 아니다

명상에 대한 흔한 오해 몇 가지를 분명히 바로잡는 것이 좋을 것 같다.

첫째, 명상은 하나의 기법이나 기법을 모아 놓은 것이 아니라 존재의 방식이다. 다시 한번 강조하지만, 명상은 어떤 기법이라기보다 존재의 한 방식이다. 이것은 명상 수련과 관련된 방법이나 기법이 없다는 것을 의미하는 것이 아니다. 명상 방법과 기법은 존재한다. 그것들은 사실 수백 가지도 넘게 있으며, 우리는 그중 몇 개를 잘 활용할 수 있다. 그러나 모든 기법이 존재 방식을 가리키는 수단이라는 것, 즉 현재 순간과 자신의 마음과 자신의 경험과 관련된 존재의 방식이라는 것을 이해하지 못한다면 기법에만 빠져들기 쉽다. 그리고 그 기법들을 이용하여 목표라고 생각되는 지금 이곳이 아닌 다른 어딘가에 도달하려고 하거나 이 모든 것의 특별한 결과나 상태라고 생각되는 것들을 경험하기 위해, 잘못된 시도이긴 하지만 충분히 이해할 수 있는 시도 속에서 쉽게 길을 잃을 수 있다. 앞으로 보게 되겠지만, 그런 방향으로 나아가는 것은 명상 수련이 주는 온전한 풍요로움과 그것으로 우리가 얻을 수 있는 것을 이해하는 데 심각한 방해가 될 수 있다. 그러므로 무엇보다도 명상이란 존재하는 방식, 보는 방식, 아는 방식, 심지어 사랑하는 방식이라고도 말할 수 있다.

둘째, 명상은 이완의 또 다른 말이 아니다. 다시 한번 말하지만, 명상은 이완과 분명히 다르다. 그렇다고 해서 명상을 할 때 깊은 이완 상태와 행복감이 생기지 않는다는 뜻은 아니다. 물론 자주 그런 상태가 된다. 가끔 그럴 수도 있다. 그러나 마음챙김 명상은 특정 상태를 다른 상태보다 더 좋아하는 것이 아니라 모든 마음 상태를 알아차리며 수용하는 것이다. 마음챙김 수련의 관점에서 볼 때 통증이나 고뇌, 지루함, 초조함, 좌절감, 불안감, 몸의 긴장감까지도 모두 똑같이 유효한 주의 대상이 된다. 그것들이 일어나는 바로 그 순간에 일어나고 있다는 것을 안다면 말이다. 그 각각의 현재 순간은 우리가 이완감을 느끼지 못하거나 최상의 행복감을 경험하지 못한다고 해서 명상 수련이 '성공적이지' 못하다는 신호가 되는 것이 아니라 오히려 통찰과 배움, 잠재적으로는 해방을 위한 풍요로운 기회가 될 것이다.

명상이란 정말로 매 순간, 어떤 순간에도 우리가 처한 환경과 조화롭게 존재하는 방식이라고 말할 수 있다. 만약 우리가 마음의 선입견에 사로잡혀 있다면, 그 순간 우리는 적절한 방식으로 존재한다고 할 수 없다. 혹은 어쩌면 전혀 존재할 수도 없다. 우리는 스스로 알지 못한 채 말과 행동, 생각에 우리가 원하는 모종의 의제를 가져갈 것이다.

그렇다고 해서 좀 더 마음챙김이 되도록 훈련을 시작한다고 곧장 우리 마음 속에 혼란스럽고 격동적이며 고통스러운 여러 일이 일어나지 않는다는 것은 아니다. 당연히 그런 일도 있을 것이다. 그것이 우리 마음의 본성이며 때로는 삶의 본질이기도 하다. 그러나 우리가 그런 것에 사로잡히거나, 또는 너무 몰두한다고 해서 반드시 현재 일어나고 있는 일이나 해야 할 일을 온전히 인식하는 능력에 영향을 받는다고는 할 수 없다(또는 무슨 일이 일어나고 있는지 무엇을 해야 하는지 전혀 모른다는 것을 인식하는 능력에 영향을 받아야만 하는 것은 아니다). 명상이라고 부르는 이러한 존재 방식을 구성하는 것은 바로 집착하지 않는 것, 그럼으로써 분명하게 인식하는 것, 그리고 어떤 상황에서도 적절하게 행동하겠다는 의향이라고 할 수 있다.

　대중매체를 통해 명상이란 기본적으로 뇌 속의 스위치를 움직이는 것과 같이 의도적으로 내면을 조작하는 것이라고 생각하는 경우가 있다. 그 외에는 명상에 대해 아는 것이 거의 없는 사람들은 명상을 하면 우리 마음이 텅 빌 것이라고 생각하는 경우가 많다. 명상을 하면 더 이상 생각도, 걱정도 없어진다고 생각한다. '명상적' 상태에 들어가기만 하면 소위 '열반'의 상태라고 여겨지는 깊은 이완과 평화, 고요, 통찰의 상태에 언제나 이를 수 있다고 생각한다.

　이렇게 생각하는 것은 충분히 이해할 수 있지만, 이는 심각한 오해다. 명상 수련에는 우리 인간에게 따라다니는 생각과 걱정, 욕망, 온갖 다양한 정신 상태로 가득 차 있을 수 있다. 중요한 것은 경험의 내용이 아니다. 중요한 것은 그 내용을 알아차리는 우리의 능력이다. 더 나아가 그 내용이 전개되도록 하는 요인과 그 요인들이 오랜 시간에 걸쳐 매 순간 우리를 해방하거나, 감옥에 가두기도 하는 그러한 방식들을 자각하는 우리의 능력이다. 좀 더 분명히 해보면 달성하거나 도달해야 하는 '마음챙김 상태'는 없다. 분노나 두려움이나 슬픔을 포함하여 어떤 순간에든 우리 자신이 어떤 조건이나 상태에 있는지 알아차릴 수 있으면 그 순간의 있는 그대로를 보고, 만나고, 알고, 받아들일 수 있다.

　명상이 깊은 이완과 평화, 고요, 통찰, 지혜, 연민으로 이어지며, 열반(nirvana)[6]이라는 말이 단지 면도 로션이나 화려한 요트의 이름이 아니라 실제로 인간 경험의 중요하고 검증 가능한 차원을 가리키고 있다는 점에는 의문의 여지가 없다. 하지만 그것이 결코 우리가 생각하는 그러한 것이 아니며, 또 우리의 생각이 이야기의 전부라고 할 수도 없다. 이것이야말로 명상

[6] 그 말은 사실상 스스로 완전히 타버린 불처럼 '소멸'이라는 뜻이다. 우리가 자기 자신과 욕망이라고 생각하는 것이 완전히 소멸될 때, 그것들은 더 이상 일어나지 않는다. 즉, 열반이다.

의 신비와 매력 가운데 하나일 것이다. 그러나 때로는 경험이 풍부한 명상가조차도 명상이 특별한 곳에 도달하는 것이 아니라는 것을 잊고, 욕망과 기대를 충족시킬 특정한 결과를 갈망하거나 노력할 수도 있다. 우리가 '더 잘 알게 되었다'고 해도 그러한 욕구와 기대는 여전히 남아 있을 것이며, 그 순간 그런 개념과 욕구마저 놓아 버리고 마음속에서 일어나는 다른 생각과 마찬가지로 다루어야 한다는 것을 상기하여야 한다. 그렇게 아무것에도 집착하지 않고, 어쩌면 그들이 본질적으로 비어 있어서 아무리 납득할 만한 것이라고 해도, 단지 우리의 바라는 마음이 만들어 낸 허상일 뿐이라는 사실을 상기해야 한다.

명상에 관한 또 다른 흔한 오해는 명상이 자신의 생각을 통제하거나, 특정 생각을 갖게 하는 특수한 방법이라고 생각하는 것이다. 물론 자애나 평정과 같은 존재의 특정 성질과 기쁨과 연민과 같은 긍정적인 감정 계발을 목표로 하는 다양한 명상법이 존재한다는 점에서 이러한 생각 역시 어느 정도는 맞겠지만, 명상에 대한 우리의 사고방식은 종종 명상 수련을 필요 이상으로 어려운 것으로 만드는 경우가 많다. 그렇게 해서 우리는 열린 마음과 정신으로 실제로 존재하는 지금 이 순간을 경험하지 못하고 바라는 대로 경험하게 된다.

왜냐하면 명상, 특히 마음챙김 명상은 스위치를 조작하거나 자기 자신을 어딘가에 던져 넣는 것이 아니며, 어떤 특정 생각을 즐기거나 생각을 없애는 것도 아니다. 또한 마음챙김 명상으로 마음이 비워지거나 평화로워지거나 편안해지는 것도 아니다. 마음챙김 명상은 현재 일어나고 있는 것들을 이미 일어나고 있다는 이유만으로 어떤 일이 일어나든 그냥 받아들이고, 개인적인 것으로 받아들이지 않으며, 얼마나 개인적인 것으로 받아들이는지 알아차리고, 그 깨달음조차 알아차리게 하며, 현재 순간에 대한 온전한 알아차림을 향해 우리의 가슴과 마음(이 둘은 분리할 수 없는 하나다.)을 기울이는 진정한 내면적 몸짓이다. 이러한 내적 지향성을 심리치료에서는 '근본적 수용(radical acceptance)'이라고 부르기도 한다. 우리가 그것을 뭐라고 부르든 간에, 그것을 경험에 적용하는 것은 매우 힘든 일이고, 특히 지금 일어나고 있는 일이 우리의 기대와 욕망, 환상에 부합하지 않을 때는 더욱 그렇다. 그리고 우리의 기대와 욕망, 환상은 만연하고 끝이 없는 것 같다. 그것들은 모든 것에 영향을 끼칠 수 있는데, 특히 명상 수련과 '발전'과 '성취'의 문제에 관한 것일 때는 분명하지 않은 매우 미묘한 방식으로 영향을 미친다.

명상은 지금 있는 곳이 아닌 다른 어딘가에 이르려고 노력하는 것이 아니다. 명상은 자신이 있는 바로 그곳에, 그 상태 그대로 있도록, 그리고 세상도 이 순간에 있는 그대로 있도록 허용하는 것이다. 이것은 쉽지 않다. 왜냐하면 우리가 생각 속에 머물 때는 문제라고 생각되는 무언가가 항상 있기 때문이다. 그래서 한순간이라도 있는 그대로 보려고 할 때 마음과 몸에는 커다란 저항이 생겨난다. 그런데 우리가 명상을 함으로써 변화를 일으키고, 상황을 다르게 만들며, 자신의 삶을 개선하고, 세상의 운명을 변화시키는 데 기여하려고 한다면 현존하는 것에 대한 그러한 저항은 더욱 복잡해진다.

그렇다고 해서 긍정적인 변화를 일으키고, 상황을 변화시키거나, 삶을 개선하고, 세상의 운명을 향상하려는 당신의 열망이 잘못되었다는 의미는 아니다. 그것은 모두 명상을 통해 실현할 수 있는 것이다. 명상을 하는 것만으로도, 앉아서 고요히 있는 것만으로도 자신과 세상을 변화시킬 수 있다. 사실, 그저 앉아서 가만히 있는 것만으로도 당신은 작지만 꽤 의미심장한 방식으로 이미 자신과 세상을 변화시켰다고 할 수 있다.

그러나 역설적인 것은 한순간이라도 자기 방식에서 벗어나 어떤 것도 추구하지 않고, 특히 생각의 산물인 목표도 추구하지 않고 모든 것을 이미 있는 그대로 허용하는 것에 신뢰를 가질 때만 자신과 세상을 변화시킬 수 있다는 점이다. 아인슈타인은 "오늘날 세상에 존재하는 문제는 그 문제를 만든 사고 수준으로는 해결될 수 없다."라고 매우 설득력 있게 말했다. 이것이 시사하는 바는 우리가 처해 있는 어려움을 만들거나 그것을 더욱 복잡하게 만드는 모든 동기와 개념, 알아차리지 못하는 습관을 인식하고 그것을 뛰어넘는 능력과 마음, 보고 아는 능력을 개발하고 다듬어야 한다는 것이다. 이것은 지금까지와는 다른 동기를 가지고 새로운 방식으로 보고 아는 마음을 개발하라는 것이다. 다시 말해 우리는 최초의 순수하고 조건화되지 않은 본래 마음으로 돌아가야 한다는 것이다.

그렇다면 어떻게 이 작업을 할 수 있을까? 그것은 바로 우리 자신만의 방식에서 벗어나기 위해 잠시 시간을 내거나, 생각의 흐름에서 벗어나 단 한순간만이라도 강둑에 앉아 우리 생각 아래에 있는 존재 그대로에 머무는 것으로 그렇게 할 수 있다. 숭산 스님이 '생각 이전'이라고 말하는 것을 좋아했던 것처럼 말이다. 그것은 한순간만이라도 존재하는 그대로 함께 머물면서, 가장 심오하고 최선의 것을 믿는다는 것을 의미한다. 비록 생각하는 마음으로 보면 그것이 말이 되지 않는 것처럼 보일지라도 말이다. 자신이 누구인가에 대한 생각과 세상에 대한 생각 그리고 그 모든 것에 대해 당신 스스로에게 말하는 이야기와 설명을 포함하여, 당신은 당신의 생각과 사상 그리고 의견의 합보다 훨씬 더 크기 때문에, 현재 있는 그대로의 경험 안에 머무는 것은 곧 당신이 계발하려는 바로 그 성질 속에 머무는 것이다. 왜냐하면 그 성질들은 모두 당신의 알아차림에서 나오며, 우리가 어디에 도착하거나 특정한 느낌을 갖고자 하는 시도를 멈추고 대신 우리 자신이 지금 있는 그대로 있도록, 지금 느끼고 있는 것이 무엇이든 그것과 함께하도록 허용할 때 우리가 도달하게 되는 것도 바로 알아차림이기 때문이다. 알아차림 그 자체가 스승이자, 학생이요, 가르침이라고 할 수 있다.

그래서 알아차림의 관점에서 보면 어떤 마음 상태도 명상 상태다. 분노나 슬픔은 열정이나 즐거움만큼 흥미롭고 유용하며, 멍하거나 무감각하고 접촉을 상실한 마음보다 훨씬 더 가치가 있다. 분노, 두려움, 공포, 슬픔, 원한, 초조함, 열정, 기쁨, 혼란, 혐오, 경멸, 시기심, 격노, 욕정, 둔감함, 의심 그리고 나태 등 실제로 모든 마음과 신체의 상태는 우리가 멈추고 보고 들을 수 있다면, 다시 말해서 우리가 온정신으로 돌아와 매 순간 알아차림 속에 현존하는 것과 친밀할 수 있다면 우리 자신을 더 잘 알 수 있는 기회가 된다. 믿기지 않겠지만 놀라운 것은 이것을 이루기 위해 다른 어떤 일도 일어날 필요가 없다는 것이다. 우리는 특별한 일이 일어나도록 노력하는 것을 포기할 수 있다. 뭔가 특별한 일이 일어나기를 원하지 않음으로써, 아주 특별한 무언가가 이미 일어나고 있고 항상 일어나고 있다는 것, 즉 매 순간 알아차림 그 자체로서 삶이 나타나고 있다는 것을 깨달을 수 있다.

명상에 관한 두 가지 관점

도구인가 아닌가

앞서 명상은 특정 상태에 도달하기 위한 하나의 기법이나 기법의 모음이 아닌 존재 방식이라고 말했다. 여기서 명상이 무엇인가에 관해 명백히 상반되는 것처럼 보이는 두 가지 관점이 있다. 다양한 명상 전통과 지도자에 따라 두 관점 중 어느 쪽에 비중을 두는지도 제각기 다르다. 나는 이 두 관점을 동시에 사용할 것이다. 왜냐하면 두 관점 모두 맞는 말이고 중요하기도 하기 때문이다. 또한 두 관점 사이의 갈등은 대단히 창의적이고 유용하기 때문이다.

명상에 관한 한 가지 접근법은 명상을 우리가 주의를 기울이고 현재 순간의 알아차림 속에 머물 수 있는 능력을 계발하고 다듬어 심화시키는 일련의 도구이며 방법론이자 훈련으로 생각하는 것이다. 실제로 여러 다른 방법이 있는데 그 방법을 더 많이 연습할수록, 내적으로든 외적으로든 알아차림 영역에서 생겨나는 어떤 대상이나 사건에 주의를 기울이는 능력이 더 안정적으로 개발될 것이다. 이러한 안정감은 마음뿐만 아니라 몸에서도 경험할 수 있으며, 흔히 지각에 대한 생동감이 증가하고 관찰 그 자체에서 고요함이 수반된다. 그러한 체계적인 수련을 통해 자신을 포함한 사물의 본질에 대한 명확한 통찰의 순간이 자연스럽게 생겨나는 경향이 있다. 이런 관점에서 명상을 보면 지혜와 연민, 명료함으로 시작과 중간, 끝을 가진 궤도가 있는 일정한 목표를 향해 나아가는 점진적인 과정이 된다. 비록 그 과정이 직선적이라고 말할 수 없고, 때로는 한 걸음 앞으로 나아가고 여섯 걸음 뒷걸음치는 것처럼 느껴지더라도 말이다. 이런 점에서 보자면 명상은 우리가 노력하여 향상시킬 수 있는 다른 역량과 다르지 않다. 그리고 이런 점에서 당신을 안내해 주는 지침과 가르침이 존재하고 있다.

이런 관점에서 명상을 보는 것은 필요하고 중요하며 유효하다. 그러나 비록 붓다 자신이 6년 동안 열심히 명상을 하고 자유와 명료함, 이해에 관한 남다른 깨달음을 얻었음에도 불구하고, 명상 과정에 대한 이 방법론 중심의 설명은 불완전한 설명이며 그것만으로는 명상이 실제로 무엇을 포함하는지에 대해 잘못된 인상을 줄 수 있다.

이것은 마치 물리학자들이 그들의 실험과 계산의 결과로, 소립자의 성질을 입자와 파동이라는(실제로는 이 둘이 하나임에도) 두 가지 보완적인 방식으로 설명할 수밖에 없었던 것과 유사하다. 그러나 이것은 언어로는 설명할 수 없다. 왜냐하면 그 소립자 차원에서는 그것들이 실제로 존재하는 것이 아니라 오히려 생각할 수 없을 정도로 미세한 차원에서 모든 사물의 핵심에 있는 에너지와 공간이라는 특성에 더 가깝기 때문이다. 명상을 설명하는 두 번째 방법이 있는데 이 또한 똑같이 타당하고 유효하다. 이것은 명상을 수련할 때 명상이 실제로 무엇인지 완전히 이해하는 데 중요한 설명이다.

명상을 설명하는 이 다른 방식은 '명상'이 그 무엇이든, 그것은 결코 도구적인 것이 아니라는 것이다. 만약에 명상이 방법이라면 방법이 없는 방법(the method of no method)이다. 명상은 행위가 아니다. 명상은 지금 여기가 아닌 다른 곳에 도달하는 것도 아니고, 수련할 것도 없으며, 시작도 중간도 끝도 없으며, 성취도 얻을 것도 없다. 오히려 명상은 지금 이 순간 자신의 본연의 모습을 직접 깨닫고 구현하는 것이다. 그것은 시공간과 어떤 종류의 관념도 모두 넘어서, 소위 본래 상태, 원래 마음, 순수한 자각, 무심, 혹은 단순히 공(空)이라고 부르는 존재의 바로 그 본질에 머무는 것이다. 당신은 이미 당신이 원하는 모든 것을 갖춘 존재이므로, 어떠한 의지적인 노력도 필요하지 않으며 그렇게 할 수도 없다. 심지어 마음을 다시 호흡으로 되돌리는 데도 말이다. 당신은 이미 그것이다(You are already it). 그것은 이미 여기에 있다. 여기는 이미 어디에나 있고 지금은 이미 항상 있다. 15세기 인도의 위대한 수피 시인 카비르(Kabir)에 따르면, 시간도, 공간도, 몸도, 마음도 없다. 그리고 명상에는 아무런 목적도 없다. 명상은 우리가 그 자체를 위해 행하는 단 하나의 인간 행위다. 실제로는 비행위(non-activity)인 명상은 존재하는 것에 대해 깨어 있고자 하는 것 외에는 어떤 목적도 없다.

예를 들어, 우리가 발을 '얻을(attain)' 수 있는가? 발은 이미 우리 몸의 일부인데 말이다. 우리는 결코 우리의 발을 구할 생각을 하지 않을 것이다. 왜냐하면 그것은 이미 여기에 있기 때문이다. 마음은 그것을 '발'이라는 하나의 실체로 생각하지만, 몸에서 분리되지 않는 한 발은 결코 그것 자체로는 본질적인 존재를 가진 독립적인 실체가 아니다. 발은 우리가 서고 바로 걷기 위한, 그야말로 다리 끝에 달린 몸의 일부일 뿐이다. 우리가 생각하고 있을 때는 발이지만, 우리가 생각의 밖에, 아래에, 그리고 생각을 넘어 알아차림 속에 머물 때 그것은 단지 있는 그대로의 그것일 뿐이다. 그리고 당신은 이미 그것을 가지고 있다. 다르게 표현하면 그것은 다름 아닌 당신이고, 당신이 아닌 적은 한 번도 없었다. 눈, 귀, 코, 혀 그리고 다른 몸의 모든 부분에 대해서도 마찬가지다. 성 프란치스코가 말했듯이, "당신이 찾고 있는 것은 바로 찾고 있는 그 사람이다(What you are looking for is who is looking)".

비슷한 맥락에서 켄 윌버(Ken Wilber)의 표현을 빌리자면, 본래 마음은 이 단어들을 읽고 있는데 당신은 인지, 앎, 본래 마음이라는 것을 얻을 수 있겠는가? 당신의 감각이 이미 완전히 작동 중이라면 어떻게 자신의 감각으로 돌아오겠는가? 당신의 귀는 이미 듣고 있고, 당신의 눈은 이미 보고 있고, 당신의 몸은 이미 느끼고 있다. 우리는 그것들을 개념으로 바꾸어 우리 존재의 본체로부터 사실상 분리해 버린다. 하지만 우리 존재의 본체는 결코 분리할 수 없으며, 이미 온전하고 완전하며, 지각이 있으며, 깨어 있는 것이다.

명상에 대해 이해하는 이 두 가지 방식은 양자 수준 이하에서 물질의 본질을 파동과 입자로 설명하듯이 상호 보완적이고 역설적이라고 할 수 있다. 이것은 둘 가운데 어느 한쪽도 그 자체로는 완벽하지 않다는 것을 의미한다. 하나만으로는 결코 완전한 진리가 아니다. 둘이 함께할 때 비로소 진리가 되는 것이다.

이 때문에 두 설명은 모두 명상, 특히 마음챙김 명상을 수련하는 시작하는 첫 단계부터 명심해 두어야 한다. 이러한 방식으로 우리는 이미 우리 존재 자체인 그것을 얻고자 지나치게 애쓰거나, 아니면 우리가 실제로 맛보거나 실현하지 못한 그리고 그렇게 할 방법을 갖고 있지 않은 무엇을 이미 이루었다고 주장(엄밀히 말하자면 그것은 사실일 수도 있다. 우리는 이미 그것을 하고 있다.)하면서 이원론적 사고방식에 빠지지 않을 수 있다. 상대적으로 말하자면, 도구적 관점으로 명상을 본다면 이것이 사실이겠지만 우리는 그것이 될 잠재력이 있는 것만이 아니다. 그보다 우리는 이미 그것이다. 단지 그것을 모르고 있을 뿐이다. 그것은 이미 우리 코앞에 있어 더 이상 가까워질 수 없지만, 한편으로 꼭꼭 숨겨져 있다.

명상에 대한 이 두 설명은 서로를 보완하고 있다. 우리가 처음에는 개념적이라도 이 두 관점을 함께 가질 때, 앉기 명상, 바디스캔, 요가, 또는 우리 삶의 모든 측면에 마음챙김을 불어넣는 우리의 노력은 바른 노력이 될 것이다. 그리고 명상에 대한 바른 태도를 가지게 될 것이다. 왜냐하면 실제로 근본적인 삶의 본질에 있어서 우리가 가야 할 어떤 곳도 없고 애쓸 필요도 없다는 것을 기억할 것이기 때문이다. 사실 지나치게 애쓰는 것은 역효과를 낼 수 있다. 이 점을 명심하면 자신을 친절하고 편안하게 수용할 수 있다. 그리고 자신의 마음과 이 세상의 혼란에 직면해도 명료함을 유지할 수 있다. 그렇게 하면 우리는 수련을 이상화하거나, '제대로' 명상을 한다면, 그것이 우리를 어딘가에 데려다 줄 것이라는 '환상'을 쫓느라 길을 잃지 않을 수 있다. 그렇게 반응하면서 생기는 왜곡에 덜 빠져들고, 본모습에 깨어 있는 것 외에 다른 해야 할 것 없이 무위(non-doing)와 애쓰지 않음(non-striving), 본래의 초심자의 마음, 다시 말해서 알아차림 속에서, 자연스럽게 머물 가능성이 더 늘어날 것이다. 매우 당연하게도 도구적인 관점에서 보면, 사물을 정확히 있는 그대로 알아차리는 것은 우리 귀에 속삭이고 있을지도 모르는 어떤 지침서와도 관련이 없다.

상대적이고 시간적인 관점에서 볼 때 붓다가 말한 '바른(이것은 현명하다란 뜻이다.) 노력'이라고 부르는 것이 절대적으로 필요한데, 우리는 그 가르침을 배우고 며칠, 몇 달, 몇 년, 몇 십 년에 걸쳐 수련할 때 직접 알게 될 것이다. 왜냐하면 우리가 몸과 마음이 끊임없이 동요하면서 길을 잃을 것임에 의심할 여지가 없기 때문이다. 명상을 하기 위해 자리에 앉으면, 주의력이 오래 가지 못하고 지속하기 힘들다는 것을 알게 된다. 알아차림은 너무나 자주 흐릿해지고 마음은 그다지 명료하지 않거나 밝지 않으며, 주의를 기울이는 대상도 선명하지 못할 것이다. 마음의 자연스러운 상태나 밝고 고정불변함이 없다는 본성에 대해 아무리 자신에게 혼잣말을 하더라도 말이다. 그러므로 우리는 마음이 지루하거나 동요하는 순간 벌떡 일어나기보다는 그대로 자리에 앉아있도록, 호흡으로 다시 돌아오도록, 우리를 다른 곳으로 데려가 버린 일련의 생각을 떨쳐 버리도록, 그리고 다시 한번 알아차림 속에 자리를 잡도록 스스로 상기하는 것이 매우 중요하다. 이 모든 것, 그리고 궁극적으로 지금 이 순간에 나타나는 것이 무엇이든 간에, 그 순간의 진정한 '교육과정'이 되며, 마음챙김의 진정한 '교육과정'이자 삶 그 자체가 된다.

명상에 대한 두 가지 설명 방식, 즉 도구적·비도구적 방식으로 한동안 살고 나면, 그것을 서서히 편안한 오랜 친구처럼 여기게 될 것이다. 그렇게 수련은 점차, 때로는 갑자기 수련과 노력에 대한 모든 관념을 뛰어넘는다. 그럴 때 우리가 기울이는 노력은 더 이상 노력이 아니라 진정 사랑이 된다. 그때 우리의 노력은 자신에 대한 앎(self-knowing), 즉 지혜의 실현이다. 그러나 어떻게 보면 그것은 그리 대단한 일이 아닐지 모른다. 우리는 그것을 행하는 것 이상으로 원래부터 그런 존재이기 때문이다. 마치 우리 자신과 우리의 발 사이에 아무런 본질적인 구분이 없는 것처럼 우리와 알아차림 사이에도 본질적으로 구분이 없기 때문이다. 우리는 한 번도 알아차림이 없었던 적이 없다.

그럼에도 한창 때의 미하일 바리시니코프(Mikhail Baryshnikov, 영화배우, 무용수)나 마사 그레이엄(Martha Graham, 미국의 무용가)의 발은 보통 사람들의 발과는 완전히 달랐다. 그들의 발은 비록 그 본질에 있어서는 다르지 않더라도 우리의 발이 모르는 것을 '알고 있다'. 우리는 그 동일성과 차이점에 놀라워할 수 있다. 그것을 좋아할 수 있고 그것이 될 수도 있다. 왜냐하면 본질적으로 우리는 이미 그것이기 때문이다.

왜 굳이 명상을 해야 할까

동기 부여의 중요성

만약 명상적 관점에서 볼 때 당신이 찾고 있는 모든 것이 이미 여기에 있다면, 비록 그렇게 생각하는 것이 어렵더라도 만약 당신이 정말로 무언가를 얻거나 구할 필요도 없고 자신을 향상시킬 할 필요도 없다면, 만약 당신이 이미 완전하고 또 세상도 그러하다면, 도대체 왜 굳이 명상을 해야 할까? 애초에 왜 마음챙김을 계발하려고 하는가? 그리고 어차피 어느 곳에도 도달하지 못하고, 게다가 명상 방법과 수련이 명상의 전부가 아니라는 말을 금방 했는데 왜 특정한 명상 방법과 수련을 이용하는가?

그에 대한 대답은, "당신이 찾고자 하는 모든 것은 이미 여기에 있다."라는 말이 단지 개념적인 것에 머무는 한, 그것은 어디까지나 또 하나의 개념이고 단지 멋진 생각일 뿐이기 때문이다. 단지 생각만으로는 자신을 변화시키거나 이 말이 가리키는 진리를 밝히고, 궁극적으로 자신이 살아가는 세상에서 살아가는 방식을 변화시키는 것은 지극히 제한적일 수밖에 없다.

무엇보다도 나는 명상을 사랑의 행위로 보게 되었다. 그것은 우리 자신과 타인에 대한 자애와 친절을 나타내는 내면의 몸짓이다. 우리가 단점, 상처, 애착, 짜증 그리고 계속 알아차림하지 못하는 끈질긴 습관 등이 많은 불완전한 존재라는 것은 명백하지만 명상은 우리의 완전함을 인식하는 가슴으로부터의 몸짓이다. 또 그것은 어떠한 꾸밈도 없이 잠시 자리에 앉아 현재 순간과 만나겠다는 매우 용감한 몸짓이다. 멈추어 바라보고, 귀 기울이며, 마음을 포함한 우리의 모든 감각에 우리 자신을 온전히 내맡기는 순간, 우리는 삶에서 가장 신성히 여기는 것을 체현하게 된다. 우리는 공식 명상 자세뿐만 아니라 자신을 좀 더 알아차리고 너그럽게 대하는 몸짓으로 몸과 마음이 새로워진다. 어떤 의미에서 우리는 새롭게 변하고, 이 순간은 생생하고 영원한 것으로, 완전히 개방된 자유의 시간이 된다. 이 순간, 우리는 우리가 생각하는 자신을 뛰어넘는다. 스스로 지어낸 자신에 관한 이야기들과 끊임없는 생각이 때로는 심오하고 중요해 보일 때도 있지만, 우리는 그것을 뛰어넘어 여기에서 보이는 것을 보는 것 속에, 알게 되는 것을 직접적이고 비개념적으로 아는 것 속에 머물게 된다. 그것은 우리가 굳이 알려고 하지 않아도 알게 될 것이다. 왜냐하면 이미 항상 여기에 있던 것이기 때문이다. 우리는 알아차림 속에, 앎 그 자체에 머물게 된다. 물론, 앎에는 우리가 알지 못한다는 것을 아는 것도 포함되어 있다. 앞으로 계속 보게 되겠지만, 우리는 앎(knowing)과 알지 못함(not knowing)까지 포함한 앎 자체가 된다. 그리고 우리는 정말로 세상을 구성하는 일부이므로, 알아차림이라는 이 자애로운 몸짓에는 어떠한 경계도 없고, 다른 존재들과의 분리도 없으며, 가슴이나 마음의 어떠한 제한도 없다. 또한 우리 존재와 알아차림에 그리고 열린 가슴의 현존에 어떠한 한계도 없다. 말로만 하면 실현하기 어려운 이상처럼 들릴 수 있다. 직접 체험할 때만이 그것은 있는 그대로의 것과 더불어 삶이 스스로를 드러내며, 지각의 힘이 무한 속에서 진동하는 있는 그대로의 것이 된다.

어떠한 순간이라도 알아차림 속에 머문다는 것은 우리 자신을 모든 감각에 내준다는 것이다. 하나의 연속적인 전체로서 우리의 내면과 외면의 모든 풍경을 접촉한다는 의미다. 따라서 어떤 순간이나 모든 장소에서 그 온전함 속에서 펼쳐지는 모든 삶과 접촉하면서 아마도 내적으로든 외적으로든 우리 자신을 발견할 수 있을 것이다.

베트남의 선(禪) 지도자이자 마음챙김 지도자이며, 시인이자 평화운동가인 틱낫한(Thich Nhat Hanh) 스님은 우리가 마음챙김을 수련하고자 하는 이유 중 하나는 우리가 대부분의 시간 동안 무의식적으로 마음챙김과 정반대인 것을 하고 있기 때문이라고 한다. 우리는 화가 날 때마다 화를 더 잘 내게 되고, 화내는 습관을 강화한다. 진짜 안 좋은 경우에 우리는 열 받았다고 말하는데, 이것은 우리가 정확히 무슨 일이 일어나고 있는지 전혀 보지 못한다는 것을 의미하고, 그래서 그 순간 제정신을 잃었다고 말할 수 있다. 우리가 자기 생각에 몰두할 때마다 이를 더 잘하게 되고 무의식적으로 하는 것에 더 익숙해진다. 불안해질 때마다 불안해지는 것에 더 익숙해진다. 연습은 완벽을 만든다. 일어날 때마다 우리가 떠안게 되는 분노, 자기도취, 권태 같은 모든 마음 상태에 대해 알아차리지 못한다면, 조건화된 행동과 무의미한 습관의 기초가 되는 신경계 속의 시냅스 연결을 강화하게 된다. 그리고 그렇게 무슨 일이 일어나는지 알아차린다 해도 거기에서 벗어나기가 점점 더 어려워진다. 우리가 욕망, 감정, 검토되지 않은 충동과 생각, 견해에 사로잡히는 매 순간마다 매우 실질적인 방식으로, 습관적으로 반응하는 방식으로 즉시 위축된다. 그것이 우울감이나 슬픔처럼 스스로에게서 거리를 두는 습관이든, 아니면 불안이나 분노와 같은 감정에 곤두박질쳐서 감정적으로 분출되거나 '장악'되는 습관이든 말이다. 그러한 순간에 우리의 몸과 마음은 언제나 위축된다.

하지만 이 시점에 우리는 '그러나'라고 말할 수 있다. 우리가 그것에 대한 알아차림을 불러일으킬 수 있다면, 여기에도 가능성은 열려 있고, 위축되지 않을 기회와 더 빨리 회복할 기회도 있다. 왜냐하면 그 순간 우리가 맹목성 속에 있을 때만, 반응의 자동성에 갇혀 그 부정적인 영향(즉, 바로 다음 순간에 일어나는 일, 세상과 우리 자신 속에서 일어나는 일)에 옴짝달싹할 수 없이 사로잡히기 때문이다. 그 맹목성을 없애면 우리가 갇혀 있는 줄 알았던 새장이 이미 열린 것을 알 수 있다.

욕망을 욕망으로, 분노를 분노로, 습관을 습관으로, 의견을 의견으로, 생각을 생각으로, 마음의 충동을 마음의 충동으로 신체의 강렬한 감각을 신체의 강렬한 감각으로 알 수 있다면, 그에 상응하여 자유로워질 것이다. 자유로워지기 위해 어떠한 일도 일어날 필요가 없다. 욕망을 포기할 필요가 없다. 그것이 무엇이든 포기할 필요가 없다. 욕망이 일어나면 그것이 무엇이든 간에 욕망으로 알면 된다. 어떤 순간에도 우리는 마음챙김(mindfulness)이나 아니면 그 반대인 마음놓침(mindlessness)을 하고 있다. 이렇게 생각하면, 특히 우리 삶에 '중간인 순간'이 없다는 것을 고려하면, 우리는 내적으로 그리고 외적으로 매 순간 삶을 살아가는 방식에 더 큰 책임을 지게 될 것이다.

그러므로 명상이란 도달해야 할 곳도, 성취해야 할 것도 없으므로 아무것도 아닌 것이기도 하며 동시에 세상에서 가장 어려운 것이기도 하다. 왜냐하면 마음챙김을 하지 않는 우리의 습관은 너무나 강해서 알아차림을 통해 그것을 알아보고 해체하기가 결코 쉽지 않기 때문이다. 이 때문에 알아차림을 위한 능력을 개발하고 연마할 방법과 기술, 노력이 필요하다. 그래서 그것을 모호하고 무감각하게 만드는 마음의 종잡을 수 없는 성질을 길들일 수 있다.

명상은 아무것도 아니기도 하고 세상에서 가장 어려운 일이기도 한두 가지 특징을 모두 가졌기에 어떠한 집착이나 동일시도 없이 온전하게 현존하는 연습을 하는 데는 고도의 동기 부여가 필요하다. 그러나 명상 말고도 이미 할 수 있는 것보다 더 많은 일, 즉 중요한 일, 필요한 일, 추구하는 것을 이루기 위해 해야 하는 일, 해낼 수 있는 일, 해야 할 일 목록에서 지울 수 있는 일이 산더미처럼 쌓여 있다면 과연 누가 세상에서 가장 어려운 일을 기꺼이 하려고 하겠는가? 그리고 명상이란 아무것도 하지 않는 것이며, 하지 않음의 결과는 이미 당신이 있는 곳에 이르는 것인데 왜 굳이 명상을 해야 할까? 그럼에도 불구하고 그렇게 많은 시간과 노력, 주의를 기울여야 하는 나의 모든 노력 아닌 노력의 대가로 나는 무엇을 보여 주어야 할까?

　이러한 질문에 대해 내가 내놓을 수 있는 대답은 내가 지금까지 만나 온, 자기 삶의 일정 기간 동안 마음챙김 수련을 지속했던 사람들이 나에게 했던 말, 바로 만약 그들이 마음챙김 수련을 만나지 못했더라면 그들 삶의 최악의 순간에 과연 어떻게 견딜 수 있었을지 상상조차 할 수 없다는 말이다. 그렇게 마음챙김이란 아주 단순하면서도 매우 심오한 무엇이다. 일단 마음챙김 수련을 하게 되면 이것이 무슨 말인지 이해할 수 있을 것이다. 그러나 수련을 하지 않으면 결코 이 말의 의미를 알 수 없다.

　물론 대부분의 사람이 마음챙김 수련에 끌리는 이유는 괴로움이나 어떤 종류의 스트레스나 통증 그리고 그들이 느끼는 삶에 대한 불만족스러운 요소 때문이다. 마음챙김 수련을 통한 직접적인 관찰과 탐구, 자기연민을 통해 그것들을 바로잡을 수 있을 거라는 생각에서일 것이다. 스트레스와 고통은 마음챙김 수련에 입문하는 입구이자 동기 부여가 된다.

* * *

　한 가지 더 말해야 할 것이 있다. 내가 명상이 세상에서 가장 어려운 일이라고 말할 때, '일(work)'이라는 표현은 사실 정확한 것은 아니다. 여기서 말하는 '일'은 일상적인 의미 이외에도 '놀이(play)'의 의미도 포함되어 있다는 것을 이해해야 한다. 명상은 즐거운 일이기도 하다. 무엇보다도 우리 마음이 일하는 모습을 지켜보는 것은 흥미진진하다. 이것을 너무 심각하게 받아들일 필요는 없다. 마음챙김 수련에는 너무 굳어 있는 태도를 누그러뜨릴 수 있는 유머감각과 즐기는 태도가 필수적이다. 육아는 세상에서 가장 어려운 일 중 하나다. 하지만 당신이 부모라면 마음챙김과 육아가 과연 서로 다른 것이겠는가?

최근 나는 40대 후반의 내과 의사인 동료에게 전화를 받았다. 그의 나이에 어울리지 않게 고관절 대치 수술을 받았는데, 그는 수술을 받기 전 MRI를 찍어야 했다. 그는 기계 속으로 빨려 들어갔을 때 호흡이 얼마나 유용했는지 이야기했다. 그는 그렇게 힘든 상황에서 마음을 굳게 먹으려고 했지만 마음챙김과 호흡을 이용하는 방법을 모르는 환자의 상태가 어떨지는 상상조차 할 수 없다고 말했다. 이런 일은 매일 일어난다.

그는 또한 자신이 병원에 입원하고 있는 동안 많은 측면에서 마음챙김이 되지 않는 것에 놀랐다고 말했다. 그는 처음에는 다소 눈에 띄는 의사로서의 지위가, 그 다음에는 개인적 정체성이 떨어져 나가는 것을 느꼈다고 했다. 그는 '의학적 치료(medical care)'를 받는 사람이었지만, 전반적으로 그 치료에는 돌봄이 없었다. 돌봄(caring)은 공감과 마음챙김, 열린 마음, 정성을 필요로 한다. 내가 흔히 말하는 진심(heartfulness)[7]은 종종 그것이 가장 분명히 확인될 것이라고 생각되는 장소에서도 놀라울 정도로 만나기 어렵다. 어쨌든 우리는 그것을 건강 돌봄(health care)이라고 부른다. 그런 이야기들이 너무나 흔히 발견되고, 심지어 의사들 자신이 환자가 되어 돌봄이 필요할 때야 나온다는 사실은 놀랍고 충격적이며 슬픈 일이다.

내 삶에서 생겨나는 온갖 스트레스와 고통을 넘어, 우리 모두가 그렇듯이 다양한 순간이나 삶의 상황에서 마음챙김을 수련하는 동기는 매우 간단하다. 놓쳐 버린 매 순간은 제대로 살지 못한 순간들이기 때문이다. 매 순간을 놓칠 때마다 다음 순간을 놓칠 가능성이 더 많아지고, 그래서 나의 삶 전체를 알아차림 속에서, 알아차림으로부터, 알아차림을 통해 사는 것이 아니라, 자동반응적 생각과 느낌, 행위라는 마음챙김하지 못하는 습관에 함몰되어 살 가능성이 높아진다. 나는 그러한 일이 반복적으로 일어나는 것을 본다. 알아차림을 하면서 생각하는 것은 천국이다. 알아차림 없이 생각하는 것은 지옥일 수 있다. 마음챙김을 하지 않는다는 것은 단순히 순수하거나 무감각하거나 기이하거나 무지한 것이 아니기 때문이다. 대부분 그것은 우리가 알게 모르게 자신뿐만 아니라 우리의 삶을 공유하는 다른 사람들에게도 실제적인 해를 입힌다. 게다가 인생이란 가장 도전적이거나 원치 않는 순간에도, 우리가 그것을 위해 온 마음으로 삶의 세부적인 것에 주의를 기울인다면 삶은 놀랍도록 흥미진진한 사실을 드러내며 경외심을 불러일으킬 것이다.

우리가 놓친 모든 순간을 합해 본다면, 부주의는 실제로 우리의 모든 삶을 소비하고 우리가 했던 선택이나 하지 못한 모든 선택에 영향을 미칠 수 있다. 이렇게 사는 것이 바로 우리가 사는 목적일까? 우리 삶을 놓치고 따라서 우리의 삶을 잘못 해석하는 것이 우리 삶의 목적일까? 그보다 나는 계

---

7) 대부분의 아시아 언어에서는 mind와 heart를 같은 의미로 사용하고 있기 때문에, 'mindfulness'라는 단어를 들을 때 'heartfulness'로 듣지 못하거나 느끼지 못한다면, 그 완전한 차원과 의미를 제대로 이해하지 못하고 있는 것이다.

속해서 미약한 나의 노력(그것을 '나의 것'이라고 생각한다면)과 내 속에 가장 깊이 각인된 끈질긴 자동적인 습관에 직면하지만, 나에게 가장 중요한 것에 주의를 기울이며 두 눈을 크게 뜬 채 매일매일 모험 속으로 뛰어드는 것을 선택한다. 나는 내 삶의 매 순간을 새로운 것으로, 새로운 시작으로 맞이하는 것이 매우 유용하다는 것을 알게 된다. 그리고 지금에 대한 알아차림으로 계속해서 돌아오는 것이 매우 중요하다는 것을 안다. 그래서 수련의 규율로부터 부드럽지만 확고하게 생겨난 인내심을 가지고 적어도 어떤 일이 일어나든지 어느 정도 마음을 열고 그것을 알아보고, 이해하며, 그 순간 어느 정도 감당할 수 있는 수준까지 받아들이도록 하고, 깊이 들여다보고, 그러한 주의 기울임 속에서 상황의 본질이 드러나면서 배울 수 있는 것은 무엇이든지 배우는 것이 중요하다는 것을 안다.

그 일이 아니라면 달리 할 일이 무엇이 있겠는가? 만약 우리가 자신의 존재에, 깨어 있음에 기반을 두지 않는다면, 실제로 삶이라는 이 선물과 다른 사람들에게 진정한 도움이 될 수 있는 기회를 놓쳐 버리는 것이 아닐까?

가끔 스스로 지금 이 순간 가장 중요한 것이 무엇인지 가슴속으로 물은 뒤, 그 대답에 귀 기울이는 것을 잊지 않으려고 한다. 내게는 이것이 매우 도움이 된다.

소로(Thoreau)가 『월든(Walden)』의 끝부분에서 말했듯이, "오직 우리가 깨어 있는 날만이 우리에게 밝아 온다".

주의 기울이기와 지속하기

집중수련에 다녀온 동료 한 사람이 명상 수련이란 주의 기울이기와 매 순간 그 주의에 집중하는 것을 지속하는 것이라 생각한다고 말했다. 당시 나는 그 것을 아주 당연한 말이라고 생각하고 대수롭지 않게 여겼다. 게다가 내가 판단하고 생각했을 때, 그 말에는 주체가 있다는 느낌과 어떤 행위를 한다는 느낌이 너무 많이 들었다. 그래서 그것은 행위를 하는 주체에 너무 의존하게 되는 말이었다. 오랜 시간이 지나서야 나는 그 통찰의 가치를 충분히 이해하고 근본적으로 알게 되었다.

호흡 때문에 호흡을 하는 누군가가 필요하지 않은 것처럼, 주의를 기울이고 지속하는 데도 따로 그것을 하는 사람이 필요하지는 않다. 그럼에도 우리는 호흡을 하는 사람, 주의를 기울이고 지속하는 사람이 바로 '나'라고, '내가 한다'고 생각한다. 특히 처음에는 자기화(selfing)하는 오랜 습관 때문에 일부러 그렇게 할 수밖에 없다. 하지만 사실 우리가 알아차림 그 자체, 소위 '앎이 되는 것(being the knowing)' 속에 머무는 일이 편안하고 능숙해질 때, 주의를 기울이고 지속하는 것은 자연스럽게 생겨난다.

호흡을 예로 들어 보자. 호흡은 생명 활동에 필수적이다. 그것은 저절로 일어난다. 그리고 우리는 숨이 막히거나 물에 빠져 익사할 것 같은 경우나 알레르기가 있거나 심한 감기에 걸린 경우가 아니면 숨에 거의 주의를 기울이지 않는다. 하지만 호흡 알아차림 속에 머문다고 상상해 보라. 그러기 위해서는 먼저 호흡을 느끼고, 알아차림의 장 안에서 호흡을 위한 자리를 마련해 주어야 한다. 이 알아차림의 장은 몸과 마음, 외부 세계가 우리의 주의를 다른 데로 돌리고 산만하게 만들기 때문에 계속 변하게 된다. 우리는 한순간 호흡을 느낄 수 있을지 모르지만, 바로 다음 순간에는 다른 것 때문에 호흡을 잊어버린다. 이것이 주의는 기울이지만 지속하지는 못하는 것이다. 우리는 지속적으로 주의를 기울일 필요가 있다. 호흡이 다른 데로 갈 때마다 몇 번이고 계속해서 다시 호흡으로 주의를 기울여라. 호흡이 아닌 다른 곳으로 주의를 빼앗아 가는 것을 관찰하고 또 관찰하라.

주의를 한곳에 두려면 지속하려는 의도가 있어야 한다. 우리의 주의력은 너무 약해서 쉽게 다른 곳으로 달아나기 때문에 호흡 감각에 초점을 맞추려면 상당한 주의가 필요하다. 그러나 현명하고 부드럽게 인내심을 갖고 며칠, 몇 주, 몇 달, 몇 년에 걸쳐 주의를 기울이는 연습을 지속한다면, 호흡 속에 그리고 매 순간 펼쳐지는 그대로의 삶 속에 보다 쉽게 머물 수 있을 것이다. 그리고 계속 주의를 기울일 수 있는 것은 우리 삶 속에서 막연히 놓칠 수도 있는 더 큰 진정성에 대한 사랑에서 나올 수 있다.

이렇게 주의를 지속해서 기울이는 것을 산스크리트어로 사마디(samadhi)라고 한다. 이것은 한 지점에 마음이 집중하는 성질을 말하는 것으로 완전히 동요가 없는 상태는 아니라 하더라도 어느 정도 안정적인 상태다. 사마디는 평소 동요하는 우리의 마음이 주의를 기울이기로 한 대상(여기서는 호흡)에서 벗어날 때마다 그것을 인식하고 어떠한 판단이나 반응, 조급함도 없이 그것을 다시 가져오는 능력을 지속해서 연습함으로써 계발되고 깊어진다. 주의 기울이기를 지속하고, 또 지속하지 못할 때 그것을 인식한 뒤 다시 주의를 기울이고 지속하고…… 이 과정을 단순히 계속해서 반복하는 것이다. 마치 잠수함의 수평타나 돛단배의 용골처럼 사마디는 마음의 바람과 파도에 맞서 그것을 안정시킨다. 마음의 바람과 파도는 우리가 더 이상 부주의함과 그 존재와 내용에 대한 집착으로 그 힘을 키워 주지 않는다면 점차 잦아든다. 이렇게 마음이 비교적 안정되고 흔들림 없이 우리가 알아차림 속에서 인지하는 어떤 대상이라도 더 생생해지면서 보다 명료하게 이해할 수 있다.

명상의 초기 단계에는 수업이나 워크숍 또는 좀 더 긴 집중수련에 참가할 때 사마디는 우리 마음의 가능한 상태로 스스로 드러날 수 있다. 이때 혼잡한 일상과 끝없이 이어지는 생각과 의무, 그리고 주의를 산만하게 하는 일들로부터 한동안 멀어지고, 상대적으로 혼자 있으면서 마음속 실체와 직면하게 된다. 외적으로 이 정도의 기본적인 고요함과 그와 함께 따라오는 내적인 침묵을 단지 경험하는 것만으로도, 때때로 이러한 가능성 속에서 자신의 삶을 계발하고 그 속에 잠길 수 있는 충분한 이유가 된다. 그럴 때 우리는 마음에서 일어나는 파도와 바람은 근본적인 것이 아니라, 날씨 패턴에 불과하다는 것을 알게 될지도 모른다. 마음속 내용이 펼쳐지는 것에 대한 알아차림보다 마음속 내용이 더 중요하다는 생각은 습관적으로 그 내용에 빠져들어 길을 잃어버리는 것과 같다.

일단 주의를 기울이면서 어느 정도 집중력과 안정감을 맛보았다면 집중수련이 아닌 바쁜 일상 한가운데에서도 안정된 마음으로 머무는 일이 다소 쉬워질 것이다. 물론 이것이 우리가 마음속에서 경험하는 모든 것이 고요하고 평화로울 것이라는 의미는 아니다. 그 과정에서 유쾌하거나 불쾌하거나 혹은 무덤덤하여 전혀 알아볼 수도 없는 몸과 마음의 다양한 상태를 경험할 것이다. 그러나 여기서 더 고요하고 안정되게 바뀌는 것은 바로 주의를 기울이는 능력이다. 더 안정되게 변하는 것은 관찰의 토대다. 그리고 주의를 기울이는 데 고요함을 지속해서 계발하면, 그리고 그것에 집착하지만 않는다면 틀림없이 통찰이 뒤따를 것이다. 그 통찰은 우리의 알아차림과 마음챙김 자체, 다시 말해 그 어떤 순간이라도 모든 주의의 대상을 모든 순간에 알 수 있는 마음의 본질적인 능력에 의해 힘을 얻고 드러나게 된다. 그것은 생각으로 이름을 붙이거나 의미를 부여하는 것과 같이 단순히 개념적으로 아는 것을 넘어서 있는 그대로를 아는 마음의 능력이다.

마음챙김은 호흡이 깊을 때 깊다고 안다. 호흡이 얕을 때 얕다고 안다. 숨이 들어올 때는 들어오는 것을 알고 나갈 때는 나가는 것을 안다. 마치 어떤 의미에서 보자면 지금 '내가' 숨 쉬고 있는 것이 아니라, 단지 호흡이라는 것이 일어나고 있을 뿐임을 알고 있는 것처럼 마음챙김은 매 호흡이 특정 개인과 상관이 없다는 것을 안다. 마음챙김은 매번의 호흡의 일시적 성질을 안다. 그것은 매 호흡과 함께 일어나는 생각과 감정, 관념과 충동까지도 일어나는 그대로 안다. 왜냐하면 마음챙김이란 마음 자체의 핵심 속성인 알아차림이라는 아는 성질이기 때문이다. 마음챙김은 지속해서 강화되며 그렇게 힘을 얻으면 그것을 자기 스스로 지속할 수 있다. 마음챙김은 곧 앎의 장이다. 그 앎의 장이 고요함과 집중력을 통해 안정되면 앎 자체의 일어남이 지속되며, 앎의 질은 더 강력해진다.

그렇게 모든 것을 있는 그대로 아는 것을 지혜라고 부른다. 지혜는 안정되고 무한하며 열린 알아차림인 우리의 본래 마음에 대한 신뢰에서 나온다. 지혜란, 무언가 알아차림의 장에 나타나거나 변화하거나 혹은 그 광대함 속에서 사라졌을 때 그것을 즉각적으로 아는 앎의 영역이다. 지구 어느 곳에나 비추는 햇빛처럼 그것은 항상 존재하고 있지만 구름에 의해 자주 가려질 뿐이다. 이 경우는 주의 산만, 이미지, 생각, 이야기, 느낌들의 끊임없는 확장, 그중 많은 것은 정확하지 않은데 이런 경우는 자기 스스로 만들어 낸 마음의 습관에 가려지는 것을 말한다.

우리가 주의를 기울이고 지속하는 것을 더 많이 연습할수록, 더 자연스럽게 지속하며 머무는 방법을 터득하게 될 것이다. 이것은 마치 피아노의 음을 유지하는 서스테인 페달을 밟으면 그 음이 계속 지속되는 것과 마찬가지다.

이렇게 계속 주의를 기울일수록 우리 본성의 빛이 더 많이, 자연스럽게 드러날 것이다. 우리 본성의 빛은 지혜와 사랑에 대해 한정적이면서도 무한한 표현이 동시에 드러나는 것처럼, 더 이상 다른 사람들에 의해, 특히 우리 자신에 의해 가려지지 않을 것이다.

현존

당신이 명상을 하고 있는 사람을 우연히 만나게 된다면, 그 특이하고도 주목할 만한 분위기에 영향을 받는다는 것을 즉각 알 것이다. 나는 명상 수업과 수련회를 지도할 때마다 그런 경험을 꽤 자주 한다. 명상을 지도하면 때때로 수백 명의 사람이 침묵 속에 앉아 있는 광경을 보게 되는데, 거기 앉아 있는 모든 사람에게는 그 순간 내면에서 다양하게 펼쳐지고 있는 일 외에는 다른 어떤 일도 일어나지 않는다. 만약 밖에서 지나가던 사람이 한 방에 수백 명의 사람이 앉아 잠깐도 아니고 수십 분, 심지어 한 시간 이상 아무것도 하지 않고 침묵 속에 앉아 있는 것을 본다면 이상하게 생각할지도 모른다. 동시에 그 사람은 그 광경에서 우리 모두에게 매우 드문 체험인 현존감을 뚜렷하게 느끼며 마음이 움직일지도 모른다.

만약 당신이 그 사람이라면, 무슨 일이 일어나고 있는지 전혀 알지 못하고 이해할 수도 없지만 모임에 다가가 호기심과 관심을 가지고 지켜보며 그 침묵의 에너지장과 함께하고 싶어질지도 모른다. 그러한 광경은 본질적으로 매력적이고 조화롭다. 그런 식으로 움직이지 않고 고요하게 앉아 있는 이면에는 자연스럽게 깨어 있는 주의가 주는 느낌이 있다. 이것은 그 자체로 매우 압도적인데, 그러한 모임에서 체현된 지향성도 마찬가지다.

주의와 의도, 이백 명이나 되는 사람들이 마음챙김 침묵 속에서 움직이지 않고, 현존하는 것 외에는 아무런 의제도 없이 앉아 있는 모습은 그 자체로 인간의 선함을 놀랍도록 드러내는 것이다. 그것은 매우 감동적이다. 그러나 나는 단 한 사람이 앉아서 명상을 하고 있는 모습에서도 똑같은 감동을 받는다.

어느 때든 수백 명의 명상가가 있는 방에서는 틀림없이 누군가는 지금 이 순간 현재에 머무르려고 애쓰고 있거나 산만해지게 되는데, 이것은 실제로 현존하는 것과 아주 미세한 차이일지라도 엄연히 다른 것이다. 명상하는 사람이 생각에 빠지거나 애를 쓰거나 통증을 느끼면 그것은 헤어날 수 없는 심연처럼 느껴질 수 있다. 특히 아직 주의를 기울이는 데 안정되지 않은 사람의 내면에서는 마음이 이리저리 방황하고 알아차림을 했다가도 다시 밖으로 나오는 일이 계속될 것이다. 이것은 대개 겉으로 안절부절못하거나 꿈틀거리고 구부정한 자세를 취하는 것으로 나타난다.

그러나 어느 정도 집중력이 발달한 사람 혹은 천성적으로 집중력이 좋은 사람에게서는 현존감이 자연스럽게 나온다. 내면에서 미세하게 빛을 발하는 것처럼 느껴지는 사람도 있다. 그들의 얼굴에 나타나는 평화로움으로 나는 감동의 눈물을 흘릴 때도 있다. 또 어떤 사람은 눈에 보일 듯 말 듯 미소를 띠는 사람도 있는데 그것은 시간의 흐름 속에서도 늘 일정한 모습을 보인다. 그것은 시끄럽게 '하하' 하고 웃는 웃음, 어떤 주체의 웃음이 아니라 정확하게 말하면 그 순간 주체의 부재가 만들어 내는 웃음이다. 그것은 분명히 알 수 있다. 더 이상 그 사람은 그저 한 사람이나 하나의 성격이 아니다. 그 사람은 순수하고 단순한 존재가 되었다. 다만 존재하는 것이다. 다만 깨어 있는 존재, 다만 평화다. 그리고 그러한 평화 속에서 그 순간 순수한 존재로서의 그 사람의 아름다움은 분명하다.

내가 그것을 알기 위해 반드시 이런 광경을 눈으로 보아야 하는 것은 아니다. 눈을 감은 채 그것을 느낄 수 있다. 집중수련을 하는 사람들을 마주 보고 앉거나, 혹은 집중수련회에 참가하여 한 방에서 침묵하면서 한 시간 정도 가만히 앉아 있는 사람들에게 둘러싸여 있으면, 나는 대화를 나누고 있을 때보다 훨씬 더 그들의 존재와 아름다움을 느낄 수 있다. 그들 중 많은 사람이 고통 속에서 괴로워하고 있지만, 고통 속에 있고자 하고 고통에 기꺼이 마음을 열고자 하는 그들의 의지가 이 현존의 장, 마음챙김의 장, 침묵 속 깨달음의 장으로 그들을 이끌었다.

전 세계 어느 학교에서나 교사가 출석을 부르면 학생들은 "예(present: 여기 있습니다, 역자 주)"라고 대답한다. 그것으로 학생과 교사, 학부모 모두 그 학생이 수업에 틀림없이 출석했다고 안다. 그러나 많은 경우, 실제로 출석한 것은 학생의 몸일 뿐일 때가 많다. 아이는 다른 사람이 보지 않는 자기만의 것을 보면서 수업 내내 창밖만 보며 지낸다. 심지어 학교에 다니는 몇 년 동안이나 그렇게 하는 경우도 있다. 아이의 정신은 환상의 꿈나라에 가 있거나, 아이가 근본적으로 행복하다면, 그 아이는 해야 할 더 중요한 숙명적인 일 때문에 수업에서 가끔씩만 눈에 띈다. 아니면 아무도 알지 못한 채 아이는 악몽 같은 불안속에 몸을 숨기고 있을지도 모른다. 혹은 자기 의심과 자기 혐오라는 악마에게 괴롭힘을 당하고 있을지도 모른다. 그런 일은 학교라는 환경에서 제대로 말을 할 수 없다. 아이가 학교에서 현존하면서 그러한 것에 집중한다는 것은 완전히 불가능하다. 왜냐하면 학교에서 아이의 세계는 언제나 학대받고 무시당하고 방치되기 때문이다.

티베트 사람들은 달라이 라마를 지칭할 때 '쿤둔(Kundun)'이라는 말을 사용한다. 쿤둔은 현존(Presence)이라는 의미다. 그것은 잘못된 이름도 과장도 아니다. 달라이 라마가 있는(present) 자리에서 우리는 더 현존하게 된다. 나는 며칠

동안 달라이 라마가 복잡한 과학에 대한 대화와 발표가 진행되는 방에서 몇
몇 사람들과 한 방에 있으면서 관심의 정도에 따라 자연스럽게 다양한 모습을
보이는 것을 지켜볼 기회가 있었다. 그런데 달라이 라마는 언제나 거기 그 자
리에 있었다. 자신의 생각에만 아니라 느낌 속에도 현존하고 있었다. 그는 당면
한 문제에 주의를 기울이고 있었으며, 나는 우리 모두가 그와 함께 있는 것만
으로도 더 많이 현존할 뿐 아니라 더 개방적이고 사랑에 넘치는 것을 관찰했
다. 그는 이해하지 못하는 부분이 있으면 대화를 중단하였다. 그런 다음 깊이
생각하는데, 우리는 그것을 그의 얼굴에서 확인할 수 있다. 과학자와 고승 그
리고 학자들과 가까이 있으면서 달라이 라마는 발표가 진행되는 동안에도 핵
심적인 질문을 자주 던졌다. 그러면 그에 대해 이런 대답이 나왔다. "성하, 그것
이 바로 저희가 스스로에게 던진 질문이었습니다. 다음 실험에서 저희가 그것
을 해 보려고 합니다." 때로 달라이 라마는 주의가 산만한 것처럼 보이기도 했
는데, 그것은 대개 내가 잘못 생각한 것이었다. 그는 여전히 핵심에 올바로 머
물고 있었다. 그는 답을 찾거나 어떤 점을 곰곰이 숙고하며 생각에 깊이 잠겨
있는 것처럼 보이기도 한다. 그러나 바로 다음 순간 그는 즐겁고 친절한 태도
로 매우 활기를 띤다. 그가 이러한 것을 타고났다고 말하는 것은 물론 전혀 다
른 이야기가 될 것이지만, 그러한 자질은 또한 오랫동안 정신과 마음을 엄격하
게 훈련한 결과일 것이다. 비록 그는 별 것 아니라고 겸손하게 말하지만, 그는
그러한 훈련의 화신이며 또한 지나칠 정도로 정확하다.

사람들이 그에게 왜 그렇게 따뜻하게 반응하느냐고 묻자 달라이 라마는 이
렇게 대답한 적이 있다. "나는 특별한 자질을 가진 게 없어요. 아마도 내가 평
생토록 내 마음의 모든 힘을 쏟아 사랑과 연민에 대해 명상을 했기 때문에 그
런 게 아닌가 생각합니다." 달라이 라마는 사랑과 연민에 관한 명상을 매일 아

침 네 시간, 또 자기 전에 잠시 한다고 한다. 그날 무슨 일이 예정되어 있더라도, 또 그가 어디에 있더라도 그것만은 꼭 지킨다고 한다. 그것을 상상해 보라.

현존하는 것은 결코 보잘것없는 일이 아니다. 그것은 세상에서 가장 어려운 일인지도 모른다. 아니, 적어도 현존을 지속하는 것은 분명 세상에서 가장 어려운 일이다. 그리고 가장 중요한 일이기도 하다. 현존할 때(건강한 아이들은 대부분의 시간 동안 현존 속에서 산다.) 당신은 그것을 즉각적으로 알 수 있고 집에 온 것처럼 편안하게 느낄 수 있다. 그리고 집에 있으므로 당신은 느긋하게 당신의 존재 안에 머물 수 있다. 그것은 곧 알아차림 속에, 현존 그 자체에, 그리고 당신 자신의 가장 좋은 벗과 함께 머무는 것이다.

이슬람교도와 힌두교도 모두가 존경하는 15세기 인도 시인 카비르(Kabir)는 현존에 대한 요청이 얼마나 쉽게 간과될 수 있는지를 신랄하게 표현했다.

친구여, 살아 있는 동안 손님을 맞겠다고 기대하라.
살아 있는 동안 체험에 뛰어들라!
살아 있는 동안 생각하고 ……또 생각하라.
당신이 말하는 '구원'은 죽음 이전의 시간에 속하는 것이니.

살아 있는 동안 당신의 밧줄을 끊지 않는다면
나중에 귀신들이 그렇게 해 줄 것이라고 생각하는가?

육체가 썩었다고 해서
영혼이 황홀한 것과 결합할 것이라는 생각은
모두 환상이다.
지금 발견되는 것은 그때도 발견될 것이다.
지금 아무것도 발견하지 못하면

결국 죽음의 도시에서 아파트 한 채 얻는 것으로 끝나게 될
것이다.

지금 신성함과 사랑을 나누면
다음 생에서는 욕망이 만족한 얼굴을 하게 될 것이다.

그러니 진실 속으로 뛰어들어서, 누가 스승인지 알아보라.
위대한 소리를 믿으라!

카비르는 이렇게 말한다. 손님을 찾을 때, 그 모든 작업을
하는 것은 손님에 대한 강렬한 열망이다.

나를 보라. 그러면 그 강렬함의 노예가 보일 것이다.

카비르(Kabir)

철저한 사랑의 행위

겉에서 보기에 공식 명상은 행동을 멈추거나 활동을 중단하고 고요함 속에 몸을 가만히 두거나 아니면 흐르는 움직임에 자신을 내맡기는 것으로 보인다. 어느 경우든 명상은 현명한 주의를 재현하는 것으로, 침묵 속에서 대부분 행해지는 내면의 몸짓이며, 행위(doing)에서 존재(being)로 전환하는 것이다. 명상은 처음에는 인위적인 것으로 보일지 모르지만, 우리가 명상을 계속하면 결국에는 우리 내면과 주변에서 펼쳐지는 삶에 대한 순수한 사랑의 행위 중 하나라는 것을 곧 알 수 있다.

명상을 하다 보면 나는 사람들에게 '나는 명상을 하고 있다.'라는 생각을 내려놓고 그저 깨어 있으라고 한다. 어떠한 노력이나 의제도 없이, 명상을 하면 어떻게 보여야 한다거나 어떻게 느껴야 한다거나 주의를 어디에 맞춰야 한다는 생각조차 없이, 바로 이 순간 존재하는 것에 어떠한 꾸밈이나 설명도 없이, 다만 깨어 있으라는 것이다. 만약 진실로 초심자의 마음[8]이 아니라면 그런 깨어 있음을 처음부터 맛보기는 그리 쉽지 않다. 그러나 비록 그러한 깨어 있음, 개방적이고 넓은 선택 없는 알아차림의 경험은 특정 순간에 느끼기 힘들다 하더라도 명상을 시작하는 처음부터 알아야 하는 중요한 차원이다.

8) 샌프란시스코 선 센터를 설립한 스즈키 로시(Suzuki Roshi)가 사용한 용어로, 명상 방석에 앉아서 직접 체험을 통해 '나는 누구인가, 마음은 무엇인가'에 대해, 자유롭고 열린 질문을 던지는 것의 순수성을 표현하는 말이다. "초심자의 마음에는 여러 가지 가능성이 있지만 전문가의 마음에는 거의 없다."

우리는 더 복잡해지지 않고 더 단순해져야 하기 때문에, 처음에는 이러한 무위(non-doing)와 아무런 의제 없이 완전히 깨어서 단지 존재 속에 머무는 것을 충분히 맛볼 만큼 해 오던 방식에서 벗어나는 것은 어려운 일이다. 이것이 내가 종종 '발판(scaffolding)'이라고 부르는 그토록 많은 명상 방법과 기술, 수많은 방향과 지침들이 존재하는 이유다. 이러한 방법이 우리를 의도적으로 그리고 의지적으로 되살리는 유용한 방법이라고 생각할지도 모른다. 그것은 우리가 꼼짝 못하고 멍해지거나 혼란스럽게 되는 수많은 방향과 장소로부터 완전하고 열린 침묵으로, 이른바 본연의 깨어 있음(original wakefulness)으로 되돌리는 방법이다. 그러한 본연의 깨어 있음은 과거에 한 번도 여기 없었던 적이 없었고, 지금도 언제나 여기에 존재하고 있다. 이것은 태양은 언제나 빛나고 바다 저 깊은 곳은 항상 고요한 것과 마찬가지다.

> 내 배가 거대한 것에 부딪혀
> 저 깊은 곳으로 가라앉는 것 같다.
> 그런데 아무 일도 일어나지 않는다!
> 아무 일도…… 고요함…… 파도……,
> 아무 일도 일어나지 않은 것인가?
> 아니면 모든 일이 일어난 것인가?
> 그래서 우리는 지금 고요히 새로운 삶 속에 서 있는 것인가?
>
> 후안 라몬 히메네스(Juan Ramon Jiménez), 「대양(Oceans)」

우리가 통제할 수 없는 수많은 힘에 의해 삶의 속도가 점점 더 빨라지고 있는 상황에서, 사람들은 철저한 존재의 행위이자 철저한 사랑의 행위라고 할 수 있는 명상을 점점 더 많이 찾고 있다. 오늘날의 '할 수 있다'로 표현되는 물질만능주의, 속도와 발전에 대한 강박, 유명인과 타인의 삶 엿보기 그리고 소셜 미디어에 사로잡힌 문화 속에서 이런 경향이 나타나고 있다는 사실은 매우 놀라운 일이다. 우리가 이처럼 명상적 자각을 향해 움직이는 데는 다양한 이유가 있을 것이다. 대부분은 개인적으로 그리고 집단적으로 온전한 정신을 유지하고자 하는 것, 우리의 전망과 의미에 대한 감각을 회복하고자 하는 것, 혹은 이 시대의 엄청난 스트레스와 불안감에 대처하고자 하는 것 등이 그 이유일 것이다. 우리의 반응과 판단에 곧바로 굴복하지 않고 이 순간 무엇이 어떻게 돌아가는지에 대해 행위를 멈추고 의도적으로 깨어 있음으로써, 그리고 그것들에 굴복했을 때도 자기연민으로 현명하게 다룸으로써, 또 프로젝트를 완수하거나 원하는 목적을 추구하는 등 지금 이곳이 아닌 다른 어딘가에 도달하기 위한 우리의 모든 계획과 활동에도 불구하고 잠시 동안이라도 현재 순간에 자리를 잡으려는 의도를 가짐으로써 이러한 행위가 엄청나게 어려운 일이면서도 동시에 매우 단순하고 심오하며 충분히 가능하다는 것, 우리의 몸과 마음, 영혼을 회복시켜 준다는 것을 알 수 있다.

자리에 앉아 홀로 잠시 고요히 있는 것만으로도 그것은 정말로 철저한 사랑의 행위라고 할 수 있다. 이렇게 자리에 앉는 것은 실제로 지금 그대로의 우리 삶이 어떻든 간에 자리를 잡는 하나의 방법이다. 우리는 자리에 앉고, 일어섬으로써 지금 여기에 자리를 잡는다.

점점 미쳐 가는 세상 속에서 온전한 정신을 유지하는 것은 오늘날 우리에게 도전이라고 할 수 있다. 만약 우리가 계속해서 우리 마음의 잡담과 우리 본연의 모습과 접촉을 상실하여 소외되는 느낌에 끌려간다면, 또 모든 행위와 성취가 공허하게 느껴지고 삶이 더없이 짧게 느껴진다면 어떻게 그 일을 할 수 있을까? 결국, 무엇이 현실이고 무엇이 중요한지에 대한 통찰을 줄 수 있는 것은 사랑일 뿐이다. 따라서 철저한 사랑의 행위가 삶에 대한 사랑과 가장 진실한 자아의 출현에 대한 사랑이라는 것은 일리가 있다.

그저 자리에 앉아 현존한다는 것은 느리지만 확실하게 온정신으로 돌아오는 것이고, 우리의 모든 머릿속 생각과 자기함몰 너머에 있는 직접적인 경험의 세계가 여전히 온전하게 존재하고 있으며, 그것을 우리의 구원을 위해, 우리의 치유를 위해, 우리의 존재 방식을 알기 위해 사용할 수 있음을 확인하는 강력한 방법이다. 그리고 다시 행위의 세계로 돌아왔을 때, 우리가 무엇을 해야 하는지, 적어도 어떻게 시작해야 하는지도 알려 줄 수 있다.

알아차림과 자유

통증을 겪고 있을 때라도 통증에 대한 알아차림은 고통스럽지 않다는 것을 알아차린 적이 있는가? 분명히 그런 경험이 있으리라고 생각한다. 그것은 매우 흔한 경험이고 특히 어릴 적에는 그런 경험을 자주 한다. 하지만 통증이 닥쳐오는 그 순간에는 너무나 순식간에 지나가 버리고 통증이 너무나 강렬하기 때문에 그것을 검토해 보거나 그것에 관해 이야기하지 않는다.

또 공포에 질렸을 때도 두려움에 대한 알아차림은 두려움이 아니라는 것을 알아차린 적이 있는가? 우울함에 대한 알아차림이 우울하지 않다는 것, 자신의 나쁜 습관에 관한 알아차림이 그 습관의 노예가 아님을 알아차린 적이 있는가? 심지어 자신이 누구인지에 대한 알아차림은 자신이 생각하는 모습과 다르다는 것을 알아차린 적이 있는가?

다만 자신의 알아차림을 살펴봄으로써, 즉 알아차림 자체를 알아차리면서 언제든지 이러한 주장을 직접 실험해 볼 수 있다. 이것은 쉬운 일이지만 우리는 평소 그렇게 해 볼 생각을 하지 못하는데 그것은 알아차림이란 것이 현재 순간과 마찬가지로 우리 삶의 숨겨진 차원이기 때문이다. 알아차림은 어디에나 있으므로 쉽게 눈에 띄지 않는다.

알아차림은 이미 우리 안에 있고 또한 무한히 이용할 수 있지만, 그것은 수줍은 동물처럼 위장되어 있다. 비록 완전히 공개되어 있을지라도, 지속해서 보는 것까지는 아니더라도 그것을 잠깐이라도 보기 위해서는 어느 정도의 노력과 멈춤이 필요하다. 당신은 주의를 기울여야 하고 호기심을 가져야 하며 그것을 보고자 하는 동기도 있어야 한다. 알아차림과 함께 자신이 무엇을 생각하고 경험하고 있는지 아는 가운데 조용하고 능숙하게 그것을 초대해야 한다. 결국 당신은 이미 보고 있고, 이미 듣고 있다. 마음을 포함한 모든 감각의 문으로 들어오고 있는 그 모든 것에 관한 알아차림이 바로 지금 여기에 있다.

통증의 한가운데서 그것에 대한 순수한 알아차림으로 옮겨갈 수 있다면 아주 짧은 순간이라도 통증과 맺는 관계는 바로 그 순간 변할 것이다. 1~2초 정도의 짧은 순간에도 그것은 변하지 않을 수가 없는데, 왜냐하면 아주 잠시라도 통증을 품는 몸짓은 이미 더 큰 차원성(dimensilonality)을 드러내기 때문이다. 자신의 경험과 맺는 관계에서 일어나는 그런 변화는 당신이 무엇을 해야 할지 몰라도 주어진 상황에서, 당신이 취하는 태도와 행동에서 그것이 무엇이든 간에 더 큰 자유를 준다. 그런데 이 알지 못함(not knowing)은 알아차림 안에서 받아들여질 때 그 자체로 일종의 아는 것(knowing)이 된다. 이상하게 들릴지 모르겠지만, 계속 수련하다 보면 생각의 차원을 넘어 훨씬 깊은 직감으로 이것이 무슨 의미인지 알게 될 것이다.

알아차림은 우리가 신체 감각의 영역이라고 생각하는 통증을 변화시키는 것과 마찬가지로 감정적인 고통도 변화시킨다. 감정적인 고통 속에 빠져 있을 때, 그것에 세심한 주의를 기울인다면 지금 겪고 있는 고통에 대해 생각과 여러 가지 느낌이 그 고통에 덧씌워져 있다는 사실을 알 수 있다. 그래서 여기에서도 감정적 고통이라고 생각하는 것 전체를 알아차림 안으로 반기며 받아들일 수 있다. 물론 이것이 처음에는 말도 안 되는 소리처럼 들릴 것이다. 하지만 우리의 감정과 느낌에 이런 식으로 접근하는 것이 얼마나 익숙하지 않은지, 그리고 우리에게 얼마나 큰 깨달음과 해방감을 주는지 알면 놀랄 것이다. 특히 그 감정과 느낌이 분노와 절망일 때는 더욱 그러할 것이다.

그러나 누구도 고통보다 더 크고 또 고통과는 전혀 다른 속성을 가진 알아차림의 이 독특한 성질을 실험해 보기 위해 자신에게 일부러 고통을 줄 필요는 없다. 우리가 해야 할 일은 고통이 나타날 때, 그것이 어떤 형태로 나타나든, 그 고통이 도착했다는 것을 주의 깊게 살펴 아는 것이다. 이렇게 아는 것은 감각이나 생각이든, 표정이나 눈빛이든, 누군가의 말이나 아니면 어떤 사건이든 최초의 사건과 접촉하는 바로 그 순간 알아차림이 생기게 할 것이다. 지혜가 적용되는 것은 바로 여기, 바로 그 접촉의 지점과 순간에 일어난다(발가락을 찔린 공주를 기억하는가?). 당신이 엄지손가락을 망치로 내리쳤든, 아니면 세상이 갑자기 예측하지 못하게 돌변하여 당신이 커다란 파멸에 직면했든, 아니면 갑자기 비탄과 슬픔, 분노와 두려움이 밀려와 당신의 세계 속에 영원히 자리를 잡았든, 어떤 경우라도 당신은 지혜를 일으킬 수 있다.

우리가 자신을 알 수 있는 상태, 즉 우리의 몸과 마음, 정신의 상태에 알아차림을 가져올지도 모르는 것은 바로 그 순간, 그 직후다. 그런 다음 한발 더 나아가 알아차림 자체를 알아차림하면서 그러한 알아차림 자체가 고통 속에 있는지, 화를 내거나 두려워하거나 슬퍼하고 있는지 알아차린다.

그렇게 하면 알아차림 자체는 그렇지 않다는 것을 알게 된다. 그럴 수가 없다. 그러나 직접 확인해야만 한다. 그것에 관한 생각 속에는 자유가 없다. 생각은 단지 우리가 그것을 관찰하고 그 특정한 순간을 알아차림 속에서 포용하고 알아차림 자체에 알아차림을 가져가는 것을 기억하는 데에만 유용하다. 그때가 확인해야 하는 때다. 알아차림은 즉각적으로 알 수 있으므로 우리는 그것을 확인한다고 할 수 있다. 그것은 아주 잠시밖에 지속되지 않을지 모르지만, 바로 그 순간에 자유에 대한 경험이 있다. 바로 그 순간, 우리가 자유를 경험할 때 우리 존재의 자연스런 성질인 지혜와 일체감으로 들어가는 문이 열린다. 그 외에 달리 할 일은 없다. 알아차림 스스로가 그 문을 열고 단지 잠시라도 들여다보고 직접 보도록 초대할 것이다.

그러나 이는 알아차림이 고뇌와 상실의 순간이거나 그것이 영향을 미치는 시간 동안 우리가 깊은 고통에서 벗어나려고 고개를 돌리는 냉정하고 무감각한 전략이라는 의미는 아니다. 상실과 고뇌, 사별과 슬픔, 불안과 절망은 우리가 누릴 수 있는 기쁨과 마찬가지로 인간성의 가장 핵심에 자리 잡고 있으며, 그것들이 일어날 때 정면으로 마주하라고, 있는 그대로의 그것들을 알고 받아들이라고 손짓하고 있다. 알아차림은 그것이 가장 많이 요구되고 알아차림이 드러내고 있는 감정을 외면하거나 부정하고 억압하기보다는 정확히 나아가 품어 안는 것이다. 알아차림한다고 해서 모든 상황에서 거대한 고통이 줄어들지는 않을 것이다. 그래서도 안 된다. 그러나 알아차림은 어떤 상황에서도 우리의 고통을 부드럽게 품에 안고 친밀하게 알 수 있는 더 큰 그릇을 제공하고 우리를 심오한 차원에서 변화시키며, 계속해서 통증과 고통에 갇혀 지내느냐 아니면 고통으로부터 자유로워지느냐의 차이를 만들 수 있다. 비록 알아차림을 지닌다고 해도 우리가 인간으로서 겪을 수밖에 없는 여러 고통에서 완전히 벗어나는 것은 아니지만 말이다.

물론 일상생활에서 일어나는 모든 일에 알아차림을 불러일으킬 크고 작은 기회가 넘쳐 나고, 그래서 삶 전체는 이런 점에서 한결같이 마음챙김을 기를 기회가 될 수 있다. 우리 삶에 깨어 있고 그러한 깨어 있음 자체로부터 변화할 수 있는 도전을 받아들이는 것은 그것 자체로 어떤 순간에도 적용할 수 있는 일상생활의 요가라고 할 수 있다. 즉, 직장과 인간관계에서, 또 부모라면 자녀를 키우는 데 있어서, 부모님이 아직 살아 계시든 아니면 돌아가셨든 그들과의 관계에 있어서 과거와 미래에 관한 우리 자신의 생각과 맺는 관계에서, 우리 자신의 몸과 맺는 관계 등에서 지금 일어나고 있는 어떤 일에도 알아차림을 가져갈 수 있다. 갈등의 순간, 조화의 순간, 혹은 눈치채지도 못하는 그런 무덤덤한 순간에도 알아차림을 가지고 갈 수 있다. 그러한 매 순간을 알아차림할 때, 마음챙김의 손짓에 답하여 세상이 문을 여는지 그렇지 않은지, 시인 메리 올리버(Mary Oliver)의 표현을 빌리면 "당신의 상상력에 그 자신을 내주는지" 그렇지 않은지를 직접 확인해 볼 수 있다. 또 그렇게 함으로써 당신에게 새롭고 더 넓은 시야가 열리는지, 존재하는 것과 함께할 수 있는지, 그럼으로써 협소한 시각과 그에 따른 자신의 것이라고 생각되고 그것에 편협되는 강한 집착의 위험에서 자신을 자유롭게 할 수 있는지 스스로 확인해 볼 수 있다. 심지어 커다란 고통 속에서, 나도 모르게, 단지 습관적으로 만들어 내기에 바쁜 '내 이야기'에 또다시 매혹될 수 있지만, 그럴 때라도 그것이 전개되는 것을 지켜보고 그것에 더 이상 힘을 실어 주지 않는 수많은 기회를 가질 수 있다. 그 이야기를 멈추고 그동안 잠겨 있던 자물쇠를 열고 감옥에서 나와, 움츠러들거나 회피하기보다 새롭고 더 광범위하고 적절한 방식으로 세상을 맞이할 수 있다. 존재하는 것을 이렇게 의도적으로 껴안고 그것에 대해 작업하는 데는 커다란 용기와 마음의 현존이 필요하다.

그러므로 어떤 순간에 무슨 일이 일어나더라도 우리는 언제나 스스로 확인해 볼 수 있다. 알아차림이 걱정하는가? 알아차림이 분노나 탐욕이나 고통 속에서 길을 잃는가? 아니면 어떤 순간, 심지어 아주 짧은 순간에 가져간 알아차림이 단지 알 수 있을까? 그리고 그 앎을 통하여 우리를 자유롭게 할 수 있을까? 확인해 보라. 내 경험상 알아차림은 우리를 우리 자신으로 돌아가도록 해 준다. 내가 아는 한, 알아차림은 그렇게 할 수 있는 유일한 힘이다. 알아차림은 신체적 · 정서적 · 도덕적 지성의 정수다. 이렇게 말하면 알아차림이 인위적으로 불러내야 하는 것으로 생각될지 모르지만 사실 그것은 항상 여기에 있다. 단지 그것을 발견하고, 회복하고, 껴안고, 그 속에 자리 잡을 필요가 있을 뿐이다. 기억 속에서 알아차림이 정교해지는 것이 바로 여기다. 그런 다음 그 내려놓고 놓아주는 속에서 일본의 시인 료칸이 말한 것처럼 '오직 이것, 오직 이것'에 머무는 것이다. 이것이 마음챙김을 수련한다는 것의 의미다.

　이미 보았듯이 우리에게 던져진 도전은 두 가지다. 첫째, 아주 사소하더라도 최선을 다하여 지금 순간으로 알아차림을 가져오는 것이고, 둘째, 알아차림을 지속하는 과정에서 그것을 더 잘 알게 되고, 알아차림의 더 크고 결코 줄어들지 않는 전체성 속에서 사는 것이다. 그렇게 할 때, 마치 비누 거품이 살짝만 건드려도 펑 터지듯이 슬픔의 한가운데서도 생각이 스스로 해방되는 것을 보게 될 것이다. 그때 생각은 사라지고 없다. 심지어 우리가 타인의 슬픔을 위로하고 그 괴로움 속에 머물 때도 슬픔이 스스로 해방되는 것을 보게 될 것이다.

　이러한 자유 속에서 우리는 더 큰 열린 마음으로 그 어떠한 것도, 그 모든 것도 만날 수 있다. 우리는 인내를 가지고 더 강인하고 명료하게 지금 직면하고 있는 도전들을 마주할 수 있다. 우리는 이미 더 큰 현실 속에 사는 것이다. 그 현실은 고통과 슬픔이 일어날 때, 그것을 지혜와 사랑의 현존으로, 알아차림으로, 그리고 안과 밖의 미혹된 분별 속에서 더 이상 헤매지 않고 자신과 타인을 향한 꾸밈없는 친절과 존경의 행동으로 끌어안음으로써 얻을 수 있다.

　하지만 그렇게 하기 위해서는, 사실상 말하자면 평생에 걸쳐 그렇게 깨어 있기 위해서는 보통 우리가 시작할 수 있는 지점, 시도해 볼 수 있는 비법, 따라갈 수 있는 지도, 현명한 조언, 이 길을 먼저 간 사람들이 노력해서 얻은 경험과 지식 등이 필요하다. 그리고 여기에는 우리가 필요할 때, 알아차림과 자유로

가는 다양한 길이 포함될 것이다. 역설적으로 알아차림과 자유는 언제나 여기 있지만, 때로 우리 의식에서 너무나 멀리 있는 것처럼 여겨질 것이다.

계보, 그리고 발판의 사용과 한계에 관하여

"내가 더 멀리 볼 수 있었던 것은
오로지 거인의 어깨 위에 서 있었기 때문이다."

아이작 뉴턴(Isaac Newton)

우리 모두는 우리보다 앞서간 사람들이 지금까지 이루어 놓은 것을 활용하는 것이 대단히 이롭다는 것을 잘 알고 있다. 이 선구자들이 탐험가, 과학자, 시인, 예술가, 철학자, 공예가, 명상가 등 그 누구든지 간에 사물의 본질을 더 깊이 알기 위해 노력과 헌신을 아끼지 않았던 그들의 창의적 천재성과 성실한 노력의 토대 위에서 우리가 더 잘 알게 된다는 사실을 암묵적으로 알고 있다. 배움이 필요한 어떤 영역에서든, 우리는 우리보다 앞서 간 사람들의 어깨 위에서 그들이 커다란 헌신과 노력으로 무엇을 알고 있었는지 인식하고자 한다. 만약 우리가 현명하다면 어디서부터 시작해야 하고, 무엇을 우리 것으로 만들 것이며, 무엇을 토대로 삼고, 어디에 새로운 통찰과 기회 그리고 잠재적 혁신이 놓여 있는지 알기 위해 모든 노력을 다하여 그들이 만든 지도를 해독하고 그들이 걸어간 길을 따라갈 것이며, 그들이 사용한 방법을 탐구하고 무엇을 발견했는지 확인할 것이다. 그러나 종종 우리가 딛고 서 있는 땅, 사는 집, 보는 렌즈, 이 모두가 대부분 익명의 타인에 의해 우리에게 선물로 주어진 것이라는 것을 깨닫지 못하고 지낸다. 시인 예이츠(W. B. Yeats)는 우리보다 앞서 간 사람들의 창의성과 노력에 우리가 어마어마한 빚을 지고 있다는 점을 인식하고는 이른바 '무명의 교사들'에 대한 불멸의 감사를 네 줄짜리 시로 표현하였다. 어떤 면에서 보면 순간적이고 사라지기 쉽지만 그 비할 데 없는 성취가 아니었더라면 오늘날의 문명도, 지식도 없었을 것이다.

> 그들이 시도한 것을
> 그들은 이룩해 냈다.
> 모든 것이 풀잎 위의
> 이슬방울처럼 맺혀 있다.

언어로 말하고 생각하는 우리의 능력은 우리 자신의 노력만으로는 본연의 타고난 생물학적 능력의 절정에 도달할 수 없음을 보여 주는 한 가지 예다. 우리 모두는 언어를 구사할 수 있는 잠재력이 있다. 그러나 그런 잠재력도 어릴 적부터 주변에의 노출, 즉 다른 사람의 말소리를 듣거나 몸짓 언어를 통해 언어를 배우지 않은 채 홀로 떨어져 성장한다면 온전히 발달하지 못할 것이다. 즉, 인지적·감정적인 많은 정신 기능의 발달이 멈출 것이고, 말과 추론 능력까지도 심각하게 훼손될 것이다.

우리가 타고난 능력을 키울 수 있는 틀은 처음부터 존재한다. 그러나 그것은 인간이 내는 소리 속으로 들어가 봄으로써 다듬어지고, 형성되며, 길러져야 한다. 이것은 그러한 소리를 내는 얼굴에 노출됨으로써, 다른 사람과 서로 눈빛을 주고받고 관계를 형성함으로써, 그들이 내는 소리뿐 아니라 냄새와도 접촉함으로써, 그리고 다차원적이고 풍부한 감각적·감정적 연결을 맺음으로써 이루어진다. 왜냐하면 뇌는 주요한 면에서 경험의 결과에 의해 바뀌기 때문이다. 그리고 언어가 발달하려면 발달의 특정한 시기 동안 이런 일이 일어나야 한다. 그 시기를 놓치면 말을 못 할 수도 있고, 우리의 타고난 능력과 그 잠재적 개화가 어려울 수도 있다. 왜냐하면 그런 타고난 능력을 지니고 형성하기 위해 주변과 관계를 맺을 수 있는 차원이 없기 때문이다.

더 근본적인 다른 예를 하나 더 들자면, 생물학 그 자체는 완전히 역사적인 것이다. 새로운 생명체는 그보다 더 이전 생명체에서 나온다. 생명은 스스로 자신을 기반으로 한다. 세포는 세포가 아닌 환경으로부터 발생하지는 않지만, 가장 초보적인 형태에서는 세포가 원래 30억 년 전, 오늘날과는 조건이 매우 다른, 생물이 발생하기 전 환경에서 진화했다고 생각된다. 세포 구조도 성장한다. 세포는 자체의 조직적 온전성을 유지하면서 끊임없이 세포가 더해지고, 더 많은 세포를 만들어 낸다. 이것을 세포의 자가생성(autopoiesis)이라고 한다. 몇몇 과학자는 이것을 생명과 인지 사이의 최초의 연결고리로 보고 있는데, 그것은 자기 스스로를 아는 최초의 앎(original knowing)이라고 생각한다. 이것이 사실이건 아니건, 생명체가 3차원 분자 구조에서 자연스럽게 나타나는 이전 과정이 없다면 새로운 생명체가 나타날 수 없을 것이다. 생명은 철저히 역사적인 것이다.

따라서 생물학적 차원에서 심리적·사회적·문화적 차원에 이르기까지 모든 차원에서 근본적으로 '발판(Scaffolding)'이 필요하다. 비록 우리가 때때로 정해진 길에서 벗어나 미지의 영역에서 우리만의 길을 개척할지라도 마음이라는 야생, 자연이라는 야생, 우리가 자신을 발견하는 우주를 의미 있게 탐험하는 데에는 과거에서부터 내려온 지시, 지침, 맥락, 관계, 언어에 의존한다. 그러한 지식의 집합체는 수 세기, 수천 년 동안 선조들의 계보에 의해 발전되고 다

들어지면서 그 정수가 전해 오고 있다. 그 계보에는 수렵 채집을 통한 생존의 계보도 있고, 식물을 재배하고 야생동물을 길들이는 계보도 있고, 또한 과학, 공학, 건축, 예술 그리고 명상 전통에 관한 계보도 있다. 이러한 계보들은 우리에게 어떤 영역에 대해 풍부하게 발달하고 힘겹게 얻은 지식과 그것을 효과적으로 탐험하는 데 필요한 기술의 역사를 남겨 주었다. 이러한 지식과 기술은 그 위에 더 쌓아 나갈 수 있는 방법을 정제하고 틀을 짜는 방식으로 우리에게 주어지지만 그것은 오직 우리가 선조들이 걸어간 길을 꿰뚫고 이해한 후에야, 그들이 했던 일을 하는 데 대한 지침과 그들이 걸어간 곳으로 가는 데 대한 지침을 이해한 후에야, 그들이 묘사한 영역과 도전 그리고 그들이 도달한 해결책에 어느 정도 익숙해진 후에야 주어졌다.

이것이 명상 수련에 있어서 우리에게 주어진 유산이다. 왜냐하면 명상 수련이 어느 날 공중에서 뚝 떨어져 우리 앞에 나타난 것이 아니기 때문이다. 우리보다 앞서간 사람들, 붓다와 붓다 이전의 시대까지 거슬러 올라가는 스승들의 직계와 방계의 다양한 계보는 우리가 탐험하고 가늠할 수 있는 지도를 우리에게 제공하고 있다. 이 지도들은 우리가 이미 시작한 인간의 마음과 그 잠재력에 대한 내적 탐사를 위한 가능성을 확장하고 풍부하게 만들어 줄 수 있다. 인간으로서 우리가 사용할 수 있는 유산을 물려받았다는 것은, 다시 말해 우리가 딛고 설 수 있는 높고 튼튼한 어깨가 있다는 사실은 매우 큰 행운이다.

왜냐하면 명상 수련은 처음에는 매우 간단해 보이고 분명히 유익해 보이겠지만, 명상적 탐구가 지닌 온전한 힘, 엄격한 규율의 필요성, 자신의 삶과 몸과 마음을, 그리고 우리의 인간성에 가장 근본적인 것을 탐구하는 실험실로 이용하는 것, 오늘날의 끝없는 변화와 불확실성 및 취약성의 세계에서 그들의 근본적인 상호 연결성을 인식하는 개인 공동체에 내재한 힘은 혼자서는 좀처럼 만나기 어려운 유산이기 때문이다. 하지만 그것은 다른 무엇보다도 마음과 가슴의 과학으로 우리에게 주어진 것으로, 그 속에 참여하고 더 쌓아 가야 하는 유산이다. 이것은 우리가 명상 아닌 다른 지식과 이해의 영역에서도 우리보다 먼저 있었던 것 위에 개인적으로, 그리고 집단적으로 더 쌓아 가야 하는 것과 마찬가지다.

물론 우리는 아주 드물게 독학을 한 천재가 있다는 것을 알고 있다. 하지만 모차르트조차도 그의 아버지와 함께 공부했다. 심지어 붓다도 자신의 길을 가기 전에는 기존의 전통적인 명상 방법으로 수행했다. 그리고 다른 사람에게서 배운 것을 넘어서서, 이전에 있었던 것을 토대로 더 나아가 수행을 한 것이다. 전해 오는 이야기에 따르면 그는 어느 날 자신을 스쳐 간 승려의 맑고 평화로운 얼굴에서 영감을 얻었다고 한다.

거의 모든 과학자에게는 자신의 멘토나 특정 시기에 자신과 다른 새로운 방식으로 사물을 심오하게 보고 의문을 던지도록 영감을 주었던 사람들이 있다. 제임스 클러크 맥스웰(James Clerk Maxwell)은 19세기 물리학의 가장 위대한 업적 중 하나인 '맥스웰 방정식'을 내놓았는데, 그도 자신보다 앞섰던 마이클 패러데이의 연구를 검토하고 그의 업적 위에서 자신의 노력을 이어 갔다. 네 개의 기본적인 방정식으로 공간 속의 전자기장을 정확하게 설명하는 놀라운 통찰에 이르기 위해, 맥스웰은 우선 기계적 모델에 비유하였다. 그것은 이전까지는 한 번도 육안으로 관찰되지 않았던 전기와 자기라는 신비로운 무형의 힘이 어떻게 실제로 연관되어 있는지를 스스로에게 설명하기 위한 모델이었다. 비록 그 모델은 완전히 틀린 것으로 드러났지만 그것은 일종의 발판 역할을 하여 그가 이해하고자 했던 힘의 본질에 대한 진정한 통찰에 이르는 데 도움을 주었다. 그가 자신이 세웠던 생각의 발판에 올라 도달한 네 개의 방정식은 완전히 정확하고 완벽했다.

맥스웰은 현명하게도 그 기계적 모델을 발표하지 않았다. 그는 그 모델을 유용하게 활용했으며 충분히 목적을 이루었다. 보이지도 않고 만져지지도 않는 전자기장의 법칙을 드디어 설명한 것이었다. 이제 그 발판은 더 이상 중요하지 않았다.

명상에서도 마찬가지다. 우리의 몸과 마음 그리고 우리가 사는 세상을 이해하는 데 있어서 자신에게 동기를 부여하고 도움을 받기 위해 우리도 스스로 만들었거나 앞선 사람들이 만든 다양한 발판을 잘 활용할 수 있다. 그러나 우리가 인지하고 물려받은 모델을 넘어서 지침과 말, 개념이 가리키는 것을 직접 경험하는 시점에 이르면, 우리는 더 잘 보기 위해 만들었던 그 발판을 넘어서야 한다.

명상에 대한 열의와 자신의 근본적인 가치와 본질적인 선함에 대한 깊은 믿음이 명상이라는 모험을 하는 데 매우 중요하긴 하지만, 아주 드문 경우를 제외하고는 가끔 또는 심지어 몇 년을 규칙적으로 하더라도 '명상을 하기 위해' 앉아 있는 것만으로는 통찰력과 변화, 자유가 일어나지는 않을 것이다. 물론 우리는 노력을 할 때 맥락을 고려할 필요가 있지만, 틀이나 맥락에 수반되는 이야기 속에 빠져들지 않아야 한다.

그러한 명상에 대한 이야기에는 정해진 목적지에 대한 생각도 포함된다. 이미 우리가 현재 순간에 대한 중요성과 그것이 이미 여기 있으므로 우리가 가야 할 다른 '장소'는 없다는 것에 대한 깨달음을 통해 살펴본 것처럼 명상에서 가장 중요한 것은 여정 자체다. 과학에서 발견하고자 하는 것 역시 우리가 그것을 보고 알고 묘사하고 실험하고 확인하고 이해하기 전에 항상 여기에 있었던 것처럼, 명상을 통해 우리가 이르고자 하는 목적지는 언제나 '여기'다. 미켈

란젤로가 주장했던 것을 기억해 보자. 그는 단지 커다란 대리석 덩어리에서 제거할 필요가 있는 것을 제거했을 뿐이라고 말했다. 그것은 심오한 예술가의 눈으로 '본' 형상을 드러낸 것일 뿐, 어떤 의미에서는 처음부터 거기 있던 것이다. 그러나 실제적인 작업 없이는 우리 마음과 가슴의 영역에서 드러나기 위해 여기 있는 것이 무엇이든, 비록 그것이 이미 여기 있음에도 불구하고 우리에게는 불확실하고 소용없는 채로 남게 될 것이다. 그것은 단지 가능한 '여기'일 뿐이다. 왜냐하면 그것이 실제로 드러나기 위해서는 우리가 그 가능성을 드러내는 과정에 참여해야 하고, 그 과정 자체에 의해 우리 자신이 변화하고 변모될 의지가 있어야 하기 때문이다.

이러한 이유로, 비록 어떤 사람들은 "지도는 영토가 아니다(The map is not the territory)."를 진부한 표현이라 할지 모르지만 이 말을 중요하고도 날카로운 지적임을 유념하면서, 명상을 시작할 때 우리가 앞으로 탐험하고자 하는 영토에 대한 지도를 갖는 것은 확실히 도움이 된다. 인간으로서의 우리 경험과 마음의 내면적·외면적 영역은 사실상 한계가 없다. 명상 수련에서 우리가 나아가야 할 방향을 일러 주는 지도가 없다면, 우리는 단 한순간도 명료함과 평화로움 그리고 우리 자신의 억압적인 생각과 견해와 욕망으로부터의 해방을 맛보지 못한 채 오랫동안 제자리에서 맴돌지도 모른다. 우리의 방향을 잡아 줄 지도가 없다면, 우리는 방금 말한 것, 즉 명상을 통해 특별한 결과를 만들어 낼 것이라는 기대를 이상화한 채 지금 이곳이 아닌 '다른 어딘가에 도달해야' 하고 명료함이나 평화 혹은 자유를 얻어야만 한다는 환상과 자기기만에 빠지게 될지도 모른다. 그러나 매우 역설적으로, 이것은 우리가 이르러야 할 특별한 장소, 도달해야만 하는 특별한 상태가 정말로 존재하는 것처럼 들리기도 한다. 그러한 장소, 그러한 상태는 존재하기도 하고 존재하지 않기도 한다. 그렇기 때문에 우리는 지도를 가질 필요가 있고, 우리보다 앞서간 사람들의 조언을 따를 필요가 있을지도 모른다. 비록 그 조언 중 몇몇은 지도도 방향도 없고, 비전도, 변화도, 성취도, 얻을 것도 없다고 분명히 선언하고 있지만 말이다. 아니, 그렇기 때문에 더 그런 조언을 따를 필요가 있을지 모른다. 게다가 이상하게 들릴지 모르지만, 명상을 하고자 하는 동기까지 살펴보아야 한다. 명상 수련 과정에서 뜻하지 않게 우리 자신과 타인에게 해를 끼칠 수 있는 공격적이고 성취적이며 애쓰는 태도를 가지고 잘못된 길로 가지 않기 위해서다.

혼란스러운가? 문제가 될 것은 없다. 당신이 지금부터 걸어가려는 길에 대해, 그리고 그 길에서 마주치게 될 예상하지 못한 일에 대해, 과거에 그 길을 걸었고 그들 나름대로 무한과의 짧은 조우의 순간에 그 지도를 만든 사람들이 알려 주는 바를 어느 정도 아는 것으로 충분하다. 그렇게 우리는 자신의 운이나 선한 의도, 순간의 판단에 의지하기보다 다른 사람들이 에베레스트와 같은 산에 어떻게 올랐는지 아는 것이 도움이 된다. 그렇게 우리는 장비뿐만 아니라 다른 사람의 경험에서 나온 정보와 지식 그리고 지도를 갖추고 그것을 넘겨줄 정도까지 될 필요가 있다. 아니 적어도 직관할 수 있는 정도까지 자신의 타고난 지혜를 갖추는 것이 필수적이다. 그렇지 않으면 스스로 착각해서 산 위에서 너무 쉽고 무모하게 죽을 수도 있다. 자신을 지지하는 발판이 아무리 충분해도 그 속에서 살아남는 것은 결코 쉽지 않다. 그리고 여행에서 살아남아 산에 도착하는 데 필요한 온갖 세부 사항 때문에 그곳에 있는 동안 자신과 산의 경이로운 아름다움과 현존의 충만함 속으로 들어가지 못하는 일이 있어서도 안 될 것이다.

심지어 길을 잃는 것도 문제가 되지 않는다. 사실 길을 잃는 것도 여행의 중요한 일부이며, 가장 좋은 지도를 있더라도 우리는 길을 잃을 수 있다. 길을 잃고 혼란에 빠지며 심지어 실수하는 것까지도 모두 배우는 과정에서 필연적으로 일어나게 된다. 이것이 우리가 탐험하고자 하는 영역을 자신의 것으로 만들고, 그 영역을 직접적으로 알게 되는 방법이다.[9]

* * *

명상 수련은 항상 특정한 종류의 발판이 필요한데, 특히 초기에는 명상의 지침이나 다양한 방법과 기법의 형태로 나타난다. 그러나 이는 실제로 항상 너무나도 당연하게 보여서 더 이상 자신의 '의도'나 '시도' '상기시켜 주는 것'이 필요하지 않은 것처럼 보일 수도 있다. 또한 그러한 발판에는 고요함 속에 머물며 자신의 능력, 자기 마음의 본질을 깊이 들여다보고, 지금 바로 이 순간과 자신에게 나타나는 모든 순간에 알아차림의 해방적 차원을 깨닫는 능력을 연마하는, 그런 기묘한 평생의 모험을 감행하는 더 큰 맥락도 포함되어 있다.

건물을 짓기 위해서는 발판이 필요한 것처럼 미켈란젤로와 그의 제자들이 시스티나 성당의 천장에 벽화를 그리기 위해서 발판이 필요했던 것처럼, 들숨과 날숨, 이 몸, 이 순간에 명상이라는 내면 작업의 본질로 다가가기 위해서는 일정한 틀이 필요하다.

그러나 건물이 다 지어지거나 천장화가 완성되고 나면 발판은 건축의 본질이 아니므로 곧 철거된다. 발판은 더 이상 건축을 발전시키기 위해 필요하거나 유용한 수단이 아니기 때문이다. 마찬가지로 명상에서도 지침과 틀을

9) 주제에 대한 자세한 내용은 Kabat-Zinn, J. 「MBSR의 기원, 숙련된 수단 및 지도와 관련된 문제」를 참조. Williams, J. M. G., Kabat-Zinn, J. (Eds). 『마음챙김: 그것의 의미, 기원 및 응용에 관한 몇 가지 성찰』(London: Routlete, 2013). pp. 281-306.

위해 쓰인 그 발판도 철저히 해체되어, 만질 수도 말할 수도 없는 오직 본질만 남게 된다. 그 본질은 생각이 일어나기도 전에, 발판 너머 혹은 그 아래에 있는 깨어 있음 그 자체다.

흥미로운 것은 명상에 있어서 발판이 매 순간 필요한 것과 마찬가지로 매 순간 해체되어야 한다는 것이다. 발판은 시스티나 성당과 같은 위대한 작품을 완성하고 나서가 아니라 매 순간 해체되는 것이다. 이것은 발판이 필요하고 중요하기는 하지만 여기에 집착하지 않고 단지 발판이라는 것을 앎으로써 매 순간 발판을 세우고 해체하는 것이 이루어진다. 시스티나 성당의 경우, 수년에 걸쳐 보수나 복원 또는 미세한 조정을 위해 발판을 보관하고 다시 설치할 필요가 있을지 모른다. 그러나 명상의 경우, 걸작은 항상 진행되고 있으며 동시에 삶 자체처럼 매 순간마다 완성된다.

또 달리 표현하면, 적절한 명상 지침은 티베트인들이 말하는 소위 명상 아닌 명상(non-meditation) 속으로 들어가는 출발점 역할을 한다. 비록 명상 지침이 처음에는 신비하고 모호한 장비로서 나중을 위해 기억하는 단순한 참고사항일 뿐이지만 말이다. 명상을 하고 있다는 그 생각 자체도 발판일 뿐이다. 그러한 발판은 명상 수련을 목표로 삼아 지속하는 데 도움이 되지만, 그것을 통해 실제로 수련을 하는 것 또한 중요하다. 자리에 앉아 알아차림 안에 머물며 어떤 방법으로든 수련할 때, 발판과 수련이라는 개념적인 마음과 그것이 끝없이 지어내는 이야기를 넘어 발판과 수련은 매 순간 동시에 작용한다. 특히 명상에 관한 이야기에서는 더 그렇다고 말할 수 있다.

이 책뿐만 아니라 명상에 관한 모든 책, 모든 명상의 가르침, 계보와 전통, 이런 것들이 아무리 존경할 만해도 모든 명상 CD, 다운로드한 파일, 앱, 팟캐스트와 다른 수련 보조 장치들 또한 기본적으로 단지 발판일 뿐이다. 다시 말해 그것은 어디를 보아야 할지뿐만 아니라 알기 위해 보아야 할 것이 있다는 것을 상기시키기 위해 달을 가리키는 손가락이다. 우리는 발판이나 손가락에 시선을 고정할 수 있고, 아니면 가리키는 대상을 직접 이해하기 위해 다시 초점을 맞출 수도 있다. 선택은 항상 우리가 내리는 것이다.

명상과 만나기 시작할 때부터 이 사실을 알고 기억해 두는 것은 매우 중요하다. 그렇게 함으로써, 아무리 매력적이고 만족스러운 것으로 보일지라도 우리 자신을 단지 관념적이고 이상적인 것, 또는 특정 지도자와 가르침, 명상의 방법론이나 지침에 매달리지 않을 수 있다. 명상에서 알아차림하지 못하는 것의 위험은 다른 어느 순간도 아닌, 우리가 깨달아야 하는 유일한 순간에 우리가 실제로 누구이고 무엇인지 깨닫지 못한 채 명상에 대한 그럴듯한 이야기를 지어내어 거기에 빠져 버리는 것이다.

윤리와 업

지금까지 이야기한 발판도 튼튼한 토대를 필요로 한다. 만약 발판을 모래나 흙, 진흙 위에 세운다면 쉽게 무너져 버리고 말 것이다.

마음챙김 수련과 모든 명상적 탐구와 탐색의 토대는 윤리와 도덕, 그중에서도 다른 존재에게 해를 끼치지 않겠다는 동기에 있다. 왜 그런가? 그 이유는 만약 당신이 명상에서 이용하는 도구, 즉 당신의 마음이 당신의 행동으로 인해 계속해서 흐려지고 동요하고 불안정해진다면, 당신은 자신의 마음을 앎의 도구로 사용하여 사물의 표면 아래 있는 실재를 지각하지 못하는 것은 물론, 자신의 몸과 마음의 고요함과 평온함도 알 수 없기 때문이다.

우리는 어떤 점에서든 도덕적이지 못하거나 정직하지 못하고 거짓말을 하거나 남의 것을 훔치고 생명을 죽이거나 다른 존재에게 해를 입힐 때(잘못된 성행위를 포함하여), 남에 대해 험담을 하거나 불행과 고통에서 벗어나기 위해 술이나 마약 같은 약물을 남용하여 마음을 자극하거나 둔하게 만들고 오염시킬 때, 그 결과는 우리가 알든 모르든 자신과 상대를 배려하든 그렇지 않든 언제나 다른 사람들과 우리 자신에게 말할 수 없이 파괴적인 해를 끼친다. 그러한 행동의 결과는 확실히 마음을 흐리게 하고 고요함, 안정감, 명료함 그리고 그것에 따라오는 깊이 볼 수 있는 생생한 인식을 방해하는 여러 부정적 에너지로 마음을 채운다. 그런 행동은 우리 몸에도 해를 끼친다. 그래서 우리 몸은 만성적으로 수축되고 긴장하며, 공격적·방어적 상태가 되며, 분노와 두려움,

동요, 혼란의 감정으로 채워져 궁극적으로는 소외되고 슬픔과 회한으로 가득 차 버린다.

　이러한 이유만으로도 우리가 삶을 실제로 어떻게 살아가고 어떤 행위를 하고 있으며, 실제 행동이 어떤지 살펴보고, 세상 속에서 그리고 마음속에서 우리의 생각과 말, 행동이 어떤 영향을 미치고 있는지 자각하는 일이 중요해진다. 만약 우리가 삶 속에서 계속 동요하며 자신과 다른 사람에게 해를 끼치고 있다면 명상 수련에서 만나게 되는 것도 그러한 동요와 해로움일 것이다. 왜냐하면 우리가 일상생활에서 키우고 있는 것이 바로 그런 것들이기 때문이다. 만약 우리 마음이 어느 정도 평화를 원한다면, 그런 해로운 성향과 행동에 더 이상 힘을 실어 주는 일을 그만두고 그렇게 함으로써 이로움을 얻는다는 것은 상식적이다. 이렇게 해로운 충동을 인식하고 그로부터 일정한 거리를 두겠다는 의지를 드러내는 것만으로도 우리는 건강하지 못한[불교에서 '불선(unwholesome)'이라고 부르는], 파괴적인 마음 상태와 행동이 보다 건강하고, 선하며(wholesome), 덜 가려진 마음과 몸의 상태가 될 수 있다.

　관대함, 신뢰, 친절, 공감, 연민, 감사, 타인의 행운에 대한 기쁨, 포용, 수용, 평정심 등은 세상에 주는 이로운 영향은 말할 것도 없고, 우리 내면이 행복하고 명료해질 가능성까지 키워 주는 마음의 자질이다. 이러한 마음의 자질이야말로 도덕적이고 윤리적인 삶의 토대를 형성한다.

　탐욕, 어떤 상황에서든 자기에게 주어지지 않은 것을 자기 것으로 취하려는 시도, 타인에 대한 불신과 부정직, 부도덕하고 비윤리적이며 잔인하고 악의로 가득 차는 것, 분노와 두려움에서 타인을 무시하고 자기중심적으로 행동하는 것, 혼란과 동요, 오만, 중독에 빠지는 것 등은 그것이 세상에 일으키는 해로운 효과는 말할 것도 없고 우리가 내적인 만족, 평정심, 평화로 이어지는 삶을 살기 어렵게 만드는 마음의 자질이다. 그러나 마음챙김은 우리가 이러한 부정적인 마음의 자질을 단지 부정하거나 억압하지 않고 그것들에 계속해서 출구를 만들어 주며 현명하게 다루도록 해 준다. 그러한 부정적인 마음의 에너지가 우리를 찾아올 때 우리는 다만 그것들에 압도당하기보다 알아차림으로 그것들을 살펴보고 그것들로부터 우리 고통의 근원에 대해 배울 수 있다. 또 우리의 태도와 행위가 지신과 타인에게 미치는 실제적이고 직접적인 영향도 느끼고 알 수 있다. 나아가 이러한 마음 상태 자체가 우리의 명상 스승이 되도록, 또 어떻게 삶을 살아야 하는지 혹은 어떻게 살지 말아야 하며 행복이 어디에 있는지, 지금 이외의 곳에서는 결코 행복을 발견할 수 없다는 것을 알도록 해 준다.

동양에서 '업(karma)'이라고 하는 것은 기본적으로 현재의 우리 행동이 시간과 공간에서 어떻게 우리와 주변 사람들에게 일어날 일에 영향을 미치는지에 대한 신비스러운 개념이다. 인과응보라는 업의 법칙은 우리가 과거에 무엇을 했든 필연적으로 지금 여기에서 결과를 맺는다고 말하고 있으며, 어떤 것은 눈에 쉽게 띄고 어떤 것은 그렇지 않으며, 또 어떤 것은 이해가 가능하고 어떤 것은 그렇지 않거나 또는 도저히 받아들일 수 없는 것도 있다. 모든 것은 우리의 원래 동기와 의도, 그 행동을 일으켰던 마음의 자질에 의해 만들어지는 것이다. 그것은 물론 흔히 일어나는 일이지만 우리의 특정한 행동과 말의 이면에 어떤 동기가 있는지 스스로도 알지 못할 때가 있다. 그것은 우리가 그 순간, 동요하는 마음 상태에 푹 빠져 버려 자신이 무엇을 하고 있는지도 알지 못하기 때문에 일어나는 일이다.

과거는 이미 지나갔을지 모르나 우리는 과거에 일어난 일이 누적된 영향을 지니고 살아간다. 여기에는 과거의 결정과 선택에 대한 후회나 방지하거나 통제할 수 없었던 일에 대한 억울함이 포함되어 있다. 그러나 적절한 노력과 지원과 발판으로 최선을 다해 마음을 챙기며 현재 순간으로 되돌아옴으로써, 그리고 해롭고 파괴적인 몸과 마음의 상태에서 보다 건전한 상태로 옮겨 가고자 하는 의도를 드러냄으로써 우리는 업을 변화시킬 수 있다. 외적인 행동의 기초가 되는 동기를 알아차리고, 또한 생각과 말을 통해 마음과 몸에서 표현되는 내적 행동을 알아차리면서 우리의 업을 긍정적인 방향으로 바꿀 수 있다. 시간이 흐르면서 동기에 대한 그런 알아차림을 지속함으로써, 그리고 자애로운 동기를 키우고 불선한 동기 혹은 순전히 무자각 때문에 생기는 반응적 행동을 적극적으로 피함으로써, 다시 말해 삶의 원칙적인 것에서만이 아니라 매 순간 자신의 내면과 외면에서 윤리적이고 도덕적인 삶을 적극적으로 사는 데 헌신함으로써 우리는 심오하고 지속적인 변화와 치유를 위한 토대를 준비할 수 있다. 윤리적 토대 없이는 변화도 치유도 제대로 뿌리내리기 어렵다. 마음이 동요하고 검증되지 않는 조건화와 자기망상, 파괴적 감정에 사로잡혀 있다면 우리 안의 가장 심오하고, 가장 좋고, 가장 건강한 것을 기르는 적절한 토양을 제공하기는 어려울 것이다.

결국, 우리 각자는 자신의 행동과 그 결과에 도덕적으로 마땅히 책임을 져야 한다. 제2차 세계대전에서 나치가 자행한 반인륜적인 범죄와 베트남 전쟁에서의 미라이(My Lai) 대학살, 보스니아 스레브레니차(Srebrenica) 학살 사건에서 국제 전범 재판소는 우리의 인간성을 보전해야 하는 책임은 결국 온전히 우리 각자에게 있다는 사실을 항상 발견해 왔다. 우리가 사회에서 어떤 지위에 있건 말이다. 심지어 군대에서도 명령에 불복해야 하는 경우가 있다. 베트남 미라이에서 대학살이 진행되던 중 상공을 비행하고 있던 정찰 헬리콥터 조종사 휴 톰슨 주니어는 마을에서 일어나고 있는 일을 목격하자 마을 한가운데 헬리콥터를 착륙시킨 뒤 자신의 부하들에게 마을의 여자와 아이들, 노인들을 학살

하고 있던 미군들을 향해 사격할 것을 명령했다.

결국, 부도덕하고 비윤리적인 행위에 직면하여 인간적 선량함과 친절의 편에 설 수 있는 것은 우리 한 사람 한 사람의 개인이다. 때로 이 25세의 공군 장교와 두 명의 동료가 취한 것 같은 극적인 행동을 해야 할 수도 있다. 또 어떤 때는 전혀 눈에 띄지 않더라도 윤리적으로 행동해야 하는 경우도 있다. 그것을 다른 사람이 영원히 모르더라도 말이다. 혹은 자신의 양심에 떳떳하기 위해 시민 불복종의 형태를 취할 수도 있다. 스스로 부도덕하거나 해롭다고 생각하는 정치 공동체 내의 특정 행동이나 정책, 법률에 저항하기 위해 법을 공개적으로 위반하여 공중의 관심을 끌고 자신의 행동에 대한 법적 책임을 기꺼이 지겠다고 하는 경우도 있을 수 있다.

간디와 마틴 루터 킹 주니어는 당시 만연했던 조직화된 잔혹 행위와 불의에 맞서 인권이라는 대의명분을 수호하기 위한 비폭력 시민 불복종 운동을 전개했다. 그러한 도덕적 저항자들은 당시의 정부나 방관자들에게는 문제아로, 법과 질서를 무시하는 사람으로, 심지어 국가의 적으로 간주되었다. 그러나 그들은 국가의 적이 아니라 애국자라고 하는 것이 보다 정확할 것이다. 그들은 오직 자신의 양심의 지혜에 귀 기울이고 그것을 신뢰하면서 기존의 것과 다른 북소리에 맞춰 행진하는 불의와 맞서 싸우는 사람들이라고 해야 할 것이다. 그들의 도덕적 현존은 보다 큰 진리를 목도하고 있다. 한 세대도 지나지 않아 그들은 존경을 받았으며 심지어 성인으로 추앙받는다는 사실에 주목하라.

그러나 대개 세상을 떠나거나 심지어 살해당한 사람들의 도덕성과 윤리를 추앙하는 지금 이 순간에 그러한 도덕성과 윤리를 우리 스스로 구현하는 것은 더 어렵다.

궁극적으로 도덕과 윤리는 영웅과 지도자, 두드러진 사건에 관한 것이 아니다. 그것은 우리가 매 순간 삶을 살아가는 일상적이고 순간적인 방식에 관한 것이며, 친절함과 관대함, 연민, 신의를 위해 마음의 가장 깊은 자원을 끌어내는 것이 가장 필요할 때, 오히려 탐욕과 증오, 망상으로 몰아가는 마음의 성향에 어떤 태도를 취할 것인가에 관한 것이다. 이러한 마음의 자원은 우리가 크리스마스 이브에만 느끼는 감상적인 감정이 아니라 진정으로 살아가는 방법, 그 자체로 수련이어야 한다. 그것은 또한 치유와 변화, 명상과 마음챙김을 통하여 우리가 실현할 수 있는 가능성의 토대인 것이다.

　이러한 문제를 명상 수련의 처음부터 어떤 식으로든 제기하는 것은 좋은 생각이지만, 또한 그것은 대부분 설교처럼 들리는 도덕적인 미사여구로 빠지기도 쉽다. 그리고 그러한 설교는 사람들의 마음속에 '그러한 가치를 주장하는 사람들은 실제로 그러한 가치에 충실하게 살고 있는가?'라는 정당한 의문을 불러일으킨다. 왜냐하면 몇몇 명상센터를 비롯하여, 종교 지도자나 정치인, 치료사, 의사 혹은 법률가 같이 권위를 가진 사람들이 오히려 자신들이 전하는 계율과 직업 윤리강령을 어기는 경우가 비일비재하기 때문이다. 직장에서 이런 윤리강령을 종종 무시할 수 있는데, 그곳에서는 권력의 남용이 당연한 것이 되기도 한다. 예를 들면, 만연해 있던 성적 위법 행위가 밝혀지고 마침내 여성들이 할리우드의 거물, 영화배우, 방송계의 중역과 전문가들의 이름을 거론하는 일도 있었다.

　스트레스 완화 클리닉에서 MBSR을 가르치는 가장 효과적이고 확실한 맥락은 열린 마음과 신뢰감, 관대함, 친절함을 우리 수련의 필수적인 부분으로 최선을 다하여 구현하는 것이다. 그리고 우리가 살고 가르치고 행동하는 방식에 있어서, 도덕과 윤리에 관한 명시적인 대화는 참가자들이 명상 수련 자체, 즉 삶 그 자체에 관한 각자의 체험을 공유하는 대화 속에서 자연스럽게 일어나도록 하는 것이다. 다른 존재에게 해를 입히지 않는 태도를 갖추고 자신의 반응적이고 파괴적인 마음 상태와 습관을 명확하게 보는 것은 명상 지침의 중요한 일부로, 우리가 수련을 하면서 그것에 주의를 기울인다면 권력 차이를 알아차리지 못하는 상태, 타인에 대한 암묵적이고 인정되지 않은 가정, 인식하지 못하는 특권을 포함하여 누구나 특정한 생각의 흐름과 행위의 이익, 그리고 그와 다른 생각과 행위의 위험성에 대해 더 많이 자각할 수 있을 것이다.

윤리와 도덕은 현란한 말이 아니라 실제 우리의 삶을 통해 터득해야 하는 무엇이다. 그리고 어떤 면에서는 의심할 여지없이 스스로 보고 느끼고 경험하겠지만, 윤리와 도덕은 우리의 행동과 말, 심지어 생각과 얼굴 표정이 어떤 것이든 간에 우리의 안밖으로 미치는 영향을 매 순간, 매 호흡 그리고 매일 직접적으로 보고 느끼는 것(우리 자신을 인식하는 것)이라는 의미에서 마음챙김을 길러 나갈 때 처음부터 내재되어 있다고 할 수 있다.

마음챙김

지금까지 마음챙김에 관한 많은 이야기를 했는데, 그렇다면 과연 마음챙김이란 무엇인가?

불교학자인 냐나포니카 스님(Nyanaponika Thera)은 마음챙김에 대해 다음과 같이 말하였다.

> 마음을 알기 위한 변함없는 마스터키이자 시작점이며, 마음을 만들어 가는 완벽한 도구이자 초점이다. 또한 마음이 자유를 성취한 것에 대한 고귀한 표현이자 정점이다.

이는 본질적으로 주의를 기울이고 깨어 있는 것에 관한 마음챙김에 대한 적절한 설명이다.

마음챙김이란 특정한 방식, 즉 가능한 한 비반응적이고 비판단적으로, 그리고 열린 가슴으로 주의를 기울임으로써 길러지는 현재 순간의 비판단적 알아차림이라고 할 수 있다. 비판단적이라는 것은 어떠한 판단도 하지 않는다는 것을 의미하지 않는다. 반대로 그것은 당신이 수없이 판단하고 있지만 그것들이 무엇인지, 즉 모든 종류의 선호, 판단, 좋아하는 것, 싫어하는 것, 욕구, 혐오에 대해 더 인식하는 경향이 있음을 아는 것을 의미한다. 그러므로 비판단적이 된다는 것은 일이 얼마나 진행되는지 알아차리면서, 가능한 한 최선을 다해 의도적으로 판단을 멈추는 것이다.

마음챙김을 의도적으로 키울 때 우리는 그것을 '의도적인 마음챙김 (deliberate mindfulness)'이라고 하고, 자연스럽게 마음챙김이 일어난다면(의도적으로 연습하면 할수록 더 자연스럽게 일어날 수 있다.) 그것을 '자연스러운 마음챙김(effortless mindfulness)'이라고 할 수 있다. 그러나 어떤 방식으로 마음챙김에 이르건 간에 모두 마음챙김이라고 할 수 있다. 그것은 깨어 있는 것이고 순수하며 단순하다. 그것은 알아차림이며 가슴이 열린 현존이다.

전 세계 각지에서 오랜 세월에 걸쳐 발전되어 온 다양한 명상적 지혜의 전통 가운데 마음챙김이야말로 가장 근본적이고 가장 강력하며 가장 보편적이고 가장 쉽게 체득하여 누구나 해 볼 수 있는, 오늘날 우리가 가장 절실히 필요로 하는 것이다. 왜냐하면 마음챙김이란, 지금 일어나고 있을 때 실제로 무슨 일이 일어나고 있는지 아는, 우리가 이미 가지고 있는 능력 이외의 다른 것이 아니기 때문이다. 위파사나 지도자인 조셉 골드스타인(Joseph Goldstein)은 마음챙김을 "판단이나 개입도 하지 않고 현재 있는 그대로 알아차리는 마음의 자질이며, 그 앞에 무엇이 나타나더라도 그대로 비추는 거울과 같다."라고 설명한다. 또 다른 위파사나 지도자인 래리 로젠버그(Larry Rogenberg)는 마음챙김을 "마음이 관찰하는 힘, 수련자의 성숙도에 따라 변하는 힘"이라고 말한다. 여기서 우리는 마음챙김이 거울이라면, 그것은 그 범위 안에 무엇이 있든지 '비개념적으로(non-conceptually)' 아는 거울이라고 할 수 있다. 그리고 2차원의 거울을 넘어 마음챙김은 일종의 전자기장, 앎의 장(a field of knowing), 알아차림의 장(a field of awareness), 비어 있음의 장(a field of emptiness)이라고 할 수 있다. 그것은 마치 본질적으로 비어 있는 거울이, 그 앞에 서는 것은 무엇이든 '담을' 수 있는 것과 마찬가지다. 알아차림은 무한하다. 적어도 내면적으로는 우주 그 자체처럼 중심도 없고, 주변도 없이 무한하다.

마음챙김이 마음의 타고난 자질이라고 하지만, 그것은 또한 체계적인 수련을 통해 다듬어져야 하는 것이다. 그리고 우리 대부분에게 마음챙김은 수련을 통해 다듬어져야 한다. 우리는 주의를 기울이는 우리의 타고난 능력을 발휘하는 데 있어서 우리가 실제로 얼마나 쉽게 거기에서 벗어나는지 이미 살펴보았다. 명상이란 바로 그 능력을 계발하려는 것이다. 다시 말해, 명상이란 체계적이고 의도적으로 마음챙김을 키워 나가며 그를 통해 분별력, 지혜, 연민 그리고 자신의 끈질긴 맹목과 망상이라는 족쇄로부터 자유로워지는 데 필요한 마음의 자질을 계발하려는 것이다.

우리가 마음챙김이라고 부르는 주의의 태도를 냐나포니카 스님(Nyanap-onika Thera)은 '불교 명상의 정수(The heart of Buddhist meditation)'라고 말했다. 마음챙김은 붓다의 모든 가르침의 중심이자, 중국, 한국, 일본, 베트남의 다양한 선(禪) 전통에서부터 미얀마, 캄보디아, 태국, 스리랑카 등의 다양한 위파사나 전통 그리고 인도, 티베트, 네팔, 라다크, 부탄, 몽골, 러시아의 티베트 불교(밀교)에 이르기까지 모든 불교 전통의 중심이라고 할 수 있다. 그리고 이들 종파와 그들에게 수반되는 전통은 서구문화에 확고한 뿌리를 내리고 번성하고 있다.

이런 다양한 가르침이 지난 두 세대 동안 서구에 소개된 것은 붓다의 입멸 이후 수 세기 동안 인도에서 출현하여, 이런 다양한 형식을 통해 아시아 전역에 전파되고, 또한 수백 년 동안 그 가르침이 쇠퇴했던 인도로 비교적 최근에야 되돌아온 가르침의 역사적 확장이라고 할 만한 것이다.

도구적 관점에서 엄격하게 말하면, 마음챙김을 계발하면 우리는 타고난 알아차림에 확실히 다가갈 수 있다. 우리가 연마하고 있는 것은 알아차림 그 자체보다 알아차림에 다가가는 것이다. 우리가 매 순간 비판단적으로 주의를 기울일수록 알아차림 자체에 머무를 수 있고, 알아차림에 대해 깨어 있을 수 있다. 동시에 도구가 아닌 관점에서 보면 마음챙김과 알아차림은 이미 동일하다. 개발할 필요가 없다. 역설적이게도, 우리는 이미 찾고 있거나 계발하려고 하는 것을 이미 가지고 있는 것이다. 아이러니하게도 필요한 것은 우리 자신의 방식을 벗어나는 것뿐이다. 이후로 우리는 도구적·비도구적 요소 자체가 분리된 것이 아니라 더 큰 전체성의 상호보완적인 측면이라는 것을 인식하면서, 마음챙김과 알아차림이라는 단어를 동의어로 사용할 것이다. 게다가 주의를 기울이거나 알아차림하는 것에는 특히 불교적이라고 할 요소는 없기 때문에, 마음챙김의 본질은 수련으로나 알아차림 자체의 동의어로나 모두 실로 보편적이다. 그것은 어떤 이데올로기, 신념 또는 문화보다도 인간의 마음의 본질과 더 관련이 있다. 그것은 특정 종교나 철학, 혹은 관점이 아니라, 이미 관찰한 바와 같이 지각(senntience)이라고 부르는 것을 아는 능력과 더 관련이 있다. 마음챙김은 결국 존재의 한 방식이다. 그것은 기술이나 철학, 교리주의가 아니다.

다시 거울의 비유를 들자면, 거울이 크든 작든, 깨끗하든 아니면 먼지로 뒤덮여 흐리거나 세월에 바랬든, 어떤 풍경도 담을 수 있다는 것이 거울의 가장 주요한 덕목이다. 그러므로 마음챙김이라는 거울을 똑같이 유효한 다른 내적·외적 풍경을 제외시킨 채 하나의 특정 풍경에 한정할 필요는 없다. 앎에는 여러 가지 방법이 존재하고 마음챙김은 그 모든 것을 포괄한다. 마치 진리는 하나이지만 진리를 이해하고 표현하는 방식은 시공간에 따라서, 그리고 다양한 문화적 조건과 지역에 따라서 달라질 수 있는 것처럼 말이다.

그러나 마음챙김을 거울에 비유하는 것이 때로 매우 유용할 때도 있지만 어떤 면에서 보자면 제한된 비유라고 할 수 있다. 왜냐하면 거울에 비치는 이미지는 원래 모습에서 언제나 뒤집혀 있기 때문이다. 거울을 통해 바라보는 당신의 얼굴은 세상 사람들이 실제로 보는 당신의 모습이 아니라 그것의 거울 이미지다. 거울 이미지는 왼쪽이 오른쪽, 오른쪽이 왼쪽이 된다. 그것은 사물을 있는 그대로 반영하는 것이 아니므로 그것은 단지 있는 그대로를 반영한다는 환상에 불과하다.

거의 모든 현대와 고대의 문화권에서 마음챙김이 가치 있게 평가받는 것은 그 이름 때문이 아니라 마음챙김이라는 마음의 자질 때문이다. 정말로 우리의 삶과 존재 자체는 거울로서의 마음의 명료함과 있는 그대로의 것을 충실히 반영하고, 수용하며, 마주치고, 이해하는 마음의 정련된 능력에 달려있다고 할 수 있다.

예를 들어, 인류의 오랜 조상은 매 순간 자신들이 처한 상황에 대한 즉각적이고 정확한 판단을 내려야 했다. 어느 순간에도 그렇게 할 수 있는 그들의 능력은 개인으로서, 그리고 전체 공동체로서 생존하느냐 아니면 절멸하느냐 하는 문제를 좌우했다. 그러므로 오늘날 지구상에 있는 모든 사람은 오직 세대를 거쳐 생존한 조상의 자손이다. 실시간으로 무엇이 일어나고 있는지 알고, 그에 의존하고 그에 따라 행동해야 한다는 것을 즉각적으로 아는 마음은 진화적으로 볼 때 분명히 이점을 갖고 있었다. 만약 그러지 못하고 마음의 거울에 문제가 있었던 조상은 자신들의 유전자를 후대에 전하는 데 필요했던 결정을 효과적으로 내리지 못했을 것이다. 이런 방식으로 생존에 영향을 주는 어떤 문제에서든, 감각의 문을 통해 들어오는 모든 메시지를 즉각적으로 인지하고 정확하게 반영할 줄 아는 선명한 거울(clear mirror)

을 선택하는 데는 확실히 장점이 있다.

우리는 그렇게 계속해서 스스로를 다듬어 가는 선택 과정을 계승했다. 그러한 의미에서 우리 모두는 평균 이상인 존재다. 아니 어쩌면 평균보다 훨씬 뛰어난 존재일지 모른다. 멈춰서 생각해 보면 정말 놀라운 존재들이다.

수 세기에 걸쳐 우리는 모두 정교하게 세밀히 조정된 알아차림과 통찰력을 타고 났다. 우리 조상은 타고난 이 보편적 능력을 오랜 세월에 걸쳐 탐험하고 그 지도를 그리고 보존하고 개발하고 정련해 왔지만 원시 수렵·채집 사회가 되면서 더 이상 탐구되지 않았으며, 슬프게도 선사시대의 조상들이 세상에 대해 알고 있던 모든 것이 농업과 노동의 분화, 선진기술 같은 인류 역사의 '성공적' 흐름으로 인해 이 능력은 사라져 버릴 위기에 처했다. 대신 그 일은 주로 사원에서 이루어져 왔다. 이렇게 의도적으로 고립된 사원의 환경은 일찍이 고대에 생겨났으며 수천 년의 풍랑을 견뎌 왔다. 사원에서는 모든 세속적 관심사와 단절한 채 모든 노력을 기울여 오로지 마음챙김을 계발하고 다듬고 심화시켜 그것을 마음의 본질을 탐구하는 데 활용하고자 했다. 그리고 온전한 인간이 되어 습관적인 정신적 고통과 괴로움의 감옥에서 자유로워지는 것이 무엇을 의미하는가를 구체화하였다. 이러한 사원들은 실제로 마음을 탐구하는 진정한 '실험실'이었으며, 그곳에 거주하면서 지금도 그 작업을 계속하고 있는 수행자들은 자기 자신을 과학자로서, 그리고 동시에 이 끊임없는 탐구의 연구 대상으로서 이용했다.

이러한 수행자와 재가자들은 붓다와 그의 가르침을 자신들의 준거로 삼았다. 우리가 이미 본 것처럼 붓다는 여러 가지 업의 이유로 스스로 자리를 잡고 앉아 인간의 고통과 마음 자체의 본성을 탐구하며, 질병, 노화, 죽음, 근본적인 불편함(dis-ease)으로부터 해방할 가능성에 직접적인 주의를 기울였던 사람이었다. 그는 이러한 인간의 근본적 불편함을 부정하거나 피해

가는 것이 아니라 오히려 인간 경험 자체의 본질을 직접 들여다보았다. 그리고 붓다는 우리 모두가 갖고 있지만 좀처럼 붓다의 경지까지 정련하지 못하는, 사물을 깊이 있게 들여다보는 능력을 그 작업의 도구로 사용했다. 그것은 곧 흔들림 없는 주의력과 알아차림, 그리고 그로부터 생기는 깊고 분명한 통찰이었다. 어떤 이는 붓다의 지혜와 빛, 그리고 그 현존만으로도 경외감에 휩싸여 신이라고 불렀지만, 붓다는 자신을 신이라고 부르지 않고 다만 '깨어 있는(awake)' 자라고 표현했다. 그의 이러한 깨어 있음은 인간이 처한 근본 조건과 고통에 대한 그의 깊은 통찰에서 나온 것이었다. 그리고 끊임없는 자기망상과 그릇된 인식, 정신적 괴로움의 끊임없는 순환에서 벗어나 우리 본연의 자유와 평정심, 지혜로 옮겨 가는 일이 가능하다는 그의 발견에서 직접 나온 것이기도 했다.

우리는 이 책과 앞으로 이어질 책들에서 계속해서 마음챙김을 다룰 것이다. 즉, 마음챙김이 무엇인지, 그리고 마음챙김을 계발할 수 있는 공식적이고 비공식적인 다양한 방법에 대해서도 살펴볼 것이다. 그 과정에서 우리는 마음챙김에 관해 우리가 지어내는 이야기에 빠져 버리지 않아야 한다. 틀림없이 그런 이야기들을 만들어 낼 것이지만 말이다. 지금부터 우리는 다양한 각도에서 마음챙김을 살펴보고 마음챙김이 가진 다양한 에너지와 속성을 우리 나름의 방식으로 느껴 볼 것이다. 그리고 그것이 어떻게 우리의 구체적인 일상생활과 관련을 맺을 수 있는지, 우리의 장기적이고 단기적인 안녕과 행복에 그것이 어떻게 관련이 있는지 살펴볼 것이다.

우선 왜 주의를 기울이는 것이 애당초 그토록 우리의 안녕에 중요한 작업인지, 그리고 그것이 우리의 삶과 세상을 치유하고 변화시키는 보다 큰 구도 속에 어떻게 들어맞는지 자세히 살펴볼 것이다.

제2부

주의의 힘과
세상의 불편함

주의가 방황할 때 스스로 몇 번이고 되가져오는 능력은
바로 판단과 성격과 의지의 근원이다.
그런 능력이 없는 사람은 자신의 주인이라고 할 수 없다.
이러한 능력을 향상시키는 교육이야말로
가장 우수한 교육이 될 것이다.
그러나 이를 이루기 위한 실질적인 지침을 주기보다
단지 이러한 이상에 대해 이야기하는 것이 더 쉽다.

윌리엄 제임스, 『심리학의 원리』(1890)

주의를 기울이는 것이 매우 중요한 이유

윌리엄 제임스(William James)가 앞에 제시된 구절을 쓸 때는 분명 마음챙김 수련에 대해 알지 못했을 것이다. 하지만 주의가 방황할 때마다 반복적으로 되가져오는 능력을 향상시켜 주는 교육이 실제로 있다는 것을 알았다면 분명 기뻐했을 것이다. 이는 불교 수행자들이 붓다의 독창적인 가르침을 바탕으로 수천 년의 세월에 걸쳐 훌륭한 기술로 발전시킨 것이며, 이 기술은 주의를 되풀이해서 가지고 오는 자기 교육(self-education)을 위한 실용적인 지침으로 가득차 있다. 현대 미국 심리학의 창시자인 제임스는 당시에 이미 존재했음에도 그가 살던 세계에서 이용하지 못했던 무언가의 부재에 대해 한탄하면서 분명 문제의 중대성을 짚어 내고 있었다. 그는 본질적으로 마음이 얼마나 방황하는지 이해했고, 자신이 '판단, 성격, 의지'에 대해 말한 것처럼 삶을 온전히 살고 싶다면 주의를 계속 기울이는 것이 얼마나 중요한지 알고 있었다.

주의를 기울이는 것은 완전히 선택적이고 마음대로 할 수 있는 일이기 때문에 우리는 이미 눈앞에 있는 것도 보지 못하고 공기를 통해 분명히 귀에 들려오는 소리조차 듣지 못하는 경우가 많다. 이것은 다른 감각도 마찬가지다. 아마 여러분도 그것을 스스로 알아차렸을 것이다.

제대로 맛을 보지 않고 먹는다든지, 비가 온 후의 촉촉한 흙 향기를 맡지 못한다든지, 심지어 우리의 감정을 알지 못한 채 다른 사람을 대하는 경우는 매우 흔한 일이다. 우리의 눈과 귀, 또 다른 감각기관 어디서든 우리가 감지해야 할 것을 하지 못하고 놓치는 모든 경우를 접촉에서 벗어난(being out of touch) 사례라고 언급하고 있다.

우리는 모든 감각을 통하여 세상과 관계를 맺으며 접촉을 하나의 비유로 사용한다. 왜냐하면 실제로 우리는 말 그대로 모든 감각, 즉 눈, 귀, 코, 혀, 몸 그리고 마음을 통해 세상과 접촉하기 때문이다.

그런 점에서 보자면 우리는 대부분의 시간 동안 접촉하지 않는 것, 얼마나 접촉하지 않고 있는지도 모르는 것의 전문가라고 할 수 있다.

때때로 우리의 내면과 외면의 삶을 단순히 관찰하면서 이런 현상을 살펴보면, 우리가 얼마나 많은 시간 동안 접촉에서 벗어나 있는지 금방 알 수 있다. 우리는 느낌과 지각, 충동, 감정, 생각, 말하는 것, 심지어 몸과도 접촉하지 않는다. 우리는 대부분 끊임없이 무언가에 사로잡혀 마음속에서 길을 잃고, 생각에 빠져들고, 과거나 미래에 집착하고, 계획과 욕망에 시간을 소비하고, 즐거워야 한다는 필요성에 의해 기대와 두려움 또는 그 순간의 갈망에 이끌리지만 이 모든 것은 무의식적이고 습관적인 것일지도 모른다. 따라서 우리는 실제로 자신을 보여 주고 있는 지금 이 순간과 놀라울 만큼 여러 방식으로 접촉이 끊어져 있다.

그리고 접촉이 끊어진 것은 우리가 무언가에 너무 사로잡혀 있거나 주의가 산만하여 눈앞에 있는 것을 보지 못하고, 귀에 분명히 들려오는 것을 듣지 못하고, 냄새와 맛, 촉각의 세계를 놓치고 있는 것에만 한정되지 않는다. 우리는 지금 열고 있는 문으로 아무 생각 없이 걸어 들어간 적이 얼마나 많았는가? 또 자신도 모르게 손이나 팔꿈치가 어딘가에 부딪히거나 손에 든 것을 떨어뜨린 적이 얼마나 많은가? 그것은 그 순간에 우리가 거기에 실제로 있지 않기 때문일 것이다. 그래서 우리는 순간적으로 공간과 시간에서 몸과 접촉하지 못한 것이다. 그것은 평소에는 특별히 주의를 기울이지 않고 다루어 왔기 때문이다.

또 마찬가지로 우리는 '외부' 세계라고 부르는 것과도 완전하게 접촉하지 않는 경우가 있지 않은가? 우리가 다른 사람들에게 어떤 영향을 미치는지, 다른 사람들이 무엇을 중요하게 생각하고, 무엇을 경험하고 느끼는지, 그것이 그들의 얼굴에 쓰여 있거나 신체 언어로 분명히 드러날 때도 우리는 알지 못할 때가 있다. 우리가 주의를 기울여 관찰하면 충분히 알 수 있을 텐데 말이다.

우리가 이런 것들과 접촉할 수 있는 유일한 방법은 바로 우리의 감각을 통해서다. 감각은 우리 자신의 내면세계와 '세상'이라고 부르는 외면의 풍경을 알 수 있는 유일한 방법이다.

우리에게는 생각보다 많은 감각이 있다. 직관도 일종의 감각이다. 공간 속에서 자신이 어떻게 위치하는지 아는 고유수용감각(proprioception)이라는 신체감각도 감각의 일종이다. 몸을 하나의 전체로 느끼는 내부감각(interoception)도 감각의 일종이다. 마음 자체도 감각의 일종으로 생각할 수 있으며, 실제로 이미 언급한 바와 같이 불교에서는 마음을 여섯 번째 감각의 문으로 여긴다. 내면의 풍경과 외부에 대해 우리가 느끼고 알고 있는 대부분은 마음속의 처리 과정을 통해 스스로 완성된다. 마음이 없다면 아무리 완벽한 감각을 가진 눈과 귀, 코, 혀 그리고 피부를 가졌다 해도 우리가 사는 세상에 대한 매우 유용한 그림을 얻지 못할 것이다. 우리는 보고, 듣고, 맛보고, 냄새 맡고, 만지고 있음을 알 필요가 있다. 우리는 감각 자체와 마음이라고 부르는 것, 즉 생각을 포함하지만 단지 생각에만 국한되지 않는 신비로운 직감이나 의식의 질을 아는 상호작용을 통해서만 그것을 알 수 있다. 그래서 알아차림(awareness) 자체를 마음보다는 여섯 번째 감각이라고 부르는 것이 더 정확할 것이다. 어떤 면에서 알아차림과 마음의 본질은 동일한 것을 표현하는 두 가지 방법이라 할 수 있다.

우리가 실제로 알고 있는 것 중 상당 부분은 비개념적인 방법이다. 순수한 감각의 접촉 초기 순간에 생각과 기억은 매우 빨리 뒤따라온다. 생각과 기억은 우리의 원래 경험을 너무나 쉽게 물들여 최초의 순수한 경험 자체를 왜곡하거나 손상시키는 경우가 많다. 이것이 화가들이 개념보다 느낌을 통해 새로운 그림으로 들어가기를 선호하는 이유다. 물론 개념도 나름의 역할을 하지만, 개념은 최초의 느낌을 뒤따르며 우리의 감각이 생생하고 놀라운 방식으로 깨어날 수 있도록 방향을 제시할 뿐이다. 최초의 순수한 인식은 가공되지 않았고 근원적이며 생명력이 넘친다. 따라서 창조적이고 상상력이 풍부하며 숨어 있던 무언가를 드러내 보인다. 있는 그대로 느끼고 알아차린다면 우리는 그런 방식으로 주의를 기울일 수 있다. 그렇게 사는 것이 살아 있다고 할 수 있는 것이다.

> 우리 마을에 문을 연
> 이 새로운 형식의 응시하는 집을 무엇이라 부를까?
> 그곳에서 사람들은 조용히 앉아
> 시선을 던지고 있다.
> 마치 빛처럼, 응답처럼
>
> 루미 「형식을 위한 방은 없다(No room for form)」

* * *

건강하고 행복하게 살기 위해 주의를 기울이는 것이 얼마나 중요한지 가르칠 때, 심리학자 게리 슈워츠(Gary Schwartz)가 제안한 모델로 설명하면 더욱 명확하고 효과가 있다는 것을 알게 되었다. 그 모델은 건강과 질병에서 주의 기울이기가 핵심적인 역할을 한다고 강조하고 있다. 몸과 마음이 우리에게 끊임없이 말하고 있지만 우리가 주의를 기울이지 않는다면 어떤 결과가 일어날지 생각해 보라. 물론 우리가 처음부터 매우 건강하다면, 오랜 기간 동안 우리는 그 무엇에도 주의를 기울이지 않고도 그럭저럭 지낼 수 있다. 적어도 겉으로는 그렇게 보일 것이다. 그러나 아주 미세한 것이라도 여러 가지 신호와 증상을 무시한 채 너무 오랫동안 주의를 기울이지 않고 내버려 둔다면, 당신이 겪는 증상이 몸과 마음에 너무 큰 부담이 된다면, 이러한 **부주의**(dis-attention)는 **단절**(dis-connection)로 이어질 수 있다. 단절은 특정 경로가 쇠약해지고 차단되는 것으로, 건강의 근본이 되는 역동적 과정을 유지하는 데는 정교하게 조정된 통일성이 반드시 필요하다. 이러한 단절은 이제 자연적인 항상성 균형에서 멀어지면서, 실제로 몸에 문제가 생기기 시작하는 **조절이상**(dis-regulation)으로 이어진다. 조절이상은 다시 세포, 조직, 장기 또는 시스템 수준에서 조절 불능의 혼돈 상태로 붕괴되어 완전히 **무질서**(dis-order) 상태로 이어지고, 무질서는 결국 **질병**(disease), 다르게 표현하면 **불편함**(dis-ease)으로 이어진다.

이 접근방식은 모든 상황에 적용되기 때문에 사실상 어떤 경우도 적절한 사례가 된다. 예를 들자면, 처음에는 목이 뻣뻣하거나 근육뭉침으로 나타나는 통증에 주의를 기울이지 않는 경우를 생각해 볼 수 있다. 그렇게 증상이 계속된다면, 의사를 찾아가거나 물리치료나 요가 프로그램을 시작하면서 주의를 기울여야 할 첫 번째 징후가 될 것이다. 계속 무시할수록 점점 더 자주 그런 일이 생기고 심해져서 만성적인 문제로, 어쩌면 무언가 더 심각한 일이 일어나고 있는 징후로 변할 수 있다. 그렇게 되면 어느 정도 익숙해져서 통증이 아주 심하지 않거나 너무 바쁘다면 긴장감이나 스트레스 때문에 그렇다고 계속 무시해 버릴지도 모른다. 몇 주나 몇 달, 심지어 몇 년 동안 계속해서 주의를 기울이지 않는다면 그러한 상태는 저절로 사라질 수도 있지만, 스트레스를 받을 때 악화될 수도 있다. 운전하는 동안 갑자기 고개를 너무 빨리 돌리거나, 침대에 잘못 눕는 것만으로도 다칠 수 있다. 이 무렵이 되면 이제 그것은 일종의 증상이 되어, 너무 익숙해져서 그 증상을 완전히 무시하거나 참는 방법을 익히려고 한다. 어쩌면 그 증상에 대해 뭔가 조치를 취해야 할 수도 있다는 가능성을 부정할지도 모른다. 이러한 단절은 목 근육과 신경에서 점차적인 조절이상을 초래할 수 있다. 이것은 만성적인 긴장과 통증 회피 자세로 이어진다. 이것은 시간이 흐름에 따라 뼈와 결합조직에 영향을 줄 수 있다. 이렇게 조절이상이 지속되면 목이 더 이상 정상적으로 기능하지 못하는 지점까지 이르고, 움직이거나 자세를 취할 때 더 심한 통증과 불편함과 신체적 제약이 생기게 된다. 이것은 결국 자극이나 부상에 대한 반응으로 염증이 쉽게 생기고 더욱 무질서해진다. 그렇게 되면 아마도 관절염같이 상당한 불편함이 있는 더 심각한 질병 상태가 뒤따를 것이다.

이와 반대로 신경증적인 자기집착이나 건강염려증이 아닌 현명한 **주의**(attention)는 **연결**(connection)을 다시 확립하고 강화한다. 연결은 차례로 **조절**(regulation)이 잘되도록 이어지고, 이것은 질병과 반대로 편안과 안녕과 건강의 상징인 역동적 **질서**(order)의 상태로 이어진다. 그리고 이런 일이 일어나려면 물론 의도적으로 계속 주의를 기울이고 돌보아야 한다. 의도와 주의는 서로 지지하는 데 중요한 역할을 한다. 이것은 명료함과 연민뿐만 아니라 건강과 치유의 바탕이 되는 음과 양이라고 할 수 있다.

이 예에서 주의를 기울이는 것은 요가 수업을 듣거나, 가끔씩 좋은 마사지를 받으면서 목을 돌보는 것이다. 또는 스트레스와 긴장이 특정 시기에 어떻게 목에 쌓이는지, 그것에 대한 알아차림이 그런 증상에 어떤 영향을 미치는지, 최소화할 수 있는지 알기 위해 우리 자신을 훈련하는 것이다. 그럼으로써 우리는 말 그대로, 그리고 은유적으로 우리의 목과 더 많이 접촉하면 목이 무슨 일을 하고 무엇을 할 수 있는지 더 잘 알 수 있다. 이러한 연결성은 목이 주의에 반응함에 따라 조절이 잘 되는 것으로 이어진다. 우리 몸에 긴장이 계속 쌓여 목 통증이 되지 않도록 스트레스 완화 프로그램을 수강하거나, 초기의 경고 신호나 증상을 무시하지 않고 감지할 수 있도록 목에서 느껴지는 감각을 마음챙김 하는 간단한 방법을 배우거나, 호흡을 통해 쌓여 있는 긴장을 풀어 주는 방법을 배워서 몸이 보내는 메시지에 지속적으로 주의를 기울일 수 있다. 이런 식으로, 상태를 악화시키는 연속적 상황을 미연에 방지하고, 목 문제를 키우기보다 스트레스를 받는 상황에서도 점점 더 '질서'와 편안함을 느끼고 목에 통증이 사라지는 것을 경험한다.

그러나 우리는 때때로 무언가에 세심한 주의를 기울일 때 자신도 모르게 잘못 인식할 수 있다. 그때 우리는 무슨 이유에서인지 특정 순간에 어떤 일이 일어나고 있는지 명확하게 보지 못하고, 따라서 주의에서 더 큰 연결로 이어지는 진정한 연결고리를 놓친다. 궁극적으로는 편안함과 건강, 명확성, 심지어 목과 관련된 지혜와 자신과 목에 친절하기 위한 연민까지도 놓칠 수 있다. 인식이 잘못된 순간 주의를 기울이지 않는다면, 그 자체로 상황과 주변에 대한 잘못된 이해와 잘못된 평가로 이어지고, 거기에서 그 특정한 원인을 잘못 귀인(歸因, mis-attribution)시키는 일로 이어질 수 있다.

이 말은 완전히 문자 그대로, 잘못된 받아들임(mis-take)으로 이어질 수 있는데, 어떤 것의 실재에 대해 우리가 진실이라고 생각하고 잘못 받아들이면 그 다음은 인과관계의 **잘못된 지각**(mis-perception)에서 **잘못된 이해**(misapprehension), **잘못된 평가**(mis-appraisal), **잘못된 귀인**(mis-attribution), **잘못된 받아들임**으로 이어진다. 이것은 대개 잘못된 지각과 잘못된 귀인으로 인하여 우리가 일상생활에서 실제로 실수를 하는 순간 일어난다. 만약 제대로 살피지 못하면, 이것은 심리적 · 사회적 · 신체적인 불편함으로 이어지는 또 하나의 길이 될 수 있다.

목 통증의 예에서 보면 잘못된 지각은 목에서 잠깐 일어났다 사라지는 감각에 강박적으로 사로잡혀 그것을 과장하여 통증이 너무 심하다고 부풀리는 것이다. 그것은 건강염려증으로 이어져서 목을 튼튼하고 유연하게 만드는 목운동을 하는 대신 불필요한 목보호대를 착용하게 만든다. 우리는 스스로 이것을 만성적인 목 문제라고 단정 짓고, 그것을 더 깊이 들여다볼 수 있는 모든 기회를 놓치고 있을지도 모른다. 이를 **현명하지 못한 주의**(unwise attention)의 한 형태라고 부를 수 있는데, 이는 다른 질서와의 단절 속에 우리를 가둬 버리는 반응적 자기 집착에 기초한다.

또한 이러한 현명하지 못한 주의는 모든 것을 너무나 자주 정치 공동체(body politic) 수준으로 몰고 간다. 그러면 사람들은 불완전하거나 잘못 분석된 정보에 근거하여 검증되지 않은 근본적인 동기에 의해 새로운 정책을 수립하거나 결정을 내린다. 이때는 전체의 행복을 고려하고 어떻게 발전시킬 것인가에 관한 지혜보다 종종 개인적인 사리사욕을 우선시한다. 잘못된 지각과 잘못 받아들이는 것의 결과는 결코 무시할 수 없는 것으로, 결국 모든 종류의 기회를 놓치는 결과로 이어진다. 종종 그러한 실수는 이미 악화된 상황에 불필요하게 불을 붙이는 결과로 이어질 수 있다. 애초에 지각의 렌즈와 명확성의 상태를 주의의 대상으로 삼았더라면 더 정확하게 지각할 수 있었을 것이다. 이러한 이유로 정확한 지각과 이해는 온정신을 회복하는 능력의 핵심 요소가 된다.

마음챙김 수련에서 모든 감각의 문을 통해 몸이 하는 말을 듣는 방법을 배우고, 생각과 느낌의 흐름에 주의를 기울이는 방법을 배울 때, 우리는 자신의 내면 풍경 안에서 다시 연결성을 확립하고 강화하는 과정을 시작한다. 이러한 주의는 우리가 몸이라고 부르는 차원과 마음이라고 부르는 차원에서 펼쳐지는 우리 삶과의 친숙함과 친밀감을 길러 주며, 그것은 우리 삶에서 매 순간 펼쳐지는 모든 것에 대한 행복과 편안함을 깊이 강화시켜 준다. 이렇게 우리는 질병을 포함한 불편함에서 더 큰 평안과 조화로 나아가고, 앞으로 보게 될 것처럼 더 큰 건강으로 옮겨 간다.

앞으로 더 자세히 보겠지만, 이것은 우리 개인으로서의 몸과 마음에 대해 진실인 것만큼 우리의 공동 제도나 기관, 정치 공동체에 대해서도 마찬가지로 진실이다.

불편함

> 내 심장을 불사르라.
> 욕망으로 병들고 죽어 가는 생명체에 얽매어
> 자신이 무엇인지 모르고 있는 그 심장을……
>
> W. B. 예이츠, 「비잔티움으로의 항해(Sailing to Byzantium)」

질병(disease)과 불편함(dis-ease)에 관련해서, 부주의와 단절 그리고 잘못된 지각과 잘못된 귀인에서 비롯되는 가장 근본적인 불편함은 우리가 제대로 알지도 못하고 살펴보지도 않는 완전한 재앙에 관한 인간이라는 조건 자체의 고통이라고 할 것이다.

비즈니스 리더를 위한 명상 유인물의 서두에 있는 글이 가슴으로부터 검토되지 않고 나와서 속삭이는 갈망에 대해 말하는 것처럼, 사실상 모든 사람은 어느 정도 마음 깊은 곳에 비밀스러운 삶, 보통 숨기고 있는 꿈과 가능성으로 가득 찬 삶에 대해 속삭이는 갈망이 있다. 안타까운 사실은 그런 사실을 자신에게도 숨긴다는 것이다. 그 결과, 우리는 커다란 고통을 겪는다. 이로 인해 우리는 삶을 소모하고 자기를 파괴하는 자기기만에 연루되어 있다는 것을 전혀 눈치 채지 못한 채 평생 비밀로 감추어 버린다.

진짜 비밀은 무엇인가? 우리가 자신과 다른 모든 사람을 어둠 속에 가두기 위해 온갖 피상적인 선입견과 허세, 내면과 외면의 가식을 만들어 그 뒤에 숨기 때문에 우리가 누구이고 무엇인지 진정으로 알지 못한다는 것이다.

겉으로 보기에는 성공적이고 편안해 보이더라도 우리의 마음은 자주 크고 작은 불만족과 끝없는 욕망으로 가득 차고, 그 욕망에 쫓기며, 심지어 고통 받고 있지 않은가? 정신의 깊은 곳 어딘가에서 정말로 죽어가는 생명체에 '얽매여' 있음을 어렴풋하게라도 알고 있는 것 아닐까? 또 우리는 자신이 진짜로 누구이고 어떤 사람인지 알지 못한다는 것을 알고 있지 않은가?

예이츠는 단 세 줄로 인간의 상태에 대한 세 가지 근본적인 측면을 포착했다. 첫째, 우리는 만족을 느끼지 못하고 그로부터 고통을 받고 있다는 것, 둘째, 우리는 질병, 노화, 죽음, 영원하지 않음과 끊임없는 변화라는 냉혹한 법칙을 따라야 한다는 것, 셋째, 우리는 존재의 본질을 바로 알지 못한다는 것이다.

이제 우리는 이미 알고 있는 것보다 더 큰 존재임을 깨달아야 할 때가 아닌가? 우리는 그 더 큰 깨달음 속에 머물고, 가장 중요한 것을 무시하는 고질적 습관으로 인한 고통에서 자신을 해방할 수 있음을 발견할 때가 되지 않았는가? 나는 이미 그때가 되었으며, 또한 지금이 가장 적기라고 말하고 싶다.

사실, 우리는 때때로 정신적으로 느껴지는 모호한 동요 속에서 어렴풋이 불편감(discomfort)을 느낄 수도 있다. 아주 가끔 한밤중에 잠에서 깨어 정신이 멍하거나 겁에 질릴 때, 가까운 사람이 깊은 고통을 느끼거나 죽음을 맞이하게 될 때, 혹은 자신의 삶의 틀이 항상 상상만 했던 어떤 이상한 방식으로 갑자기 붕괴될 때 순간적으로 불편감을 느낄 수 있다. 그러나 그럴 때 우리는 되도록 빨리 다시 잠으로 빠져들려고 하지 않는가? 그렇게 주의를 다른 데로 돌리려고 우리 자신을 마취시키지는 않는가?

우리 자신이 도대체 누구인지 알 수 없는, 예이츠가 말하는 이 근본적인 인간의 불편함은 우리가 감내하기엔 너무 거대한 것이다. 그러므로 우리는 그것을 정신 속 깊숙이 묻어 둔다. 그것은 비밀에 싸여 밝은 의식으로부터 숨겨져 있다. 종종 앞에서도 보았듯이, 우리가 그런 불편함에 깨어 있고 진정한 치유에 대한 가능성, 두려움과 무지라는 어둠에서 자신을 해방할 가능성을 깨닫기 위해서는 절실한 위기가 필요하다.

우리는 이렇게 인간이기에 겪는 이 모든 것을 외면하면서 몸과 마음이 크게 고통받고 있다. 우리는 소모되고, 예이츠의 표현에 따르면 문자 그대로 '먹혀 버리고(eaten up)' 있다. 또한 있는 모습 그대로의 완전한 존재를 무시하기 때문에 수없이 쪼그라들고 있다. 그러면서도 우리는 분명히 그 사실을 확실하게 알지도 못할 수 있다.

자각하지 못하는 불편함, 우리가 존재하면서 자신의 본성에서 가장 근본적인 것을 무시하는 불편함은 사실상 매 순간, 그리고 수십 년에 걸쳐 개인으로서의 우리의 삶에 영향을 미친다. 그것은 우리의 몸과 마음의 건강에 장단기적인 영향을 줄 수 있다. 그것은 눈에 띄지 않는 방식으로, 혹은 어떤 피해가 발생하고 손상을 입어 자신이 현명하지 못하게 대처했다는 것을 나중에야 아는 방식으로 가정생활과 직장생활에 영향을 미친다. 그리고 불편함은 자신을 바라보고, 일을 처리하는 것에 관해 집단적인 방식을 통해 사회에 영향을 미치며 흘러나온다. 그것은 제도에 만연하고, 우리가 내적·외적 환경을 형성하거나 무시하는 방식에도 퍼진다.

우리가 하는 모든 일은 우리가 누구이며 어떤 상태에 있는지 모른다는 문제를 무시함으로써 어떻게든 영향을 받는다. 그것은 궁극적인 고통이며 질병이다. 그리고 그것은 몸과 마음 그리고 세계적 수준으로 수많은 변형을 낳고, 고뇌와 고통에 관한 다른 수많은 징후를 만들어 낸다.

고통(Dukkha)

불교에는 욕망으로 가득 찬 데서, 죽어가는 생명체에 집착하는 데서, 우리가 누구인지 모르는 데서 비롯된 불편함을 나타내는 매우 유용한 단어가 있다.

그것은 붓다의 가르침을 최초로 적어 놓은 언어인 팔리어로 둑카(dukkha)라고 부른다. 둑카의 의미는 적절히 번역하기가 매우 어렵다. 번역가와 학자들은 둑카를 고통, 고뇌, 스트레스, 불안, 불편함, 불만족 등으로 다양하게 번역하였다(이하 '고통'이라고 함).

붓다의 가르침에서 첫 번째 고귀한 진리는 고통이 우리 삶에서 중심적 역할을 하고, 보편적이며 불가피하다는 것이다. 이 고통은 언제나 우리 삶 속에서 미묘하고 명확한 방식으로 일어나 삶에 깊은 영향을 주는 타고난 불편함이다. 고통에서 자유로 가는 이러한 길들은 모두 하나의 길, 즉 우리가 그동안 비밀로 해 왔거나 자신에게 숨겨 왔던 것으로부터 자신을 일깨우는 방법이다. 어떻게? 그것은 우리가 흔히 그러하듯 전혀 주의를 기울이지 않거나, 그 속에 젖어 있거나, 낭만적으로 이상화하거나, 조용히 절망적으로 견디거나, 맞서 투쟁하거나, 그 속에 완전히 빠져 있거나, 벗어나기 위해 끝없이 자신을 산만하게 하는 대신에 경험 속에서 일어나는 모든 것에 현명하게 주의를 기울임으로써 이루어진다. 그러한 행동은 훨씬 더 만족스럽고 진실한 삶을 영위할 가능성을 제시한다. 따라서 고통이 보편적이라는 진리는 그것이 불가피하다는 감상적이고 수동적인 탄식이 아니다. 정확히 말해 이런 불만족과 고뇌 역시 결코 지속적이지도 않고 우리를 본질적으로 제약하지 않기 때문이다. 심지어 우리는 가장 끔찍한 고통이라도 다룰 수 있다. 고통은 우리의 스승이 될 수 있다. 그것은 고통이 우리를 잡고 있을 때 어떻게 그 속에서 벗어날 수 있는지 알려 주는 역할을 한다.

중요한 것은 고통으로부터 해방되고 보다 참되고 충만한 삶을 살아갈 가능성에 대해 모색하는 것은 결코 자신만을 위한 것이 아니라는 점이다. 물론 그것은 그 자체로 대단한 성취가 될 수 있고 마음챙김 수련으로 이끄는 충분한 동기가 되지만, 그보다 매우 실제적이고 현실적인 면에서 우리의 삶이 불가피하게 얽혀 있는 모든 존재와 우주 전체의 이익을 위한 것이다.

이처럼 고통에 대한 인식과 고통으로부터의 해방, 고통의 멈춤을 위한 이 모든 명상 수련의 핵심에 놓여 있는 것은 마음챙김의 계발이다. 이것은 이전과는 전혀 다른 방식으로 만연한 불편함과 관계를 맺고, 불편함을 껴안고 그것과 함께 무언가 해 보려고 하며, 익숙한 고통의 특성에 대한 어떠한 편견도 없이 그저 관찰하는 것이다. 이미 말했듯이 마음챙김은 열린 마음으로, 비판단적으로 현재 순간을 알아차리고 경험이 전개되는 그 순간 경험이 일어나고 잠시 머물다 사라지는 것에 대해 직접적이고 비개념적으로 아는 것이라 할 수 있다. 붓다는 체계적인 수련을 통해 자신의 가르침을 구현하는 데 헌신하는 이들에게 다음과 같이 말했다.

> 이것이 바로
> 존재의 정화를 위해,
> 슬픔과 탄식을 극복하기 위해,
> 고통과 슬픔의 소멸을 위해,

진정한 도를 달성하기 위해,
해탈을 실현하기 위해 바로 가는 길이다.
이것이 곧 네 가지 마음챙김의 확립(사념처)이다.

이 얼마나 대단한 선언인가!

불교의 모든 것은 우리가 마음대로 지어내고 과거의 경험을 통해 조건화된 미망에서 깨어나는 것을 지향하고 있다. 그 깨어남을 통해 우리는 제한적인 자기 중심적 견해와, 좋아하는 것은 움켜쥐고 집착하며, 싫어하는 것은 밀어내려는 성향 때문에 실재의 본성을 잘못 받아들이는 데서 오는 고통과 고뇌에서 해방된다.

지난 2,600년 동안 불교 내의 다양한 명상적 전통은 마음챙김과 그 수련에서 자연스럽게 나타나는 지혜와 연민을 계발하기 위한 정교하고 효과적인 방법을 다양하게 발달시키고 탐색하며 연마해 왔다. 명상의 방으로 들어가는 문은 많다. 각자가 바라보는 관점은 어떤 면에서는 상당히 다를 수 있지만 중요한 것은 방으로 들어가는 것이다. 들어갈 문은 어떤 이유에서든 자신에게 가장 적합하고 편안한 문을 선택해야 한다. 그러나 무엇보다도 초대장은 문간에 서서 그것에 대해 논하기보다는 정말로 들어가기 위한 것이다.

토머스 카힐(Thomas Cahill)이 주장해 온 것처럼 아일랜드인들이 서구 문명을 보전한 것은 중세 유럽의 수도사들이 고대 문헌을 필사했기 때문이었고, 역사적 시간을 최초로 표현하고, 그 결과 신적인 존재와 개인적 관계를 맺으면서 시간 속에서 개인의 발전 가능성에 대한 인식을 심어 준 것은 유대인들이 세상에 준 선물이었다. 마찬가지로 우리는 붓다(Buddha)라는 역사적 인물과 그를 따랐던 사람들이 잘 정의된 알고리즘, 즉 탐구의 길을 세상에 주었다고 말할 수 있다. 그것은 붓다가 인간의 본성에 가장 근원적인 것을 찾아 스스로 추구했던 길이다. 그가 추구했던 인간의 본성이란 완전히 의식하고 깨어 있으며 우리를 조건 짓는 온갖 구속에게서 자유로워질 가능성을 말한다. 검토되지 않은 사고와 지각의 습관, 우리도 모르게 자주 따라다니는 괴로운 감정들을 포함해서 말이다.

고통을 끌어당기는 자석

이 점을 생각해 보자. 당신이 그것을 스트레스라고 부르든, 불편함이나 고통이라고 부르든, 우리 사회에서 병원이 고통을 끌어당기는 자석으로 기능한다는 것은 꽤 분명한 사실이다. 병원은 어느 순간에 질병이나 불편함 혹은 두 가지 모두, 즉 스트레스, 통증, 정신적 외상, 온갖 종류의 질병으로 큰 고통을 받고 있는 사람들을 끌어당긴다. 사람들은 말 그대로 달리 갈 곳이 없을 때, 달리 선택할 수 있는 자원이 완전히 바닥났을 때 병원을 찾는다. 일반적으로 병원은 재미나 즐거움을 얻거나 무언가를 깨우치러 가는 곳이 아니다. 그럼에도 우리는 치료가 안 되더라도 무언가 처치를 받고 '고칠 수 있다'고 생각하며 병원에 간다. 병원이 우리를 위해 무언가 적절한 조치를 해 줄 것이고, 배려와 관심으로 우리를 보살펴 줄 것이라고 기대한다. 그리고 만약 우리가 운이 좋다면 병원에 가서 우리 몸에 지금 무슨 일이 일어나고 있고, 그에 따라 우리가 무엇을 해야 하는지 '깨달을' 수 있다는 희망을 품는다.

이처럼 병원으로 몰려드는 고통의 양을 생각하면 우리는 이렇게 생각해 볼 수 있다. "붓다 같은 성인이 슬픔과 비탄을 극복하고 고통과 괴로움을 사라지게 하는, 다시 말해 고통을 덜어 주는 직접적인 길이라고 했던 마음챙김을 수련하기 위해 병원보다 더 좋은 장소가 있을까? 만약 정말로 붓다가 말한 것처럼 마음챙김이 그렇게 강력하고 근본적이며 보편적인 것이라면, 병원 문으로 걸어 들어오거나 병원으로 실려 오는 그 많은 사람에게 정말로 어떤 이익을 줄 수 있지 않을까?" 물론 이러한 제안이 기존에 환자들이 받고 있는 양질의 의료 서비스를 대신할 수는 없지만, 그들이 어떤 치료를 받고 있든 간에 잠재적으로는 중요한 보완책이 될 수 있을 것이다. 그리고 환자뿐만 아니라 환자만큼 스트레스를 많이 받는 병원 관계자를 위해서도 이런 훈련을 제공하는 데 병원보다 적합한 곳이 또 있을까?

이것이 바로 마음챙김에 근거한 스트레스 완화 프로그램(MBSR)이 탄생하게 된 배경이다. MBSR은 처음에는 주로 기존에 받던 의료적 처치로 더 이상 큰 도움을 받지 못하고 의료 시스템의 사각지대에 놓인 환자들을 대상으로 제공되었다. 그런데 그런 환자의 수가 무척 많았다. 또 전통적인 의료 처치로는 증상이 호전되지 않거나, 현재 의학으로는 별다른 대안이나 치료법이 없어 고치기 힘든 증상으로 고생하는 사람들도 포함되어 있다. 우리는 그런 환자들을 위해 그들 스스로 자신이 가진 가능성의 한계를 탐색할 기회를 제공해 줄 수 있어서 기뻤다.

그런데 이후 MBSR 프로그램은 병원 내에서 훨씬 더 광범위하게 환자들을 끌어들이기 시작했다. 어쨌든 '스트레스 완화'라는 말은 누구에게나 호소력을 갖는 말이었다. 복도에 붙여 놓은 스트레스 완화 표지판을 본 사람들의 반응은 한결같이 '저거 한번 해 봐야지'였다. 물론 그다음에 이어지는 반응은 대부분 '그렇지만 할 시간이 없다'는 것이었다. 그러나 그로부터 40년이 지난 지금은 점점 더 많은 환자와 의사가 MBSR 프로그램을 통해 지금까지 그토록 오랫동안 주의를 기울이지 않던 것에 대하여 사려 깊은 주의를 기울이는 일이 반드시 필요하다는 사실을 깨닫고 있다.

MBSR은 초기부터 광범위한 전문 분야의 의사들에게 그들의 환자를 위한 새로운 대안을 제공해 주었다. 스트레스 완화 클리닉은 외래 환자들이 기존에 받고 있던 모든 치료와 절차에 대한 보완책으로 자신을 위해 무언가를 할 수 있는 병원 내의 장소였으며, 이곳에서 잠재적으로 매우 강력하고 또한 구하기 어려운 소중한 것을 배울 수 있었다.

동시에 의사는 환자들을 MBSR 수업에 의뢰할 수 있게 되었다. 이는 더 좋은 치료 방법이 없음에도 치료에 만족하지 못하고 계속 돌아오는 환자들로 인한 의사들의 스트레스도 덜어 주었다. 이제 환자들은 병원 안에 자신의 증상이나 몸과 마음의 상태가 아무리 고통스럽고 만성적이라 해도 그에 대해 더 주체적으로 반응하도록 도와주는 장소를 갖게 된 것이다. 이 프로그램을 통해 환자들은 지금까지 몰랐던 매우 심오하고 보편적인 내적 자원을 활용하는 방법을 익힐 수 있었다. 이는 단지 프로그램을 익히는 8주 동안만 아니라 이후 평생토록 자신의 배움과 성장, 치유와 변화를 위해 활용할 수 있는 자원이다.

환자들은 이전까지 자신을 단지 수동적으로 의료 돌봄을 받아야만 하는 사람이라고 생각했는데, 이제는 이 과정을 통해 자신의 지속적인 건강관리와 행복추구에 있어서 적극적인 참여자이자 중요한 파트너가 될 기회를 얻었다. 또한 환자들은 이 과정에 인간으로서의 존엄과 있는 그대로의 자기 자신, 그리고 지금까지 겪어 온 일에 대해 존중받는 분위기 속에서 참여할 수 있었다. 게다가 그들은 마음챙김을 함께 수련할 때 자연스럽게 생기는, 불교에서 '상가(Sangha)'라고 부르는 선하고 친절한 공동체에 안전하게 속한 채 참여할 수 있었다. 이는 참여의학으로서 우리가 계속해서 생각해 온 것이었다. 이는 그들이 받고 있는 어떤 의료나 외과적 치료에도 필수적인 보완책으로, 환자의 내부 자원을 수집하는 것을 포함한다.

또한 '의료(medicine)'와 '명상(meditation)'이 같은 의미의 어근을 공유하고 있다는 점에서, MBSR이 시작된 것이 1979년이긴 해도 의료센터나 의과대학에서 명상을 가르치는 곳을 함께 두는 것이 일부 사람들이 상상하는 것만큼 그 렇게 설득력이 부족하지는 않을 것이다.

'의료'와 '명상'은 모두 치료(cure)를 의미하는 라틴어 메더리(mederi)에서 왔다. 그러나 인도-유럽어에서 'mederi'의 오래된 어근의 핵심 의미는 '측정하다 (measure)'다. 여기서 '측정하다'는 말은 우리가 길이나 부피, 면적 등을 확정된 표준에 따라 양적으로 재는 것을 의미하는 것이 아니다. 그보다 모든 것에는 그 자신의 올바른 내적 척도, 다시 말해 그 사물이 있는 그대로이게 해 주는 자질 혹은 '존재성(isness)'이 있다는 플라톤적인 견해에 더 가깝다. 이런 점에서 의료는 환자들의 올바른 내적 척도가 흐트러졌을 때 그것을 복원해 주는 것으로 이해할 수 있고, 명상은 자신의 올바른 내적 척도에 대한 직접적인 인식과 그 본성에 대해 경험적으로 깊이 아는 것으로 이해될 수 있다.

우리 사회에서 고통을 끌어당기는 자석 역할을 하는 곳이 병원임은 분명하지만 유일한 곳은 아니다. 교도소 또한 고통을 끌어당기는 자석과 같은데, 이곳은 다른 사람과 자신에게 말할 수 없는 괴로움을 끊임없이 주는 사람들이 가게 된다. 다행히 교도소에서도 점점 마음챙김 명상 프로그램이 제공되고 있다.[1]

한편, 학교와 직장과 같은 많은 사회조직도 그 나름의 고통을 만들어 내고 있다. 여기에서도 이런저런 종류의 마음챙김에 근거한 프로그램이 필요하며, 자주 높은 수준으로 도입된다. 단도직입적으로 붓다의 가르침처럼 고

---

1) Samuelson, M., Carmodym, J., Kabat-Zinn, J., & Bratt, M. A. (2007). 「매사추세츠 교정 시설의 마음챙김에 근거한 스트레스 완화」. The Prison Journal, 87, 254-268.

통은 어디에나 있는 삶의 진실이다. 이것은 '삶은 고통이다.'라는 말이 아니다. 이것은 첫 번째 사성제에 대해 대부분 오해하는 것이다('다르마' 참조). 그것은 '고통이라는 실체가 있다'는 것이고, 고통에서 자유로워지기 위해서는 그것을 인식되고 살펴야 한다는 것이다. 고통에서 벗어나는 유일한 길은 헬렌 켈러가 관찰한 것처럼 고통을 현명하게 통과하는 것이다. 그 방법은 고통이 나타날 때 그것을 인식하고, 그 본질을 매 순간 바로 아는 것뿐이다.

다르마

우리의 경험과 그 경험 속에서 내적·외적으로 다양하게 펼쳐지는 풍경에 대해 맺는 관계는 분명히 우리 자신에서 시작한다. 예를 들어, 우리가 사는 이 세상이 좀 더 평화로워지길 바란다면 적어도 우리 자신이 평화로워질 수 있는지 살필 수 있어야 한다. 우리가 얼마나 많은 시간을 평화롭게 보내지 못하는지 그리고 그것이 모두 무엇에 관한 것인지 알아차릴 준비가 되어 있는가? 우리는 생활 속에서 그리고 마음속에서 자신이 가끔 매우 호전적이고 자기중심적이며 이기적이라는 것을 알아차릴 수 있는가? 다른 사람들이 분명하게 보기를 바란다면 우리 자신이 먼저 자신을 보는 방식에 주의를 기울여야 하지 않겠는가? 우리 자신이 먼저 어떤 순간이라도 현재 일어나고 있는 일을 섣부른 판단이나 편견 없이 인식하고 이해하는지 주의를 기울이는 것부터 시작할 수 있겠는가? 그리고 우리는 그 작업이 얼마나 어려운 일이며 또 얼마나 중요한 일인지 인정할 준비가 되어 있는가?

우리가 어떤 사람인지 알고 싶다면, 소크라테스의 "너 자신을 알라."와 예이츠의 "우리는 자신이 누구인지 모른다."라는 말처럼, 우리 자신을 깊이 들여다보는 방법밖에 없다. 우리가 세상을 바꾸고자 한다면 세상의 변화와 함께 자신의 변화도 시작해야 할 것이다. 우리 스스로 그 변화에 저항하고 주저하거나 무지하다 하더라도, 특히 그런 경우에는 더욱 그래야 할 것이다. 왜냐하면 한 개인으로서 우리가 아무리 결과에 저항하고 결과를 통제하려고 하더라도 모든 것이 영원하지 않다는 것(무상, impermanence)과 변화는 불가피하다는 법칙에 직면해 있기 때문이다. 우리가 더 큰 알아차림을 향해 양자 도약을 하려면 깨어 있어야 하고, 또 깨어 있는 것에 깊은 관심을 가지는 수밖에 없다.

이와 마찬가지로 우리가 이 세상이 좀 더 지혜롭고 친절한 곳이 되기를 바란다면 우리가 지혜를 가지고 친절하게 자신의 몸에 머무는 것을 배우는 데서부터 시작하고, 불가능한 이상을 자신에게 강요하기보다 단 한순간이라도 있는 그대로의 자신을 받아들이는 데서부터 시작해야 한다. 그렇게 하면 세상은 바로 달라질 것이다. 우리가 이 세상에 진정으로 변화를 일으키기를 바란다면 먼저 우리 자신의 삶과 앎에 대해 어떤 관계를 맺어야 하는지부터 알아야 한다. 아니면 적어도 그 과정을 통해서 배워 나가야 할 것이다. 왜냐하면 세상은 우리를 기다리는 것이 아니라 친밀하게 상호작용하면서 펼쳐지고 있기 때문이다. 그리고 만약 우리가 좀 덜 공격적이고 소유욕을 줄이며 보다 확신을 가지고 관대해지기를 원한다면, 어떤 방식으로든 성장하고 변화하고 치유되기를 바란다면, 우리는 먼저 침묵과 고요함을 맛보아야 한다. 그리고 또 그것을 깊이 맛보는 것 자체가 깊이 각인된 무의식적인 성향을 포함하여 지금 이 순간 여기에서 우리가 발견하는 모든 것을 알아차림으로 포용함으로써 치유와 변화를 일으킨다는 사실을 알아야 한다.

이 모든 것은 이미 수 세기 동안 알려져 온 것이다. 다만 명상과 같은 해방에 관한 수련은 대부분 다양한 문화적·종교적 전통의 지배하에 수 세기 동안 수도원 같은 곳에 격리되어 있었다. 이 다양한 전통 사이에 놓여 있는 지리적·문화적 거리를 포함한 여러 가지 이유 때문에, 그리고 같은 전통 내에서도 세속의 수행자와 출가 수행자 사이의 차별성 때문에, 이 수도원에서 자기들만의 수련법을 비밀스럽게 또는 어떤 경우에는 편협하고 배타적인 방법으로 전수하는 등 세상에서 고립되는 경향이 있었다. 적어도 지금까지는 그렇다.

그런데 지금 이 시대에는 인간에 의해 발견된 모든 것이 전에 없이 우리의 탐구 대상이 되었다. 특히 불법(佛法, 붓다 다르마, Buddhadharma) 혹은 간단히 법(다르마, Dharma)이라고 알려진 불교 명상과 그 지혜에 대한 전통은 전에 없이 우리의 탐구 대상이 되었고, 40~50년 전만 하더라도 생각하지 못했던 방식으로 미국을 비롯한 서양 사람들의 삶에 영향을 주고 있다.

불교에서 다르마라고 하는 것은 이 세상을 움직이는 오래된 법칙으로 종교를 바꾸거나 그와 관계된 기성 종교와 본질적으로 아무런 관련이 없다. 심지어 불교를 종교로 생각한다면 다르마는 불교 자체와도 아무런 관련이 없다. 다르마는 복음서와 마찬가지로 그저 좋은 소식이다.

원래 붓다의 가르침, 우주의 법칙성, '여여함(The way things are)' 등 다양한 의미를 갖는 다르마라는 말이 영어에 들어온 것은 20세기에 미국의 소설가 잭 케루악(Jack Kerouac)이 자신과 자신의 비트족(제2차 세계대전 후 1950년대 중반 샌프란시스코와 뉴욕을 중심으로 대두된 보헤미안적인 문학가·예술가들의 그룹, 역자 주) 친구들을 가리켜 '다르마 친구들(Dharma Bums)'이라는 유명한 표현을 사용하고, 시인 앨런 긴즈버그(Allen Ginsberg)를 '다르마 사자(Dharma Lion)'라고 부르며, 미국에서 흔히 방영되는 TV 쇼에서 새로운 여성의 이름으로 '다르마'를 쓰고, 또 한동안 지하철역과 버스 측면의 광고판에 이 말이 등장하면서부터다.

다르마는 원래 네 가지 고귀한 진리, 즉 '사성제(四聖諦)'라는 붓다의 가르침으로 표현되었다. 붓다는 일생 동안 이 근본 가르침에 대해 상세히 말했다. 오늘날까지도 다양한 불교 전통 내에서 온전히 그 맥을 유지하면서 전해져 오고 있다. 어떤 면에서 다르마는 과학적 지식과 닮았다고 할 수 있다. 과학적 지식과 마찬가지로 다르마는 계속 성장하고 변화하면서도 그 핵심적 방법론과 관찰법, 수천 년에 걸쳐 고도로 훈련된 자기관찰과 자기탐색을 통한 내면의 탐구로 다듬어진 자연법칙을 갖추고 있다. 또 다르마는 마음의 본성을 탐구하면서 마주친 자신의 경험을 면밀하고 정확하게 기록하고 그 지도를 그리는 작업이며, 또 그 결과를 직접적이고 경험적으로 검증하고 확인하는 작업이란 점에서도 과학적 지식과 닮았다.

그러나 다르마의 법칙성이 진정한 다르마가 되기 위해서는 단지 불교의 전유물이라고 해서는 안 된다. 그것은 뉴턴이 영국 사람이라는 이유로 중력의 법칙이 영국 것이라거나, 갈릴레오가 이탈리아 사람이므로 지동설이 이탈리아 것이라고 할 수 없는 것처럼, 또 볼츠만이 오스트리아 사람이라고 해서 열역학법칙이 오스트리아 것이라고 할 수 없는 것과 마찬가지다. 자연법칙을 발견하고 설명한 과학자의 공은 언제나 그들이 속했던 특정 문화를 초월한 것이다. 왜냐하면 그들이 관심을 가진 것은 순수하고 단순한 자연, 단절되지 않은 궁극적으로 하나의 신비한 전체로서의 자연이기 때문이다. 우리는 바깥에 있는 것이 아니라 그 안에 내포되어 있는 것이다.

이와 마찬가지로 붓다가 정교하게 다듬은 다르마의 법칙 역시 붓다 자신이 살았던 특정 시대와 문화를 초월한다. 비록 다르마의 법칙에 의해 불교가 하나의 종교로 생겨났고 서양의 관점에서 보면 여러 종교 중 특이한 하나로 볼 수도 있지만 그것은 궁극의 신을 숭배하는 것과 무관하다. 마음챙김과 다르마는 고통이라는 인간의 보편적인 경험과, 행복(eudaemonia)과 지혜의 잠재력과 관련하여 정신과 마음이 작동하는 방식, 특히 주의력에 대한 보편적 설명이라고 보는 것이 가장 적절할 것이다. 그것은 인간의 마음이 존재하는 곳이면 어디서든 적용된다. 마치 우리가 아는 한 우주 어느 곳에서나 물리 법칙이 똑같이 적용되는 것과 마찬가지다. 그리고 놈 촘스키(Noam Chomsky)의 보편적 생성문법('한 언어는 그 언어에 내재한 규칙에 의해 다양한 문장을 생성해 낸다'는 문법이론, 역자 주)이 언어의 종류와 관계없이 모든 언어에 적용되는 것과도 마찬가지다.

보편성의 관점에서 보자면 붓다도 불교도가 아니었다. 그는 치유자이자 조용한 내면의 혁명가였다. 그는 우리 인간의 불편함을 진단하고 온전한 정신과 행복을 위해 자애로운 약을 처방해 주었다. 이런 점을 감안할 때, 불교가 인류 진화의 현 시점에서 다르마의 매개체로서 최대한의 효과를 발휘하기 위해서는, 인류에게 절실히 필요한 약이 최대의 효과를 내기 위해서는 공식적 종교인 불교로서는 안 될 것이다. 적어도 이름이나 형식에 얽매이지 않아야 한다. 다르마는 궁극적으로 비이원성(non-duality)에 관한 것이므로 불교의 다르마(Buddhadharma)와 보편적인 다르마(universal dharma)를 구분하는 것은 근본적으로 의미가 없다. 이런 관점에서 보자면 전통과 형식은 활기차고 다중적이며 끊임없이 변화하고 살아 움직이는 것이지만, 동시에 본질은 언제나 형태도 한계도 없고 어떠한 구별도 없는 것이라고 할 수 있다.

사실 불교(Buddhism)라는 단어 자체도 그 어원상 불교적인 것이 아니다. 이는 자신들이 잘 알지 못하던 이국적 세계를 종교적·문화적 렌즈와 암묵적 가정을 통해 해석하려고 했던 유럽의 민족학자, 문헌학자, 종교학자들에 의해 17~18세기에 만들어진 단어였다. 2천 년 이상 붓다의 가르침을 닦아 온 사람들은 수많은 계보 중 어떤 계보든 붓다의 근본 가르침에 대해 조금씩 다르게 해석했지만, 그들은 모두 분명히 자신을 그저 '도를 따르는 자(followers of the Way)' 또는 '다르마의 추종자(followers of the Dharma)'라고 불렀을 뿐 결코 '불교도(Buddhists)'라고 자칭하지 않았다.

붓다의 가르침으로서의 다르마로 돌아와서, 붓다가 마음의 본성에 대한 깊은 탐구 끝에 밝힌 사성제(四聖諦, Four Noble Truths) 중 첫 번째는 고통(dukkha)이 보편적이라는 것이다. 이것은 인간이기에 누구나 가지는 근본적 불편함(dis-ease)이다. 두 번째는 고통의 원인으로, 붓다는 집착과 갈애, 제대로 살피지 못한 욕망을 지목했다. 세 번째는 자신의 명상 수련 경험을 바탕으로 한 것으로, 고통을 끝내는 것이 가능하다는 것이다. 즉, 집착과 갈애로 인한 불편함의 상태를 완전히 치유할 수 있다는 것이다. 네 번째 고귀한 진리는 팔정도(八正道, Noble Eightfold Path)로 알려진 고통의 종식과 무지의 제거 그리고 마침내 해방에 이르는 체계적인 접근법이다. 이 네 가지는 함께 의학에서 보는 오래된 관점을 반영하면서 오늘날에도 여전히 많이 사용되고 있다. 그것은 고통을 진단하고(제1성제), 고통의 원인을 밝히고(제2성제), 고통이 소멸된 후의 결과를 말하고(제3성제), 고통에서 벗어나는 계획을 세우는(제4성제) 것이다. 그 예후는 매우 긍정적이다. 즉, 고통과 탐욕, 증오, 망상에서 해방될 수 있다. 그리고 해방을 향한 계획은 그곳으로 가는 길을 권장하며 설명하고 있다.

마음챙김은 팔정도의 여덟 가지 수련 가운데 하나로서 다른 모든 수련을 하나로 묶어 주는 것이다. 그 여덟 가지 수련이란 '바른 견해, 바른 생각, 바른 말, 바른 행동, 바른 생계, 바른 노력, 바른 마음챙김, 바른 집중'이다. 이들 각각은 모두 나머지를 포함하고 있다. 즉, 완벽한 전체로서의 하나가 지닌 서로 다른 측면이다. 틱낫한 스님은 이것을 다음과 같이 표현했다.

> "바른 마음챙김이 있을 때 사성제와 팔정도의 나머지 일곱 가지 요소도 함께 있게 된다."
>
> 틱낫한(Thich Nhat Hanh)

스트레스 완화 클리닉과 MBSR

　고통과 불편함의 문제로 돌아가 보자. 나는 명상 수련을 통해, 그리고 마음에는 생각이 일어나고 감정에는 바로 반응하며 이런 것에 완전히 휘말리고 사로잡힌 채 끊임없이 무의식적으로 살아가는 경향이 있는 내 삶을 관찰함으로써 설령 고통과 불편함에 대해 몰랐다 하더라도 스트레스 완화 클리닉에서 일하며 알게 된 것이 있었다. 즉, 알아차림이 없는 것에 대한 불편함이 얼마나 흔한 것인지, 사람들이 그런 상태를 바로 잡기를 얼마나 원하는지, 살아 있고 분열되지 않은 것에 대한 한결같고 진실하며, 온전한 체험에 얼마나 목말라 하는지, 마음의 평화를 얼마나 갈망하는지, 끝없는 육체적 · 감정적 고통의 쳇바퀴에서 벗어나 얼마나 위안을 받고 싶어 하는지 알 수 있었다.

　고통의 다양한 측면은 프로그램 참가 전 설문 인터뷰를 받기 위해 찾아오는 사람들과 대화를 나누어 보면 잘 드러난다. 나는 "어떤 일로 스트레스 완화 클리닉을 찾아오셨습니까?"라는 말로 대화를 시작한 다음 조용히 귀 기울여 듣는다. 있는 그대로 받아들이고 봐 준다는 느낌만으로도 사람들은 가슴에서 우러나오는 말을 하기 시작한다. 이 질문은 그의 고통이 엄청나게 깊다는 것을 혹은 적어도 그렇게 느껴질 수 있다는 것을 인정하고 받아들이는 것이라고 할 수 있다.

　이러한 경청을 통해 나는 환자들이 스트레스 완화 클리닉을 찾는 이유는 모두 다르지만 결국 하나로 귀결된다는 것을 알게 되었다. 그것은 다시 온전한 존재가 되는 것, 그들이 한때 가졌던, 또는 한 번도 가져보지 않아서 갖기를 바라는 활력을 회복하는 것이었다. 그들은 어떻게 하면 정말 쉴 수 있는지, 어떻게 하면 스트레스를 좀 덜 수 있는지, 어떻게 하면 신체적 고통을 줄이고 그와 더불어 잘 살 수 있는지 알고 싶어서 클리닉을 찾는다. 즉, 마음의 평화와 행복감을 회복하기 위해서라고 할 수 있다.

또 그들은 자기 삶에서 스스로 주체적인 존재가 되고 싶어서, 진통제나 항불안제를 끊고 싶어서, 그리고 흔히 말하는 것처럼 '너무 과민하고 긴장한 상태'에서 벗어나기 위해서 클리닉을 찾는다. 심장병과 암, 만성 통증 질환, 그리고 자신의 건강과 꿈을 자유롭게 추구하는 데 방해가 되는 다양한 의학적 진단을 받고 클리닉을 찾는다. 마침내 어떤 절박함에서 벗어나, 그런 문제에 대해 스스로 뭔가를 해야겠다고 생각했기 때문에, 의사를 포함하여 지구상의 그 누구도 대신해 줄 수 없는 무언가를 스스로 해야겠다고 판단했기 때문에 클리닉을 찾는다. 즉, 기존의 대중요법 의료에 대한 보완책으로서 자신이 더 강해지고 건강해지고, 또 내적 · 외적으로 더 현명해지고자 하는 바람에서 자신의 삶을 보다 주체적으로 살아야겠다고 판단하고 클리닉을 찾는다.

사람들은 자신의 삶과 몸이 여러 측면에서 더 이상 잘 작동하는 것 같지 않고, 기존의 의료 역시 한계를 갖고 있으며, 지금까지 그것이 자신에게 충분하지 않았다면 앞으로도 그럴 것이라는 사실을 알기 때문에 클리닉을 찾는다. 또 자신의 삶에서 겪는 스트레스와 고통에 대해 진지하게 대처하는 것에 의사들이 동의했기 때문에, 그리고 환자들을 클리닉으로 보내 무언가를 해 주는 것에 의사들이 동의했기 때문에 클리닉을 찾는다. 아울러 그들은 클리닉이 병원 안에 있기 때문에, 그리고 마음챙김과 스트레스 완화, 명상, 요가 등 환자들이 이곳에서 하는, 침묵 속에서 진행되는 모든 내면 작업이 주류 의료 및 건강관리의 필수적인 부분이며 자신들의 문제를 다루는 데 인정할 만한 방식으로 보이기 때문에 클리닉을 찾는다.

무엇보다 그들이 와서 머무는 것은 우리가 어떻게든 그 방에서 마음을 터놓고 듣는 분위기를 만들기 때문이며, 참가자들이 즉시 서로를 존중하고 수용하는 선의의 공감적 분위기를 만들어 가기 때문이다. 불행히도 바쁜 의료센터에서 이러한 분위기를 경험하기는 매우 어렵다.

클리닉에서는 참가자 모두에게 "무엇 때문에 이곳에 오셨습니까?"라는 한 가지 질문에 대답할 시간을 충분히 준다. 그래서 참가자들은 대부분 그들이 이곳을 찾은 주된 진단과 이유인 암 진단이나 통증 질환 혹은 심장 이상 등을 넘어 자신들의 불안과 병, 상실감, 압도당하고 희생당하는 느낌 등을 솔직하고 공개적으로, 때로는 아주 적나라하게 이야기한다. 그들의 이야기 중에는 어린 시절 주변으로부터 인정받지 못하고 무시당했던 가슴 아픈 고통, 성인이 되어서도 자신의 선함과 아름다움, 가치를 제대로 알지 못하는 고통스러운 경험이 자주 등장한다. 그리고 그들은 자신들의 신체적 고통에 대해서도 감동적으로 많은 이야기를 한다. 허리와 목의 만성 통증, 안면 통증, 다리 통증에서부터 다양한 종류의 암, HIV와 에이즈, 심장병, 여러 신체 질병에 이르기까지 이러한 증상은 대부분의 경우 만성 불안과 공황, 우울, 실망, 슬픔과 혼란, 소진, 만성적인 초조함과 긴장, 때로 아주 심한 감정 상태 등으로 악화된다.

좋은 소식은 MBSR 프로그램을 거친 사람들이 스스로 오랜 기간에 걸쳐 반복적으로 발견하였고, 또한 우리 클리닉뿐만 아니라 전 세계의 병원과 클리닉에서 실시하는 마음챙김에 근거한 프로그램을 통한 점점 더 많은 의학 연구에서 입증되었듯이, 우리가 누구이든지 간에 마침내 인간으로서 존재의 충만함을 마주하고 포용하는 데 있어서 스스로 도움을 줄 수 있다는 사실이다. 그리고 알든 모르든 우리 삶에 영향을 미치는 우리 안에 숨어 있거나 불투명하거나 끔찍한 무언가에서 깨어나게 하고, 또 그것과 다르게 마음 깊숙한 곳에서 우러나와 회복적인 방식으로 꽃을 피우고, 많은 경우 증상을 크게 완화하는 방식으로 삶을 영위하게 해 주고, 보다 건강하고 온전한 바람에도 마찬가지로 깨어 있게 한다는 것이다. 미국을 비롯한 전 세계의 MBSR 클리닉에서 나와 동료들은 '재앙으로 가득 찬 삶(full catastrophe)'이라고 할 만큼 살면서 끊임없이 일어나는 온갖 어려움으로 엄청난 스트레스와 통증, 질병, 상상하기 어려울 정도의 생활환경과 삶의 역사를 겪은 수많은 사람에게 이런 일이 일어나는 것을 직접 목격했다.

나는 비교적 짧은 기간에 그들에게 일어나는 크고 작은 변화에 계속해서 놀라곤 한다. 내가 정신을 똑바로 차리고 있으면 때때로 그런 일이 나에게도 펼쳐지는 것을 볼 수 있다. 그리고 놀랍게도 때때로 정신을 잃었을 때도 나는 그것을 알아차릴 수 있고 그럼으로써 어느 정도는 순간적인, 심지어 지속적인 균형과 명료함을 회복하기도 한다.

인간이기에 겪는 재앙으로 가득 찬 삶을 받아들이고, 정말로 일어나지 않기를 바라지만 그럼에도 불구하고 일단 그것이 일어나면 이미 일어나 존재하는 것에 직면하는 것이야말로 우리의 삶을 깨닫고 실제로 우리가 살기로 되어 있는 본래의 삶을 사는 것이다. 또 거기에는 불편함과 고통이 아무리 거칠거나 미세하더라도 그것들을 알아차리지 못하고 그것이 무엇인지도 알지 못한 채 삶을 흘려보내지는 않겠다고 결심하는 것도 포함될 것이다. 거기에는 특히 우리 스스로 어떤 종류의 작업, 즉 알아차림이라는 작업을 기꺼이 하고자 한다면 우리 경험에서 어떤 일이 일어나든 그쪽으로 기꺼이 향하여 그에 대해 무언가를 하겠다는 의지와 그것을 충분히 다룰 수 있음을 알고 신뢰하는 것도 포함된다. 여기서 우리는 알아차림이라는 작업을 통해 자꾸 현재 순간과 그것이 제공하는 모든 것 속에 편안하게 자리 잡고 그 속에 머무는 방법을 배우고 또 기억할 수 있다. 또한 우리가 펼치는 삶 속에 있는, 우리가 찾는 있는 그대로의 삶에 내재된 바로 그 놀라운 에너지를 끌어당길 수도 있다.

주의력이 결핍된 세상

이 시대에 점점 더 만연해 가는 고통과 불편함의 한 가지 징후는 주의력 결핍 장애(Attention Deficit Disorder: ADD)다. ADD는 주의력 조절 과정에 심각한 이상이 생기는 것을 말한다. 이것은 아동과 성인 모두에게서 나타날 수 있다. 40년 전에는 아무도 주의력 결핍에 대해 들어본 적이 없었다. 사실 진단명 자체가 아예 존재하지 않았다. 그런데 지금은 점점 흔한 질환이 되어 가고 있다.

명상은 주의를 기울이는 능력을 계발하는 모든 측면에 관련되어 있기 때문에 명상적 관점이 ADD를 치료하고 예방하기 위한 방법을 밝혀 준다고 생각할 수 있고 실제로도 그렇다. 명상적 전통의 관점에서 볼 때 우리 사회 전체가 주의력 결핍 장애를 겪고 있으며, 가장 흔한 변종인 주의력 결핍 및 과잉행동 장애(Attention Deficit Hyperactivity Disorder: ADHD)를 겪고 있다는 것도 사실이다. 그리고 그 증상은 날로 심각해지고 있다. 주의를 기울이고 지속하는 능력을 배우는 것은 더 이상 사치스러운 것이 아니라 우리 삶에서 가장 의미 있는 것으로, 가장 쉽게 놓치거나 무시하거나 받아들이지 않는, 혹은 너무 빨리 흘러가서 알아채지도 못하는 것으로 돌아가는 생명줄 같은 것이다.

나는 미국인 역시 지난 반세기 동안 미국 문화가 취해 온 특정한 방향 때문에 보다 미묘하고 눈에 잘 띄지 않는 방식으로 주의력 결핍을 겪고 있다고 생각한다. 즉, 우리는 다른 사람들에게 진정한 보살핌을 받지 못하고 있다고 느낀다. 우리는 유명인에게 집착하는 오락 문화 속에서 점점 더 외로움을 느끼고 존재감을 잃어 간다. 매일 밤 시트콤이나 리얼리티 프로그램을 시청하고, 다른 사람의 삶과 꿈을 흉내 내며, 자신의 가장 친밀한 관계를 온라인 채팅방이나 페이스북, 스냅챗, 인스타그램에서 찾는다. 또한 우리는 강박적으로 소비에 몰두하지 않는가? 또 빈 시간이 생기면 참지 못하고 그것을 무엇인가로 채우려 하며, 지금 있는 곳이 아닌 다른 어딘가에 이르러야 한다고 생각하며, 자신에게 부족하다고 생각되는 것을 반드시 얻어야만 만족과 행복을 느낄 수 있다고 생각한다.

그런데 우리가 느끼는 이 외로움과 고립감, 의미 있는 연결 순간을 위해 끊임없이 연결되고자 하는 충동 속에는 깊은 갈망과 바람이 있다. 이는 더 큰 전체와 연결되고자 하고, 익명의 존재로 남지 않으려 하며, 또 누군가가 보고 알아주기를 원하는 것이지만 대개는 의식되지 못하고 무시당한다. 왜냐하면 관계성과 상호성, 주고받음을 통해, 특히 감정적 차원에서 우리가 이 세상에 자리 잡고 있다는 사실을 상기하며, 또 우리가 어딘가에 소속되어 있다는 사실을 가슴으로 알기 때문이다. 타인과 의미 있는 관계를 경험하면 우리는 깊이 만족감을 느낀다. 우리는 자신보다 더 큰 무엇과 연결되어 있음을 느끼게 하는 소속감을 갈망한다. 우리는 다른 사람이 우리를 봐 주기를, 우리가 하는 일 때문이 아니라 있는 그대로의 우리를 인정해 주기를 갈망한다. 하지만 대부분은 그렇지 못하다.

사람들이 우리를 있는 그대로 자애롭게 바라보고 알아줘서 감동하는 일은 별로 없다. 왜냐하면 사람들은 대개 매우 바쁘게 움직이며 자기 생각으로 머리가 꽉 차 있어 다른 사람에게 좀처럼 제대로 주의를 기울이지 못하기 때문이다. 도시나 시골 할 것 없이 오늘날 우리 삶의 방식은 점점 더 배타적이고 고립적으로 되어 가고 있다. 요즘에는 도시의 이웃 문화조차도 점점 고립되고 외로워지며 불안해지고 있다. 아이들은 안전상의 문제 때문에 혹은 단지 습관이나 중독, 지루함 때문에 텔레비전과 컴퓨터 게임, 스마트폰에만 몰두하느라 동네에서 잘 뛰어놀지 않는다. 기계에 정신이 팔려 있는 동안 아이들이 기울이는 주의는 완전히 수동적이고 비사교적이며, 자기 자신의 내면과 사람들 사이에 형성되는 구체적인 관계에 집중하지 못하고 끊임없이 산만해진다. 오늘날 아동의 활발한 사회 참여가 계속 감소 추세에 있다는 많은 연구 결과가 있다. 그리고 어른들도 더 이상 예전처럼 이웃을 잘 알지 못하고 서로에게 의지하지도 않는다. 그만큼 오늘날 이웃 사이에 진정한 공동체를 형성하는 것은 드문 일이 되었다.

오늘날에는 가족 내에서도 많은 부모는 종종 심한 스트레스를 받아 걱정에 휩싸여 있거나, 너무 바빠서 물리적으로는 곁에 있더라도 자녀에게 진정으로 관심을 주지 못한다. 부모들은 만성적으로 너무나 압도되어 있고 언제나 정신없이 바빠서 아이들을 제대로 바라보지 못해 아이들이 스트레스를 많이 받을 때 안아 줄 생각조차 하지 못한다. 이렇게 가족 중 어느 누구도 그들이 필요로 하고 받아야 할 관심을 받지 못하고 있다.

오늘날 의료 현장에서는 의사가 환자에게 제대로 관심을 가지는 것도 만만치 않다. 어떤 경우는 거의 불가능하기까지 하다. 의사가 환자를 제대로 돌볼 시간이 턱없이 부족하다. 그만큼 여러 압박과 스트레스를 받고 있다. 이처럼 의도하지 않은 무관심은 그만큼 의료상의 위험을 높이며, 어떤 경우 이것은 고질적인 상황이 될 수도 있다. 물론 훌륭한 의사는 최선을 다해 그런 일이 없도록 대비하겠지만, 아무리 훌륭한 의사라도 오늘날 효율성과 이익 추구를 중요시하는 '관리' 차원의 돌봄 시대에는 끊임없이 시간적 압박에 시달리고 있다.

인류가 지구상에서 10만 년 넘게 **호모 사피엔스 사피엔스**로 살아온 수렵 채집의 시대에, 혹은 농사를 짓고 가축을 기르기 시작하던 만 년 전에 주의력 결핍은 매우 드문 현상이었다. '사피엔스(sapiens)'라는 단어는 라틴어로 알다, 맛보다, 지각하다, 현명하다는 뜻의 동사 sapere의 현재 분사, 즉 현재 진행되고 있음을 뜻하는 단어다. 그러므로 '사피엔스 사피엔스'란 '알고 있음을 알고 있다'는 의미로 해석될 수 있다. 우리는 알고 있다는 것을 아는 존재다. 우리는 아는 능력이 있고 우리가 알고 있다는 사실을 아는 종이다. 바꿔 말해, 우리는 현명하고 상위적 관점(meta perspective)을 가지고 있으며 알아차림하고 있다는 것을 알아차리고 효과적으로 우리 자신을 이름 지을 수 있는 능력을 갖춘 존재다.

앞서 말한 것처럼 수렵 채집을 하던 우리의 조상은 생존을 위해 끊임없이 주변 환경에 주의를 기울여야 했다. 그렇지 않으면 굶어 죽거나 다른 동물에게 잡아먹히거나 길을 잃거나 보호받을 수 없는 요인에 무방비로 노출되었을 것이다. 그리고 개인이 소속된 공동체야말로 그 개인에게는 세상의 전부였기에, 자연의 징후에 주의를 기울이고 그것을 읽어 내는 능력에는 필연적으로 자기 공동체 구성원의 얼굴과 기분, 의도를 읽어 내는 능력이 포함될 수밖에 없었다. 이러한 이유로 주의력 결핍은 진화 과정에서 매우 불리한 위치에 놓였으며 결코 선택받지 못했다. 주의력 결핍을 가진 사람은 자녀를 낳아 자신의 유전자를 물려줄 만큼 오래 살지 못했을 것이다.

이와 마찬가지로 농부도 지구와 새로운 삶, 그리고 매 시간 작물을 관리할 수 있는 리듬에 맞추게 되었다. 시간의 흐름을 나타내는 시계와 달력이 생기기 훨씬 전에는 이렇게 자연과 매일, 시간, 계절의 주기에 주의를 기울이고 적응하는 것이 생존에 매우 중요했다.

그러므로 우리가 고요함을 찾으려고 할 때, 사람들이 그것을 자연 속에서 발견하는 것은 당연하다. 자연은 꾸밈이 없다. 창밖의 나무와 거기 앉은 새는 자연 그대로의 야생의 유물이라고 할 수 있는 '지금'에만 머물고 있다. 지금이라는 이 유물은 과거에도 현재에도 보호받고 있으며, 인간의 척도로 볼 때 시간을 초월한 영원성을 가지고 있다.

자연 세계는 항상 지금 펼쳐진다. 우리는 자연을 본능적으로 느낀다. 왜냐하면 우리의 조상도 자연에서 태어나 자연으로 돌아갔고, 자연이야말로 우리가 아는 유일한 세상이기 때문이다. 자연은 또한 그곳에 사는 사람들에게 여러 가지 경험의 차원을 제공했다. 그것은 눈에 보이지는 않지만 분명히 느낄 수 있는 영계나 신의 세계를 포함하여 생존하기 위해 이해할 필요가 있는 것이었다.

계절의 변화, 바람과 날씨, 빛과 어둠, 산과 강, 나무, 태양, 들판, 식물과 동물, 황무지와 야생은 지금도 우리에게 말을 걸고 있다. 그들은 우리를 초대하여 그들이 드러나고 항상 존재하는, 그리고 잊어버리지 않는 한 우리 역시 그 속에 있는 현재로 우리를 다시 데려간다. 그들은 우리가 가장 중요한 것에 집중하고 주의를 기울이도록 도와주며, 메리 올리버(Mary Oliver)의 우아한 표현을 빌리면, "자연이라는 가족 속에서 우리가 서 있는 곳"을 상기시켜 준다.

그러나 지난 백 년 동안 우리는 자연 세계와의 친밀감과 우리가 태어난 지역사회와 평생 있었던 연결성에서 멀어져 가는 커다란 변화를 겪었다. 그리고 그러한 변화는 지난 25년 동안, 특히 디지털 혁명이 출현하고 그것이 사실상 (virtual, 가상현실이란 뜻도 지닌 일종의 언어유희) 보편적으로 채택되면서 훨씬 더 두드러지게 나타났다. '시간 절약'과 예전보다 향상된 모든 연결 장치로 이제 우리는 더 빠르고, 더 추상적이며, 몸에서 더 벗어나 더 멀리 거리를 두게 되었다. 그리고 우리가 주의를 기울이지 않으면 더 심하게 단절되는 방향으로 향하게 되었다.

어느 하나의 대상에 주의를 기울이는 것은 점점 더 어려워지고, 우리가 주의를 기울여야 할 대상은 점점 늘어나고 있다. 우리는 한 대상에 집중하지 못하고 쉽게 주의가 분산된다. 문자, 푸시 알림(push notification), 광고, 마감일, 통신 그리고 우리가 필요로 하지도 않고 처리할 수도 없는 정보가 끊임없이 쏟아지고 있다. 빠르게 정신없이 쉬지 않고 들이닥친다. 그리고 이 대부분은 인간이 만든 것이다. 그 이면에는 그것을 만든 사람의 생각이 있으며, 그것들은 우리 탐욕과 두려움에 호소하는 경우가 많다. 우리의 신경계에 대한 이러한 무차별 공격은 만족과 평정이 아닌 욕망과 동요를 계속해서 자극하고 키운다. 그것은 교감보다 반응을, 일치나 조화보다 부조화를, 있는 그대로 완전함을 느끼기보다 무언가를 얻어야 한다는 생각을 키운다. 무엇보다도 우리가 주의를 기울이지 않으면 그것들은 우리의 시간, 매 순간을 앗아간다. 비록 절박하게 한 가지를 더해야 할지라도, 현재 순간은 긴박한 열기 속에서 끊임없이 공격당하고 소비되기 때문에, 계속해서 시간에 쫓기고 미래로 내던져지고 있다. 시간이 결코 충분하지 않은 것처럼 보일 수 있다.

이 모든 속도와 탐욕과 신체적 무감각 속에서 우리는 점점 더 머릿속으로 빠져들고, 상황을 있는 그대로 인식하기보다 모든 것을 머리로 해결하고 통제하려고만 한다. 더 이상 본래대로 자연적이지도 않고 생명력도 잃은 세상에서, 우리의 영역을 점점 침범하는 기계에 계속 접속하고 있는 자신을 발견한다. 자동차 안의 라디오와 자동차 자체, 침실의 텔레비전, 사무실의 컴퓨터, 점점 더 주방에도 설치되는 컴퓨터, 스마트폰 등 우리는 중독적으로 기계를 사용함으로써 스스로 몸에서 멀어지고 있다.

지난 몇 세대에 걸쳐 우리 삶의 방식은 이렇게 맹렬히 가속화되었고, 이로 인해 우리는 무엇 하나에 온전히 집중하는 기술을 잃어버렸다. 이러한 상실은 디지털 혁명으로 더욱 심각한 문제가 되었다. 디지털 혁명은 우리의 일상에 불과 몇 년 전만 해도 상상할 수 없었던 변화를 가져왔다. 가정용 컴퓨터, 팩스, 카메라가 달린 휴대전화, 개인용 휴대 장치, 노트북 컴퓨터, 일주일 24시간 내내 연결되는 초고속 연결망, 인터넷과 월드와이드웹, 이메일 등 얼마 전까지만 해도 상상하기 어려운 꿈이자 공상과학 소설에나 나오는 이야기였던 이 모든 것이 이제 현실이 되었다. 이 모든 것의 거부할 수 없는 편리함과 유용성, 접근성, 효율성, 향상된 정보와 조직력, 오락성, 쇼핑과 은행 업무, 커뮤니케이션의 편리성 등 디지털 발전이 가져다준 모든 편리함에도 불구하고, 아직 시작도 안 된 이 거대한 디지털 혁명은 우리가 그것을 깨닫든 깨닫지 못하든 우리의 삶의 방식을 돌이킬 수 없을 정도로 바꾸어 놓았다.

디지털 혁명이 이제 막 시작되었다는 것은 의심의 여지가 없다. 그러나 그것은 이미 우리의 가정과 일하는 방식을 완전히 바꿔 놓았다. 많은 사람이 이제 게임기 앞에 앉아서, 컴퓨터 화면을 쳐다보면서, 매일 하루 종일 타이핑을 하고 아이콘을 클릭하고 있다. 얼핏 보아도 대부분의 일이 이런 식으로 바뀌었다. 그리고 우리가 하루에 얼마나 많은 일을 할 수 있는지, 따라서 목표 달성에 대한 기대치와 우리 혹은 '그들'이 원하는 것이 무엇이든 그것을 즉시 제공하는 것에 대한 기대치도 높아졌다. 이러한 새로운 작업 방식과 삶의 방식은 갑작스럽고 끝없는 선택, 간섭 및 주의 분산, 뛰어난 "대응 능력[response ability, 두 단어를 붙여 쓰면 '책임(responsiblity)'이란 단어가 되는 언어유희. 주위의 무의미하고 사소한 요구에 끊임없이 대응하는 능력이 현대사회에서 '책임' 있는 것으로 간주된다. 역자 주]" 그리고 심지어 가장 사소한 일에도 걷잡을 수 없는 긴박감으로 우리를 몰아세우고 있다. 우리가 해야 할 일의 목록은 자꾸 늘어나며, 우리는 항상 다음 순간으로 넘어가기 위해 이 순간을 서두르고 있다.

이 모든 상황은 우리가 어떤 행동을 취하기 **전에** 어떤 일에 대하여 주의를 유지하고 그럼으로써 심도 있게 알 수 있는 능력과 성향을 소진하고 만다. 이메일을 보낼 때 이런 경우를 볼 수 있다. 보내기 버튼을 클릭한 직후 방금 보내기로 한 파일을 같이 보내지 않았다는 것을 깨닫는다. 혹은 정작 하고 싶은 말이 아니었는데 하고 후회하거나 하고 싶었던 말을 하지 못했다는 것을 알게 되는 경우도 있다. 하지만 이미 이메일을 보내 버린 후다.

기술 자체는 우리가 깊이 생각할 기회를 앗아간다. 그것은 지금 보고 있는 메일에서 벗어나 자꾸 편지함에 있는 다음 이메일을 열어 보고 싶은 거부할 수 없는 충동을 조장한다. 우리는 한숨을 내쉬며 속으로 후회하면서 그냥 두거나 가능하다면 수정 메일을 보낼지도 모른다. 그러나 이미 보내 버린 이메일은 어떻게 할 것인가?

그러나 만약 우리가 별로 의식하지 못한 채 매 순간 내리는 선택에 마음챙김을 하지 않는다면 당연히 이런 방식이 일상생활과 대인관계 속으로 계속해서 파고들 것이다. 왜냐하면 어느 ADD 전문가가 말했듯이 말 그대로 모든 달콤한 기회와 선택으로 주의가 분산되기 때문이다. 우리는 심지어 강박적인 멀티태스킹으로 스스로를 매 순간 방해하기도 한다. 이처럼 한 가지 대상에 마음을 집중하는 능력과 욕구는 너무 낯선 것이 되어 버렸다.

우리는 스스로 산만하게 만들고, 또 인간이 만든 세상 역시 우리를 산만하게 만든다. 우리가 인간으로 태어나고 자란 자연은 한 번도 우리를 그렇게 만들지 않았다. 인간이 만든 세상은 모든 경이로움과 심오한 재능에도 불구하고 우리를 유혹하고 환상과 무언가가 되고자 하는 끝없는 갈망을 자극하는 쓸데없는 것들을 점점 더 많이 우리에게 쏟아붓고 있다. 그것은 우리가 단 한순간이라도 다른 어떤 것으로 그것을 채우거나, 성급하게 다음 순간으로 넘어가지 않고 지금 실제로 일어나고 있는 것을 느끼면서 이 순간에 머무는 일에 만족할 기회를 자꾸 없애 버리고 있다. 우리는 시간이 없다고 불평하지만, 사실은 이것도 우리의 시간을 빼앗는 것이다. 그것은 우리의 마음이 부주의와 불안정의 춤을 추도록 만들고 있다. 우리가 산만하지 않게 일을 하고, 일할 때는 산만하지 않기를 바란다.

　오늘날 많은 어린아이가, 심지어 세 살 정도의 아이까지 이 ADD나 ADHD에 대한 약물을 처방받는 비극은 많은 점을 시사한다. 그런데 만약 아이들의 이런 행동이 우리 시대에서 정상적인 것이 아니라면, 아이들을 산만함과 과잉행동으로 끌어들이고 있는 것은 다름 아닌 어른들이 아닐까? 아마도 아이들의 행동은 훨씬 더 널리 퍼져 있는 가정생활과 이 시대의 전반적인 삶의 불편함의 징후에 지나지 않는 것이 아닐까? 마치 오늘날 어른과 아이 모두에게 유행병처럼 번지고 있는 비만이 그렇듯 말이다.

　부모가 너무 바빠서 혹은 물리적으로 함께 있더라도 머릿속이 다른 생각으로 가득 차 있다면, 밤에도 주말에도 하루 종일 일터에 있다면, 집에 있더라도 계속 전화만 붙들고 있다면, 온갖 잡다한 집안일을 처리하느라 자녀에게 관심을 기울이지 못한다면, 아무리 어려도 아이들은 부모에게 결핍을 느끼고 그 이면으로 커다란 존재론적 슬픔을 느낄 것이다. 이것은 부모의 관심 결핍이며, 실제로 살아 있고 호흡하며 느끼고 껴안아 주는 변덕스럽지 않고 믿음직스러운 존재의 결핍이다.

　그러나 우리는 그것이 결국 어른들의 세계라고 생각하기 쉽다. 그러나 어른들이 끊임없이 주의가 산만해져 무엇 하나에도 오래 집중하기 어렵다면 점점 더 많은 아이가 그렇게 변하는 것도 당연하지 않을까? 왜냐하면 아이들의 리듬이란 태어날 때부터 상당 부분, 특히 영유아기 때는 어른들의 리듬에 맞춰져 있기 때문이다.

또 실제로 아이들은 휴대전화나 문자 메시지를 사용하기 전에는 ADD를 잘 겪지 않는다. 그들은 그냥 몇몇 기질을 보여 줄 뿐 보통의 활기찬 아이들일 뿐이다. 그런 아이들이 이제는 학급의 문제아, ADD나 ADHD를 겪는 이상 행동의 아동으로 인식되고, 심지어 그렇게 진단을 받기도 한다. 왜냐하면 어른들이 아이들의 정상적인 활기와 도전에 인내심을 가지고 대할 수 있는 시간을 갖지 못하기 때문이다.

많은 사람이 환경의 노예가 되어 가고 있다고 느끼면서도 동시에 삶이 전개되는 속도에 중독되어 있다. 심지어 우리가 느끼는 스트레스와 괴로움조차 어떤 때는 이상하게도 만족스럽고 도취시키는 것으로 느껴진다. 그래서 우리는 삶의 속도를 늦추고 자신을 현재에 내어 주는 일을 꺼리게 된다. 우리는 아이들의 욕구가 매우 현실적이고 끊임없이 변화하고 있음에도 어른들의 욕구와 충돌할 때 그들의 욕구에 온전히 주의를 기울이지 못한다. 아이들에게 행동 장애가 있어서가 아니라 그들이 '아이들'이기 때문에 말이다.

어쨌거나, 우리 아이들은 어쩌면 우리의 ADD/ADHD 가정, 혹은 신체와 동떨어진 교과과정과 통합되지 않은 파편화된 정보로 가득 찬 지나치게 엄격한 ADD/ADHD 학교에서 받는 불편함에 굴복할지도 모른다. 그러면 아이들은 결국 이런 방식으로 ADD/ADHD 사회로 들어와 일과 인간관계, 그들 자신의 삶과 나름대로 관계를 맺게 되어 있다. 이것이 오직 일부에게만 맞는 이야기라 하더라도, 그에 대해 생각하는 것만으로도 두통을 일으키기에 충분하다.

일주일 내내 하루 24시간 쉼 없는 연결

조금만 주의를 기울여 보면 세계는 바로 눈앞에서 이제껏 우리 신경계가 한 번도 경험하지 못했던 방식으로 엄청난 격변을 겪고 있음을 쉽게 알 수 있다. 이러한 변화가 삶과 가족, 일에 미치는 엄청난 영향을 고려해 보면서, 그 변화가 우리의 삶에 어떤 영향을 미치는지 때때로 돌아보는 것도 좋다. 그와 관련하여 일주일 내내, 하루 24시간의 끊임없는 연결이 우리에게 어떤 영향을 미치는지 마음챙김하는 것도 좋다.

내 생각에 우리는 이런 것에 관해서 거의 알아차리지 못하고 있었던 것 같다. 우리는 새로운 가능성과 도전에 적응하고, 새로운 기술을 이용하여 더 많은 일을 더 빠르고 완벽하게 해내는데, 그 과정에서 그것에 완전히 의존하고 심지어 중독에 빠지기도 한다. 더구나 우리는 그 사실을 깨달았든 아니든 간에 속도를 늦출 기미가 전혀 보이지 않고 시간의 가속화라는 격류에 휩쓸려 떠내려가고 있다. 효율성과 여유라는 측면에서 이익을 창출한다고 선전하는 기술은 오히려 우리에게서 이 두 가지 모두를 빼앗으려고 위협하고 있다. 당신이 아는 사람 중에 과거보다 더 여유로워진 사람이 있는가? 이러한 생각은 1950년대로 거슬러 가는 것처럼 우리 시대에는 낯설어 보인다.

오늘날 삶의 속도는 무어의 법칙(Moore's law, 인텔 창립자 고든 무어가 처음 언급함)이라고 알려진 거역할 수 없는 기하급수적 가속화에 끌려가고 있다. 무어의 법칙은 집적회로의 크기와 속도에 관한 것으로, 차세대 마이크로프로세서의 계산 능력과 속도는 18개월마다 2배 증가하는 반면 크기는 2배 감소하며 생산 비용은 거의 동일하게 유지된다는 것이다. 생각해 보라. 처리 속도는 증가하는 반면 크기는 점점 소형화되고 전자제품의 가격은 계속해서 내려가는 현상이 끝없이 계속된다. 이런 현상의 조합으로 인해 전 세계에서 날아오는 점점 더 많은 이메일과 음성메일, 팩스, 문자 메시지, 휴대폰 통화에 좋든 싫든 응답을 할 수밖에 없는 상황에서 우리는 직장이나 가정의 컴퓨터 시스템, 소비재, 게임과 휴대용 전자장치 등의 유혹에 쉽게 빠져들고 중독이나 방향 감각의 상실을 겪을 수밖에 없다. 사실, 사방에서 날아들어 빠져나갈 길이 없는 산더미 같은 공격적인 광고를 제외하면 대부분은 우리가 아끼고 함께하고 싶은 사람들에게서 오는 것이다. 그런데 우리는 이러한 즉각적이고 도처에 있는 연결성, 즉각적인 대답에 대한 주변 사람들의 기대에 어떻게 균형을 잡고 조절할 수 있을까?

디지털 기기와 스마트폰으로 이제 어느 때고 누구와 연락할 수 있고 어디서든 사업을 하고 문자나 전화를 받을 수 있으며 언제 어디서나 이메일을 확인할 수 있을 정도로 연결되었다.

그러나 그 과정에서 우리가 자신과의 접촉을 잃어버리는 위험을 무릅쓰고 있다는 사실에 대해 생각해 보았는가? 주변의 이 모든 유혹 속에서 우리는 삶에 대한 주요한 연결 통로가 바로 우리 자신의 내면, 즉 자신의 몸과 마음을 포함한 모든 감각을 경험하는 것이라는 것을 잊기 쉽다. 내면과의 연결이야말로 우리가 세상과 접촉하고 또 세상이 우리와 접촉하는 매개가 되어 우리가 세상에 적절하게 대응하도록 해 준다. 그런 점에서 우리는 어떤 것으로도 채워지지 않은 순간이 필요하다. 전화 한 통을 더 받거나 이메일 하나를 더 보내고 일 하나를 더 계획하고 해야 할 일을 하나 더 추가하고 실행하기 위해 곧장 다음 순간으로 넘어가지 않고 그 무엇으로도 채워지지 않은 순간이 필요하다고 할 수 있다. 심지어 반성하고 숙고하고 생각에 잠기는 때라도 말이다.

이렇게 급하고 폭압적인 연결성 속에서 우리 자신과의 연결성은 과연 어떠한가? 우리는 자신을 제외한 다른 모든 사람과의 연결에는 극대화되었지만 정작 우리가 지금 실제로 있는 곳에는 전혀 연결되어 있지 못한 것이 아닐까? 지금 전화를 하면서 바닷가에 있다면 정말 거기에 있는 것인가? 지금 전화를 하면서 길을 걷고 있다면 정말 거기에 있는 것인가? 지금 전화를 하면서 운전을 하고 있다면 정말 거기에 있는 것인가? 속도가 더 빨라지고 순간적이면서도 끊임없이 연결되는 삶에 직면하여 우리는 삶 속에 존재할 가능성을 버려야 하는 걸까?

무언가를 하는 '사이'의 빈 시간에는 누구와도 연결되지 않는 것은 어떨까? 사실 빈 시간이란 실제로 존재하지 않는다는 것을 깨닫는 것은 어떨까? 전화선의 저쪽 끝에 있는 사람(상대방)이 아니라 이쪽 끝에 있는 사람(나)과 연결되는 것은 어떨까? 변화를 위해 우리 자신을 불러내어 무엇을 하고 있는지 보는 것은 어떨까? 이 책에 첨부하기 위해 내가 개발한 것을 포함하여 마음챙김 앱은 공식 명상 수련을 개발하고 심화하는 데 유용하며 그 종류도 점점 더 늘어나고 있지만, 사실 자신과 접촉하는 데 전화기는 필요 없다. 우리가 무감각할 때나, 압도당한 상태이거나, 지루하거나, 불안하거나, 우울하거나, 또 한 가지 일을 더 해야 할 때조차도 이 모든 순간 느낌과 접촉하는 것은 어떨까?

우리의 몸과 바깥 풍경을 감지하고 알 수 있는 감각의 우주와 연결되는 것은 어떨까? 멍하니 아무 생각 없는 순간보다 어떤 순간에라도 그 순간 마음에 일어나는 감정과 기분, 느낌, 생각, 신념 등에 대한 알아차림으로 그곳에 머무는 것은 어떨까? 마음속에 일어나는 일의 내용뿐 아니라 그 느낌과 함께 머무는 것은 어떨까? 그리고 우리 삶의 중요한 사건들과 에너지로서의 실재성 그리고 자기 이해를 위한 거대한 정보의 저장고로, 변화를 촉진하는 훌륭한 기회로, 우리가 매 순간 경험하는 것을 따라 우리가 알고 이해하는 것으로 삶을 보다 참되게 사는 기회로 느끼며 머무는 것은 어떨까? 모든 차원에서 우리 자신을 포함하는 더 '큰 그림'을 그리는 것은 어떨까? 비록 그 그림은 언제나 진행 중이며, 항상 일시적이고, 변화하며, 명확하게 그리고 어떤 때는 명확하지 않게 나타나거나 나타나지 않는 그림이긴 하지만 말이다.

대부분 새롭게 알게 된 기술을 이용하여 연결하는 것은 실제 목적이 있어서 하는 것이 아니라 단지 습관일 뿐이며 『뉴요커』 잡지 만화에 나오는 것처럼 어리석음을 한계까지 밀어붙이는 것이다.

> 출퇴근 시간의 지하철 역사, 지하철에서 쏟아져 나오는 사람들과 지하철 안으로 쏟아져 들어가는 사람들 모두 귀에 휴대폰을 대고 있다. 그들이 말한다. "나 지금 지하철 타는 중이야." "나 지금 지하철에서 내리는 중이야."

이 사람들은 누구인가?(이런, 하마터면 잊어버릴 뻔했다. 이건 모두 우리다.) 그 중요 정보를 서로 전하지 않고 그냥 지하철을 타고 내리는 것이 뭐가 문제인가? 지금 비행기에서 내리고서도 여전히 옛날 방식으로, 즉 휴대폰을 사용하지 않고 기다리는 지인들을 만나는 사람이 있을까? 내가 무심히 관찰해 보면 대답은 아니요다. 주의하지 않으면 곧 이런 일이 있을지도 모른다. "지금 욕실에 있어. 지금은 손을 씻는 중이야." 우리가 정말 이런 것까지 알아야 할까? 이런 식으로 상대방이 아닌 자신에게 말한다면 그것은 우리 경험을 마음챙김하며 언급하는 것이 된다. 그것은 현재 순간 펼쳐지는 체화된 경험에 대한 알아차림을 함양하는 데 무척 유용하다. 나는 지하철을 타는 중이다(그리고 그것을 알고 있다). 나는 지하철에서 내리는 중이다(그리고 그것을 알고 있다). 나는 침실로 가는 중이다(그리고 그것을 알고 있다). 나는 손에 물의 감촉을 느끼고 있다(그리고 그것을 알고 있다). 나는 이 깨끗한 물이 어디서 오는지 얼마나 소중한지 고마워하고 있다. 이것이 바로 체화된 깨어 있음(embodied wakefulness)이다.

수련을 통해 우리는 그 '나'라는 인칭대명사가 그다지 필요하지 않다는 것을 알게 될 것이다. 다만 지하철을 타고 내리며, 가고, 느끼고, 알고, 반복해서 아는 것뿐이다.

이런 경험을 다른 사람에게 말하라고? 누가 그것을 필요로 한단 말인가? 그것은 주의를 분산시키고, 산만하게 하며, 사물처럼 다루어지면서 현재 순간을 사라지게 한다. 어떻게 된 일인지 우리의 경험 속에서 그리고 경험과 함께 홀로 있는 것은 더 이상 충분하지 않다. 그것이야말로 이 순간 우리의 삶임에도 불구하고 말이다.

우리의 경험 속에서 그것과 함께 홀로 있는 것, 이것으로 우리는 한번 멈출 수 있다. 이것은 우리가 자신의 몸과 호흡, 있는 그대로 지금 이 순간의 순수한, 아날로그의, 디지털이 아닌 자연 세계 그대로의 우리 자신과의 연결성을 깨닫기 위해 필요한 멈춤이다.

그렇다고 오늘날 우리가 항상 사용하는 기술들이 놀랍지 않다거나 유용하지 않다는 의미는 아니다. 부모는 자녀들이 어디에 있든 항상 연락을 취할 수 있다. 9·11 테러 사건 때 납치된 비행기에 탑승한 승객들은 휴대폰으로 그들이 처한 상황을 알 수 있었고, 그 사실을 바탕으로 네 번째 비행기 탑승객들은 비행기가 목표물과 충돌하는 것을 막아 냈다. 휴대폰은 우리가 서로를 쉽게 찾도록, 그리고 아주 놀랍고 유용한 방식으로 우리의 활동을 조정하도록 해준다. 하지만 휴대폰은 자동차 사고가 증가하는 원인이 되기도 한다. 사람들은 운전하는 동안 안전하게 운전하는 것보다, 심지어 자신이 어디로 운전해 가고 있는지 아는 것보다 전화 통화에 더 정신이 팔려 있다. 그리고 최근의 연구에 의하면 운전 중 자동차 라디오 채널을 돌리는 데, 음식을 먹는 데, 몸치장하는 데 더 많은 신경을 쓰고 있다고 한다. 그것은 심지어 많은 경우 범죄의 수준에 근접하기도 한다(전화기를 귀에 댄 채, "이런, 죄송해요 당신을 칠 뻔했네요. 앞에서 길을 건너고 있는 당신을 보지 못했어요. 방금 우리 회계사, 변호사, 어머니, 사업 파트너와 중요한 대화를 하던 중이었거든요."). 그리고 디지털 기술은 우리에게 사생활이라는 커다란 문제를 제기하고 있다. 우리가 구입하는 물건이나 이동 경로까지 추적하고 분석하며, 상상하기 어려운 방식으로 개인적 습관마저도 기록한다. 이는 사생활의 영역에 대한 기존의 정의를 완전히 바꿔 놓는다. 적어도 점점 더 많은 상품 카탈로그를 받게 된다는 것을 의미한다.

컴퓨터와 프린터, 또 그것의 놀라운 소프트웨어 능력은 이메일을 통해 언제 어디서든 즉각적으로 문서를 교환하고 예전 같으면 우리 손에 들어오는 데 며칠이 걸렸을 정보에도 즉시 접근하게 해 주는 능력과 더불어, 많은 경우 우리가 일주일 혹은 25년 전 같으면 한 달 동안 걸려서 했을 일을 단 하루 만에, 그것도 더 잘 마치도록 해 준다. 나는 결코 기술적 발달에 대한 러다이트 운동[Luddite, 19세기 초 영국에서 일어났던 기계파괴 운동, 이와 관련하여 디지털 혁명을 두려워하고 거부하는 운동을 신 러다이트(Neo Luddite) 운동이라 한다. 역자 주]을 옹호하는 것이 아니다. 모든 것이 더 단순했던 과거로 되돌아가자는 낭만적 주장을 하는 것도 아니다. 그러나 나는 우리가 매일 그리고 매년 등장하는 모든 새롭고 강력한 기술에 대해 마음챙김하는 것이 중요하다고 생각한다. 자칫하면 그런 기술들로 인해 우리는 외부 세계의 중독적 끌어당김 속에서 자신을 잃고 자신의 내면에 대해 망각하여, 자신과의 접촉에서 훨씬 더 멀어질 수 있다.

우리의 신경계가 지금까지 한 번도 경험하지 못했던 점점 빨라지는 새로운 방식으로 외부 세계에 더 많이 이끌려 갈수록, 우리가 그에 대항할 수 있는 튼튼한 내면세계를 개발하는 것은 그만큼 더 중요해진다. 이 내면세계는 우리가 신경계를 고요하게 만들고 그에 조율하여 자신과 타인을 위해 더 현명하게 사는 데 도움을 줄 것이다. 우리는 몸과 마음, 내면과 외면의 접점에서 일어나는 경험(연결을 유지하기 위해 기술을 사용하는 바로 그 순간, 그렇게 하려는 충동이 일어나는 바로 그 순간을 포함하여)에 마음챙김을 가져감으로써 이러한 균형을 개발할 수 있다. 그렇지 않으면 누가 이 모든 행위를 하며, 누가 보다 바람직한 곳으로 가고 있는지, 정말 그런지 생각할 시간조차 더 이상 갖지 못하는 로봇과도 같은 삶을 살게 될 위험성이 매우 높다.

부분적으로만 지속하는 주의 기울임

『뉴욕타임스』의 칼럼니스트인 토머스 프리드먼(Thomas Friedman)은 전 마이크로소프트의 연구원인 린다 스톤(Linda Stone)의 말을 인용해, 오늘을 사는 우리의 현재 마음 상태를 '부분적으로만 지속하는 주의 기울임'이라고 표현했다. 프리드먼은 그에 덧붙여 자신의 생각을 이렇게 말했다. "나는 그 표현이 아주 적절하다고 생각합니다. 그것은 당신이 이메일 답장을 쓰거나 아이들과 대화를 나누는 도중에 휴대전화가 울리고 통화를 한다는 것을 의미하지요. 이제 당신은 계속 상호작용의 흐름 속에 있지만 각각의 여러 일에 오직 부분적으로밖에 집중할 수 없습니다."

> 린다 스톤은 이렇게 말했다. "당신이 누군가에게 혹은 어떤 경험에 온전히 전념하는 것이 곧 우리가 충족감을 느끼는 방식이라면, 거기에는 일정 수준의 지속적인 주의력이 필요하다." 우리는 바로 그렇게 주의를 지속해서 기울이는 능력을 잃어 가고 있다. 왜냐하면, 우리는 기회를 찾아 끊임없이 세상을 기웃거리며 무언가 더 좋은 것을 놓칠까 봐 두려워하기 때문이다. 이것은 믿기 어려울 정도로 영혼을 고갈시킨다.

프리드먼은 계속해서 다음과 같이 말한다.

> 너무나 많은 사람이 내 사무실에 전화를 해서 내가 있는지 물어보고, 만약 없다면 바로 내 휴대폰이나 호출기로 연결해 달라고 요청한다(나는 둘 다 가지고 다니지 않는다). 이제 당신은 더 이상 연결이 끊어진 것이 아니다. 당신이 언제나 연결되어 있다고 가정하는 것이다. 연결이 끊어진 상태는 끝났다. 이제 당신은 항상 연결되어 있다. 그리고 연결이 되어 있을 때 당신은 항상 켜져 있어야 한다. 항상 켜져 있다는 것은 무엇인가? 마치 컴퓨터 서버와 같은 것이다. 문제는 인간이 컴퓨터 서버처럼 설계되어 있지 않다는 것이다. 한 가지만 말하면, 인간은 하루에 8시간 자도록 설계되어 있다. 예일 경영대학원의 학장이자 『CEO의 마음(The Mind of CEO)』의 저자인 제프 가튼(Jeff Garten)은 이렇게 말했다. "지금은 우리가 기술에 적응해야 하고, 그렇지 않으면 죽는 시대가 아니다. 기술이 우리에게 적응하지 못하면 죽는 시대다."

그러나 이런 종류의 적응은 우리가 더욱 마음챙김하려고 전념하지 않으면 불가능할 것이다. 아마도 당신은 오늘날 사무 기술의 혁신으로 인해 업무량이 점점 끝없이 늘어나고 있음을 알 것이다. 일과 우리의 업무 능력은 어디서나 24시간 확장되어 있기 때문에 더 이상 업무 시간이 따로 없다. 우리 대부분은 업무 주간이 따로 있지 않고, 주중과 주말의 구분도 희미해졌다. 더 이상 일하는 장소도 고정되어 있지 않다. 비행기, 식당, 휴양지, 호텔 어디서나, 거리를 걷거나 자전거를 타면서도 어느 곳에서도 업무를 보는 것이 가능해졌다. 게다가 휴대폰, 이메일, 인터넷도 있다. 『뉴욕타임스』에 실린 어느 전면광고에는 이렇게 쓰여 있었다. "마이크로소프트 오피스 제품이 무선으로 바뀌면 놀라운 일이 벌어집니다. 이제 어디든 일터를 가져갈 수 있습니다."

물론 이것은 놀랍고 편리한 일이다. 그리고 많은 면에서 큰 도움이 되는 것이 사실이며 지난 10여 년 동안 그런 식으로 발전해 왔을 뿐이다. 나는 그것을 비판하는 것이 아니라, 그러한 기술 발전이 우리의 삶에 어떤 영향을 미치고 있는지 우리가 좀 더 자각해야 하며 우리가 더 큰 균형을 위해 순간순간 선택을 해야 하지 않겠느냐는 말을 하고 싶은 것이다. 우리가 기술을 더 많이 사용할수록 그것에 더 의존하게 되며 끊임없이 속도를 높이고자 하는 유혹에 끌려가기 쉬워진다. 그럴수록 "우리를 위한 시간은 도대체 언제인가?"와 같은 질문을 스스로에게 던질 필요가 있다. 우리의 존재를 위한 시간은 언제인가? 아날로그적 삶을 위한 시간은 언제인가? 소중한 가족과의 시간을 방해받지 않을 때는 언제인가? 그저 걷고 자전거를 타고 먹고 쇼핑할 시간은 언제인가? 관련 없는 간섭이나 끊임없이 성취해야 할 일을 더욱 심화시키기 위해 다음 일을 동시에 할 필요가 없이 현재 순간 펼쳐지는 것과 함께 있을 시간은 언제인가? 또 지루할 때 단지 시간을 때우지[우리는 시간을 '죽인다(kill)'는 표현을 쓴다.] 않고 현재 순간 펼쳐지고 있는 것과 함께할 시간은 또 언제인가? 그리고 그런 시간이 나면 무엇을 해야 하는지, 어떻게 그 시간에 존재할 것인지 알 수 있는가? 아니면 우리 자신이 점점 실제 삶에서 멀어질수록 반사적으로 신문을 집어 들거나, 누군가에게 전화를 걸거나, 리모컨을 누르기 시작할 것인가?

아이폰이 등장하기 3년 전인 2004년부터 『일요일판 뉴욕타임스(Sunday New York Times)』의 비즈니스면에 나온 몇 가지 예를 보자.

"10년 전에는 사무실에서 12시간을 있어야 했습니다." 시스코 시스템즈(Cisco Systems)의 기술정책 차관보이자 전직 임원이었던 브루스 멜먼(Bruce P. Mehlman)의 말이다. 그는 이제 직장에서 하루 10시간을 보내고, 무선 노트북과 블랙베리, 휴대폰을 쓰면서 아내와 세 자녀와 더 많은 시간을 보낼 수 있다고 한다.

"나는 아이들이 옷 입는 것을 도와주고, 밥을 먹이고, 목욕도 시키고, 밤에는 동화책을 읽어 주기도 합니다." 그는 말했다. 그는 아들과 레고 비행기로 공중전 게임도 한다. 다섯 살 난 아들과 함께 레고 비행기로 가상의 공중전을 벌이는 것이다. 멜먼과 그의 아들은 둘 다 그 게임을 아주 좋아하는데, 그것이 아빠에게 이로운 점이 또 있다. 한 손으로 아들과 비행기 놀이를 하면서 다른 한 손으로는 전화기를 들고 통화를 하거나 이메일을 체크할 수 있다는 점이다. 이런 '멀티태스킹' 행동에는 때로 노련한 기술이 필요하다. 멜먼은 대개 일부러 아들이 레고 비행기 공중전에서 이기도록 하지만 때로 자신이 이기는 경우도 있는데, 그 이유는 자신이 이기면 아들은 비행기를 다시 조립하느라 몇 분씩 시간을 보낼 것이기 때문이다. "아들이 비행기를 다시 조립하는 동안 나는 이메일과 블랙베리를 확인합니다."라고 설명한다.

44세의 벤처 투자가인 찰스 랙스(Charles Lax)는 자금이 풍부한 경쟁자들과의 '시간과의 경쟁'에서 뒤지지 않으려고 첨단기술을 사용한다. 스스로도 자신이 '언제나 대기 상태'에 있음을 인정한다. 그의 사무실 책상에는 전화기, 휴대폰, 몇 대의 프린터와 연결된 노트북, CNN이나 CNBC에 채널이 맞춰진 텔레비전이 있다. 그의 곁에는 카메라, 달력, 주소록, 인스턴트 메신저, 만약을 대비해 전화기 역할도 하는 모바일 장치인 사이드킥(Sidekick, 지금은 스마트폰에 의해 쓸모가 없어졌다.)이 있었다. 이 장치는 인터넷 검색도 가능하고 이메일

도 받을 수 있다. 그는 이 장치가 울릴 때면 언제라도 집어든
다고 한다. 심지어 이 장치로 화장실에서 이메일을 확인한 적
도 있다고 한다.

자동차 안에서도 쉴 시간이 없다. "전화기에 대고 말을 하
면서도 머리에는 헤드셋이 있지요." 랙스의 말이다. 그는 사
이드킥으로 이메일을 확인하는 것같이 또 다른 일을 하고 있
는가? "그것 말고 다른 일은 얘기하지 않을게요. 그랬다간 체
포될지도 모르니까요." 그가 웃으며 말했다.

랙스는 자극이 끊임없이 있는 것이 좋다고 말했다. "그러
면 바로 만족하게 됩니다." 지루할 틈이 없다는 것이다. "공
공장소에서 줄을 서거나 식당에서 점심이 나오기를 기다
리는 동안, 그리고 스타벅스에서 가지고 갈 커피가 나오기
를 기다리는 동안 그 장치를 사용합니다. 그리고 참, 공항을
빼놓을 수 없군요. 그곳에서 비행기를 기다리는 건 정말이
지 지옥 같은 경험이니까요." "실시간으로 이메일을 주고받
을 수 있다는 건 정말······." 그때 랙스는 말을 잠시 멈췄다.
"잠깐만요. 다른 전화가 왔어요."

전화를 받고 나서 그는 많은 벤처 투자가와 이렇게 일하는
방식을 공유한다고 말했다. "우리 모두는 일종의 ADD를 겪
고 있어요. 농담 같지만 사실이에요. 우리는 쉽게 지루함을
느낍니다. 동시에 할 수 있는 일이 너무나 많지요." 그는 심지
어 체육관에서 운동을 하면서도 이메일을 확인한다고 했다.

첨단기술은 그에게 여분의 에너지를 사용하는 방법을 제
공하는 것 같다.

그는 이렇게 말했다. "그것은 마치 리탈린(Ritalin, ADD 치료
제) 같아요." 그러나 그는 기술에 의존하는 것에는 부작용이
있다고 했다. "언제나 발표 내용이 아니라 자신들의 컴퓨터 화
면에만 집중하고 있는 사람들과 함께 회의를 하게 되지요."[2]

우리가 항상 켜져 있는 컴퓨터 서버 모드에 점점 유혹되어 기술에 중독
될수록 내면의 삶의 중요성을 상기하고 매 순간 펼쳐지고 있는 자신과 세
계를 연결하는 순간순간의 온전한 주의가 지닌 힘의 중요성을 상기해야 할
필요가 있다. 우리가 이메일이나 휴대폰과 떨어져 있을 수 없다면, 또 아무
생각 없이 계속해서 멀티태스킹을 하고 싶은 유혹에 굴복한다면, 결코 연결
이 끊어지는 일은 없을 것이다. 그러나 프리드먼이 말한 것처럼 연결 속에
있는 것도 역시 끝나고 말 것이며 의미가 없어지고 말 것이다. 그때 우리는
온전히 현존하는 방법, 온전한 주의를 한 가지 대상에 기울이는 방법을 더
이상 알지 못할 것이기 때문이다.

효과적인 멀티태스킹이라는 것은 허구라는 것을 몇 번이고 보여 주었다.
즉, 우리는 경쟁을 요구하는 것들 사이에서 이리저리 주의를 두지만 문제가
되는 과제 하나하나에 제대로 주의를 둘 수가 없다.

그래서 이 순간의 도전은 정말로 우리 자신을 위해서 '연결'상태가 될 수
있는가다. 마음을 지속적으로 현재에 유지할 수 있을까? 지금 당면한 문제
에, 그것이 어떤 것이든 한 가지에 주의를 기울일 수 있을까? 쉴 수 있을까?
그래서 그저 행동하기보다는 존재할 수 있을까? 그것은 언제가 될 것인가?

가슴에서 속삭이는 열망과 본래의 지혜가 아니라면 그 무엇이 그리고 그
누가 우리를 집으로 부를 것인가? 그리고 그 일을 하는 데도 우리는 앞으로
무선회사나 내장된 마이크로칩 같은 것을 필요로 하게 될까?

---

2) 내 동료 Judson Brewer의 책 『크레이빙 마인드: 중독과 산만함, 몰입과 회복력의 비밀』
   (New Haven, CT: Yale University Press) 참조.

시간의 흐름에 대한 '감각'

낯선 장소에서 휴가를 보내며 뭔가 도전적인 일을 할 때 내면으로 느끼는 시간 감각이 놀랍도록 느려지는 것을 경험한 적이 있는가? 외국 어느 도시에서 일주일 정도 다양한 체험을 하고 일상으로 돌아오면 일주일이 아니라 훨씬 더 오랫동안 그곳에 가 있었다는 느낌이 들 것이다. 당신은 그곳에서 하루를 일주일처럼, 일주일을 한 달처럼 다양한 일을 체험하면서 무척 즐겁게 시간을 보낸 것이다.

야외에서 캠핑을 해도 이와 비슷한 경험을 할 수 있다. 그곳에서는 모든 경험이 새롭다. 그것은 '관광(sightseeing)'이 아니지만 당신이 보게 되는(see) 모든 광경(sight)이 처음 보는 것처럼 새롭다. 그래서 캠핑을 가면 주목할 만한, 혹은 '주목할 가치가 있는' 순간들이 집에 있을 때보다 잦다. 그리고 물론 캠핑장에서는 일상적인 집안일에 신경 쓰지 않아도 좋다. 당신이 위성방송 수신 안테나나 노트북을 갖고 가지 않는다면 말이다. 한편, 같은 시간에 캠핑을 가지 않고 집에 있었던 사람들은 평범한 일주일을 보낸다. 그들에게 그 일주일은 당신이 마치 집을 떠나기 무섭게 곧바로 돌아온 것처럼 무척 빠르게 지나간다.

미국의 컴퓨터 귀재이자 미래학자, 인공지능 제창자이며 감각 손상을 입은 사람들을 위해 감각 향상 장치를 발명한 레이 커즈와일(Ray Kauzweil) 박사는 우리 내면의 주관적인 시간 감각은 시스템 내의 '혼동 정도(the degree of chaos)'와 더불어 우리가 '중요하다'고, 혹은 주목할 가치가 있다고 느끼는 사건들 사이의 간격에 의해 조정된다고 한다. 그는 이것을 '시간과 혼동의 법칙(Law of Time and Chaos)'이라고 부른다. 한 시스템 내에서 질서가 감소하고 혼동(그 과정과 관련한 무질서한 사건의 수)이 증가할수록 시간(두드러진 사건들 사이의 시간)은 느려진다고 한다. 반면, 시스템 내의 질서가 증가하고 혼돈이 감소하면 시간(두드러진 사건들 사이의 시간)은 빨리 흐른다고 한다. 그가 '수확 가속의 법칙(Law of Accelerating Returns)'이라고 부르는 이 논리는 종의 진화와 비슷한 방식으로 기술이나 컴퓨터 계산의 진화 과정을 설명하고 있다.

　아기와 어린아이들은 자라는 시기에 중요한 사건이 자주 일어나는데, 시스템의 혼란 수준(예를 들어, 예측할 수 없는 생활 속 사건)이 증가하더라도 시간이 지남에 따라 그러한 사건들의 빈도는 감소한다. 어린 시절에는 중요한 사건들 사이의 시간 간격이 짧기 때문에 그 시절에 대해 아이들이 느끼는 체험은 시간이 존재하지 않는 것처럼 영원하거나 시간이 매우 천천히 가는 느낌이다. 어린 시절에는 시간이 흐르는 것을 거의 알아차리지 못하고, 많은 시간 현재에 머문다. 그러나 나이가 들면서 중요한 발달 단계 사이의 시간 간격이 점점 길어지면서 현재 순간이라고 하는 것이 어떤 것으로도 채워 있지 않은 텅 비고 언제나 똑같은 것으로 인식된다. 우리가 나이가 들면서 시간에 대한 우리의 기준틀이 점점 길어지기 때문에 주관적인 시간 감각이 빨라지는 것 같은 느낌이 든다.

　따라서 삶이 흘러가면서 느끼는 내면 속도를 늦추고 싶다면 두 가지 방법이 있다. 하나는 자신의 삶을 되도록 새롭고 '중요한' 경험으로 많이 채우는 것이다. 많은 사람이 자신의 삶을 중요한 무언가로 만들어 줄 커다란 경험을 갈구하면서 이러한 삶의 길에 중독되어 있다. 그들은 이국적인 장소로 거창한 여행을 떠나거나, 극한의 스포츠에 몰두하거나, 이제껏 맛보지 못한 진수성찬을 기다린다.

주관적인 시간 감각을 늦추는 또 다른 방법은 일상의 순간들을 놓치지 않고 관찰함으로써 그것들을 주목한 만한 것으로 만드는 것이다. 이 방법 역시 마음속에 혼돈을 줄이고 질서를 증가시켜 준다. 아무리 사소한 순간이라도 진정으로 중요한 순간이 될 수 있다. 지금 어떤 일이 일어나든 순간들이 펼쳐질 때 진정으로 자각하고 현존한다면, 그 각각의 순간이 모두 독특하고 새로우며, 따라서 중요한 순간이 된다는 것을 알 것이다. 그렇게 당신의 시간 감각은 느려진다.

현재 순간의 변치 않는 특성에 마음을 열 때 시간이라는 주관적인 경험에서 벗어나 있는 자신을 발견할지도 모른다. 아무리 나이가 들었더라도 당신의 삶에 남은 시간 동안 천문학적으로 많은 순간이 있기 때문에, 그 순간들에 좀 더 현존할수록 삶은 더 생생해진다. 그 순간들이 더 풍부해지고 순간 사이의 시간 간격이 더 짧아질수록, 시간에 대한 경험의 관점에서 보면 시간은 더 느리게 갈 것이며, 그만큼 삶의 순간들에 더 현존하면서 삶이 더 '길어질' 수 있다.

흥미롭게도, 시간에 대한 감각이 느려지는 또 다른 방식이 있다. 그것은 정말로 나쁘게 느껴지는 것인데, 바로 우리가 우울, 감정적 소용돌이, 불행에 휩싸여 있을 때다. 휴가 때 일이 잘 풀리지 않으면 일주일, 심지어 하루라도 끝없이 이어지는 것처럼 보인다. 그것은 그곳에 있기를 원하지 않기 때문이거나 일이 계획한 대로 진행되지 않기 때문이다. 기대는 충족되지 않고, 바라는 대로 되지 않기 때문에 우리는 지금 일이 되어 가는 상황과 끊임없이 갈등을 일으킨다.

이때, 시간은 도저히 참을 수 없을 만큼 엄청난 부담으로 느껴진다. 집에 가려고 하거나, 외부 상황이 바뀌기를, 비가 잦아들기를 바란다. 그것이 무엇이든 우리가 만족하고 행복을 느끼기 위해서는 그 일이 반드시 일어나야 한다. 집에 있든 집을 떠나 있든 우울이나 우울과 관련된 기분 상태에 빠지면 우리는 뭔가 하려고 애쓸 수도 있지만 하는 모든 일이 공허하게 느껴지며, 질질 끄는 것처럼 보인다. 모든 것이 힘들고 시간 자체가 우리를 맥 빠지고 침울하게 만든다. 의욕이 솟을 만한 의미 있고 중요한 일은 결코 일어나지 않을 것처럼 느껴지며, 달성하거나 경험해야 할 발달상의 이정표도 더 이상 없어 보인다.

바깥 세상의 영역에서 커즈와일(Kurzweil)은 우리의 기술이 수확 가속의 법칙에 따라 기하급수적인 속도로 진화하고 있으며, 기술상의 이정표가 될 만한 발전이 점점 더 빨리 다가오고 있다고 주장한다. 우리의 삶과 사회는 기계와 아주 밀접하게 얽혀 있기 때문에 이렇게 가속된 변화는 삶을 점점 더 빠른 속도로 몰아가고 있으며, 이 때문에 모든 것이 점점 더 빨라지는 것처럼 보이는 것뿐만 아니라 실제로도 점점 더 빨라지고 있다.

우리는 점점 빨라지기만 하는 일의 속도에 적응해야 하며, 엄청난 양의 정보를 신속하게 처리하고, 효율적으로 의사소통을 하며, 중요하거나 최소한 긴급한 일을 처리해야 하는 필요성에도 적응해야 한다. 즐거움에 대한 선택권마저 점점 더 빠른 속도로 확장하고 있다. 따라서 우리는 휴식과 오락과 만족의 순간을 찾으려고 시도할 때도 점점 더 즉각적으로 선택해야 한다. 그리고 시간이 갈수록 점점 더 빨리 선택해야 한다.

커즈와일을 포함한 많은 디지털 공학자는 기계가 점점 더 '지능적'이 되도록 프로그래밍되면서, 입력(경험)에 근거하여 출력을 학습하고 조정할 수 있다는 점에서 사람이 아닌 기계가 다음 세대의 기계를 설계하게 될 것이라고 믿고 있다. 이것은 많은 산업에서 이미 일어나고 있다. 게다가 기억력 향상을 위한 실리콘 주입물의 가능성이라든지, 생각이나 느낌마저도 시뮬레이션 하는 로봇,

나노기술, 유전공학 등의 사례에서 보듯이 몇몇 선견지명이 있는 디지털 공학자들은 그 진화가 인간 수준을 넘어섰으며, 이제 기계의 진화까지 포함하게 되었다고 경고하고 있다. 이제 우리가 '인간'이라고 말하는 시대는 우리가 생각하는 것보다 훨씬 빨리 종말에 이를지도 모른다.[3]

만약 희박하게라도 이것이 사실일 가능성이 있다면, 우리가 가진 인간성과 진화적 유산의 전부를 아직 그것을 가지고 있는 동안 탐구해야만 할 것이다. 그러한 탐구에는 기술적 진화가 수십억 년 동안 이어져 온 유전적 유산, 호모 사피엔스 사피엔스로서의 10만 년 동안의 유산, 중요하고 가치 있다고 여기는 '문명'이라 부르는 5천 년 동안의 유산을 지키기 위해 우리 사회가 이 기술적 진화를 의식적으로 규제하는 것이 얼마나 중요한가 하는 물음도 포함된 것이다.

우리는 인류라는 생물종으로서, 특히 도구, 언어, 예술, 사상, 과학, 기술의 발달과 사용에 있어서 엄청나게 똑똑했다. 그러나 다른 영역에서 우리는 자기인식, 지혜, 연민과 같은 잠재력을 아직까지도 충분히 사용하지 못하고 있다. 우리가 물려받은 유산 중 이러한 것들은 커다란 뇌와 뛰어난 신체로부터 타고난 것이지만 아직까지는 비참할 정도로 계발되지 않은 상태로 남아 있다. 마음의 이러한 측면을 계발할 방법을 찾지 못하면 또 내적으로나 외적으로 시간을 늦출 수 있는 방법을 찾지 못하고, 분명하게 보는 것과 지혜를 위해 시간과 능력을 더 잘 활용할 방법을 찾지 못한다면, 앞으로 수십 년 동안 우리가 맞이할 미래에 적응하는 데 상당한 어려움을 겪을 것이다.

---

3) 예를 들어, Tegmark, M. (2007). 『Life 3.0: 인공지능 시대에 사람이 되는 것』(New York, Knopf).

* * *

마음챙김을 하며 시간의 흐름을 경험한다면, 우리는 시간의 흐름 속에 머물면서 모든 감각을 통해 시간이 흐르는 것을 느낄 수 있고, 알아차림 속에서 시간의 흐름을 알 수 있으며, 그것이 가치 있다는 것을 떠올리면서 매 순간을 회복할 수 있다. 그러한 알아차림은 경험적으로 시간의 흐름을 벗어난 것으로 영원한 지금, 즉 현재 속에 존재한다. 이렇게 고요히 깨어 있는 순간에는 다른 어떤 일도 일어나게 할 필요가 없고, 지금 이 순간 있는 그대로의 삶을 느낄 만큼 살아 있고 깨어 있는 것 외에 다른 목적도 없다. 우리의 균형과 명료함은 내적·외적으로 중독성의 소용돌이와 집요함에 의해 항상 훼손되고 있지만, 고요하게 깨어 있는 시간을 보냄으로써 회복된다. 이런 식으로 마음챙김은 시간이 천천히 흐른다고 느끼게 하거나 심지어는 잠시 동안 시간이 멈춘 것처럼 느끼게 한다. 그것은 또한 외부 환경에서 일어나는 일과 그에 대한 우리의 반응에 대한 기술적·사회적·정치적 영역에서 지금 일어나고 있는 일들에 대한 취약성과 이끌림을 포함하여 외부에서 펼쳐지는 것을 깊이 이해하고 관찰할 수 있는 새로운 방법을 제공해 준다. 그리고 내면에서 펼쳐지는 일에서 마음챙김은 우리에게 불행과 절망, 외로움을 야기하는 감정적 반응과 패턴을 넘어서 바라볼 기회를 준다. 마음챙김은 시간의 비어 있음과 차 있음, 시간의 흐름에 대한 신비함을 탐험하는 새로운 기회를 우리에게 제공한다.

"사람들은 인생이 너무 짧다고 말합니다. 실제로는 매우 긴데도 말입니다. 커피숍, 가게들 같은 장소가 이 사실을 증명합니다. 이것들은 단지 남아도는 시간을 때우기 위해 존재하는 겁니다."

그렇다면 왜 사인펠트 씨는 스스로 이런 일(스탠드업 코미디 공연을 개발하기 위해 고군분투하는 일)을 하는 것일까? 왜 자신이 벌어 놓은 수백만 달러를 들고 몇 년이고 그냥 생바트(St. Barts)섬에 가 있지 않는 걸까?

"나는 그에 관해 많이 생각해 보았습니다. 내가 추측하기에 그 이유는 내가 그 일을 정말로 좋아한다는 것입니다. 나는 스탠드업 코미디를 정말 좋아합니다. 그 무엇보다 아주 재미있고 내가 인간으로서 가진 모든 것을 활용할 수 있습니다. 모든 것은 언제나 바로 지금, 여기서 일어납니다. 당신이 성취하고 있는 모든 것이 바로 그 순간 당신에게 반영됩니다."

제리 사인펠드, 『뉴욕타임스』

중심도 주변도 없는 알아차림

알아차림은 우리가 그 안에 머물 때는 중심도 주변도 없다는 것을 알기도 어렵지만, 알지 못하는 것도 어렵다. 그런 면에서 알아차림은 공간 자체 혹은 우리가 알고 있는 경계 없는 우주의 구조와도 닮았다.

그러나 갈릴레오와 코페르니쿠스의 혁명 그리고 모든 지점에서 모든 방향으로 우주가 팽창한다는 허블(Hubble)의 놀라운 발견에도 불구하고 우리는 여전히 우리의 작은 행성이 우주의 중심이라는 듯이 생각하고 느끼며 말하는 경향이 있다. 우리는 태양이 동쪽에서 떠서 서쪽으로 진다고 말한다. 비록 우리가 그것이 실제로 일어나는 일이 아니며 실제로는 지구가 태양 주위를 돌면서 우리에게 태양이 보이기도 하고 사라지기도 하는 것이란 사실을 잘 알고 있더라도, 그러한 관습적인 표현은 우리가 일상을 살아가는 데 도움이 된다. 우리는 실제로 알고 보면 그렇지 않은 것도 겉으로 보이는 대로 믿고 싶어 한다. 이렇게 우리가 사물을 바라보는 관점은 우리의 신체 감각을 통해 자연스럽게 진화해 왔기 때문에 우리가 지구 중심주의와 자기 중심주의에 쉽게 빠져드는 것을 이해하고 용서할 수 있는 것인지 모른다. 이것이야말로 우리가 통상적으로 주체-객체 세계관(subject-object view of the world)이라고 부르는 것이다. 그것은 전적으로 사실은 아니지만 대체로 어느 정도 잘 작동한다. 중심을 만들고 자신을 그 안에 위치시키려는 이러한 본능은 실제로 우리가 보고 행동하는 모든 것에 영향을 준다. 따라서 그것이 알아차림에 대한 우리의 경험에도 영향을 미치는 것은 놀랄 일이 아니다. 적어도 자신의 관습적 견해에서 벗어나 실제로 경험할 때까지는 말이다.

우리의 관점은 어쩔 수 없이 우리가 어디서 보는가에 따라 달라진다. 우리의 경험은 몸을 중심으로 이루어지기 때문에, 우리가 아는 모든 것은 몸의 위치와 관련하여 이해되며 감각을 통해 알게 된다. 보는 자와 보이는 대상, 냄새를 맡는 자와 냄새의 대상, 맛보는 자와 맛의 대상, 한마디로 관찰하는 자와 관찰 대상이 있는 것이다. 이 둘 사이를 자연스럽게 나누는 것이 있는 듯 보이며, 이것은 철학자들 외에는 아무도 의문을 가지거나 탐구하지 않았던 매우 자명한 현상으로 여겨졌다. 우리가 마음챙김 수련을 시작하면, 관찰자와 관찰 대상 사이의 분리로 표현되는 그 변함없는 분리감이 지속된다. 마치 호흡이 그것을 관찰하는 주체와 분리된 듯이 우리의 호흡을 관찰한다. 우리의 생각을 관찰한다. 마치 지시사항을 수행하고 관찰하며 그 결과를 경험하는 '나'라는 실체가 여기 있는 것처럼 우리의 느낌을 관찰한다. 우리는 자연스럽게 어떠한 강요도 없이 관찰과 주의 기울임, 이해와 앎 속으로 빠져들기까지는 관찰자 없는 관찰이 존재할 수 있다고 결코 상상하지 못한다. 다시 말해, 알아차림 속으로 들어가기 전까지 말이다. 아주 짧은 순간이라도 알아차림 속으로 들어갈 때 우리는 주체와 객체 사이의 그 모든 분리가 사라지는 것을 경험할 수 있다. 거기에는 아는 주체가 없는 앎, 보는 주체가 없는 봄, 생각하는 주체가 없는 생각처럼 단지 알아차림 속에서 펼쳐지고 있는 비개인적 현상만이 존재한다. 우리가 알아차림 속에, 그 앎 자체에 실제로 머물 때 자기를 중심에 둔 자기중심적 관점은 사라진다. 이것이 마치 텅 빈 공간과도 같은 알아차림과 마음의 속성일 뿐이다. 그것은 우리가 더 이상 한 사람의 개인이 아니라는 의미가 아니다. 단지 한 개인으로서의 우리 경계와 능력이 극적으로 확장되었음을 의미한다. 그리고 더 이상 우리가 전통적으로 내 안에 있는 세상과 저 바깥에 있는 세상, 모든 것의 중재자, 관찰자, 심지어 '명상가'로서의 나를 중심에 두고 구분했던 모든 것에 의해 제한되지 않는다는 것을 의미한다.

우리가 오감의 관습적인 경계를 넘어 알아차림 자체의 '공간풍경(spacescape)'이나 '마음풍경(mindscape)' 혹은 '순수한' 의식 안으로 들어감에 따라 더 크고 보다 덜 자기중심적인 견해가 생겨난다. 비록 어떠한 공식 명상을 해 보지 않았더라도, 그것은 정도의 차이는 있지만 누구나 아무리 짧은 순간이라도 경험해 본 것이다. 그러나 주체도 객체도 없는 이 비이원적인(non-dual) 알아차림(여기서는 무엇인가에 '머무는' '우리'라는 개념도 더 이상 존재하지 않는다.)에 머무는 정도는 주의를 기울이는 데 온전히 전념함에 따라 점점 더 커진다. 그것은 또한 조건이 무르익는 순간에 갑자기 드러날 수도 있다. 종종 극심한 통증이나 보다 드물게는 강렬한 기쁨에 의해 갑자기 드러날 수도 있다. 이때, 나 중심성은 사라지고 더 이상 알아차림의 중심과 주변의 구별은 없어진다. 다만 알고, 보고, 느끼고, 감각하고, 생각하는 것만이 존재한다.

우리는 자신의 관점을 잠깐 유예하고 다른 사람의 관점에서 보고 그 사람과 함께 느끼고자 할 때 알아차림의 경계가 없어지는 것을 경험해 보았다. 우리는 이것을 공감이라고 부른다. 자기 자신에게 너무 빠져서 어느 순간 자신의 경험에 휘말린다면 우리의 관점을 바꿀 수 없다. 심지어 그렇게 해 볼 생각조차 하지 못한다. 자기에게만 완전히 몰두하고 있을 때는 매일 그 속에서 살고 있고 끊임없이 우리의 삶에 영향을 미치는 현실의 전체 영역에 대해 알아차리지 못한다. 우리의 감정, 특히 분노, 두려움, 슬픔과 같이 우리를 '완전히 휩쓸어 버리는' 강렬하고 고통스러운 감정이 상대방과 자신에게 실제로 일어나고 있는 일 전체를 보지 못하게 만드는 것이다.

그러한 알아차림이 없는 상태는 그 자체로 피할 수 없는 결과를 낳는다. 자기중심성 때문에 우리의 인간관계는 오랫동안 질식해 왔고, 그 때문에 눈앞에서 벌어지고 있는 일을 보지도 알지도 못했으면서도 우리의 관계가 무너지는 것에 왜 그토록 크게 놀라는 것인가?

얼핏 보기에 알아차림은 주관적 경험인 것처럼 보이기 때문에, 우리가 주체이자 사고하는 자, 느끼는 자, 보는 자, 행위자이며 우주의 중심, 의식의 장의 중심이라고 생각하기 쉽다. 따라서 우리는 우주의 모든 것, 아니 적어도 우리 우주에 있는 모든 것을 지극히 개인적으로 받아들인다.

알아차림은 마치 내 안에 위치한 중심에서 모든 방향으로 확장되는 것처럼 느낄 수 있다. 그러므로 그것이 '나의' 알아차림인 것처럼 느껴진다. 그러나 그것은 우리의 감각이 주는 속임수다. 그것은 우주의 모든 것이 우리의 위치와 관련이 있다는 느낌과 마찬가지로, 우리가 우연히 여기에서 밖을 내다보고 있기 때문이다. 어떤 면에서 보면 감각은 개인적으로 받아들이므로 알아차림은 우리를 중심으로 이루어지는 것처럼 보인다. 하지만 더 근본적인 면에서 보면 그렇지 않다. 알아차림은 빈 공간 자체와 마찬가지로 중심이나 주변의 구분이 없다.

알아차림은 또한 사고가 경험을 주체와 객체로 나누기 이전의 비개념적인 것이다. 그것은 비어 있기 때문에 생각을 포함한 모든 것을 담을 수 있다. 그리고 무엇보다 그것은 놀랍게도 아는 성질을 가졌다.

티베트 사람들은 앎의 이러한 본질적인 성질을 '마음의 정수'라고 불렀으며, 인지신경과학자들은 지각력(sentience)이라고 부른다. 우리가 보았듯이 아무도 그것을 정확하게 이해하지 못한다. 어떤 면에서 우리는 그것이 뉴런이라는 뇌의 특정 구조와 무수한 뉴런 연결에 의존하고 있다는 것을 알고 있다. 왜냐하면 어떤 종류의 뇌손상을 입으면 앎의 그러한 성질을 잃기 때문이다. 또 동물에게도 정도의 차이는 있지만 앎이라는 성질이 있는 듯 보이기 때문이다. 또 다른 측면에서 보면 알아차림에 대해 단지 대상을 감각하는 사람이 필요로 하는 성질, 즉 처음부터 존재해 왔던 잠재성의 영역에 접근할 수 있는 성질만을 이야기할 수 있을 뿐이다. 왜냐하면 우리가 의식한다는 그 사실이야말로 처음부터 그런 능력이 있었다는 것을 의미하기 때문이다. 처음이라는 말이 무엇을 의미하든지 말이다.

다시 말해, 앎은 항상 가능했다. 그렇지 않았다면 우리가 알기 위해 여기 있을 수 없기 때문이다. 이것이 우주의 기원과 다중 우주에 대한 우주학자들의 대화에서 제기된 소위 인류 지향 원리(anthropic principle: 인간을 비롯한 생명체들은 많은 우주 중 적합한 조건을 갖춘 곳에서만 존재 가능하며, 생명체 존재를 위한 조건을 통해 다양한 물리적 법칙을 설명할 수 있다는 원리, 역자 주)다. 겸손하게 말해 보면, 우리는 비록 진화나 의식에 대한 자유의지나 우주적인 '필요'가 없더라도 이 우주가 스스로를 알기 위해 발달시킨 하나의 수단이라고 말할 수 있다.

그러한 유산을 물려받은 우리는 자연과 별개가 아니라 자연과 자연스럽게 연결된 표현으로서 우리 자신에 대한 명백한 앎의 경계를 탐험하는 것이 필요하다. 알아차림, 지각력 자체의 장을 탐험하는 것보다 더 위대한 모험이 있을까? 스티븐 핑커(Steven Pinker)가 자신의 책 『마음은 어떻게 작동하는가(How the Mind Works)』에서 의식에 대해 어떤 사물은 아니지만 '존재하는 것 가운데 가장 부정할 수 없는 것'으로 표현했듯이, 과학이 우리의 알아차림을 개념적인 이해의 범위를 훨씬 넘어서는 것일 수도 있다 하더라도 우리는 결코 단념해서는 안 된다. 그것은 개념화를 넘어 개념화되기 전에 생기는 앎의 방식이 얼마든지 존재할 수 있기 때문이다. 알아차림이 스스로 경험할 때 새로운 차원의 가능성이 열린다.

우리는 정말로 중요한 것처럼, 또 실제로 중요하기 때문에 마음챙김을 의도적으로 계발하여, 비개념적이고 비판단적으로 주의를 기울이는 방법을 배움으로써 알아차림이 스스로 경험할 가능성을 비약적으로 높여야 한다.

공(空)

나는 아무도 아니에요! 당신은요?
당신도 아무도 아닌가요?
그럼 우리 둘이 똑같네요.
말하지 마세요! 사람들이 떠들어 댈 거예요, 알죠?

얼마나 피곤할까요. 누군가가 된다는 건!
얼마나 요란할까요. 개구리처럼
긴긴 6월 내내
찬양하는 늪을 향해
개골개골 자신의 이름을 외쳐 대는 것은.

에밀리 디킨슨(Emily Dickinson)

유대교 대제일(大祭, High-Holiday, 신년과 속죄일) 예배 중 한 랍비가 우주와 한 몸이 되고 신과 연결되는 듯한 느낌에 빠져들었다. 갑작스런 황홀감에 그는 "오, 신이시여, 저는 당신의 종입니다. 당신은 저의 전부입니다. 저는 아무도 아닌 자입니다."라고 외쳤다. 그 말을 듣고 깊이 감명을 받은 캔토어(유대교 의식에서 노래를 이끄는 사람)도 이렇게 외쳤다. "오, 신이시여, 저는 아무도 아닌 자입니다." 그러자 유대교 회당의 문지기도 깊이 감명을 받아 "오, 신이시여, 저는 아무도 아닌 자입니다."라고 외치는 소리가 들렸다. 이 말을 들은 랍비가 캔토어에게 몸을 기울여 귓속말로 이렇게 말했다. "자기가 아무도 아닌 자라고 말하는 저 사람은 누구인가?"

이런 일은 마음속 깊은 곳에서는 자신이 아무도 아닌 사람이라고 믿지 않고, 또한 우리의 삶이 아무런 확고한 기반도 기초도 없는 모래 위에 지어졌을까 의심하며, 자신을 아무도 아닌 존재가 아닌 특별한 존재로 여기기 위해 끊임없이 시도하기 때문에 계속 일어난다. 이러한 일은 삶에서 어떤 것을 성취했든 마찬가지다. 로버트 풀러(Robert Fuller)는 『신분의 종말(Somebodies and Nobodies)』이라는 책에서 이런 우리 내면의 긴장과 사람들 사이에 존재하는 긴장이 폭력, 인종차별, 성차별, 파시즘, 반유대주의, 노인차별과 같이 세계를 괴롭히는 사회적·정치적 병폐의 근본적인 동력이라는 명쾌한 분석을 내놓았다. 그렇다면 그가 제시한 해결책은 무엇인가? 바로 '존엄주의(dignitarianism)'라고 하는 것으로, 우리가 모든 사람을 그들의 지위나 업적을 초월하여 근본적인 존엄성을 가진 존재로 대하는 것을 말한다. 그는 각 개인의 지위나 업적은 재러드 다이아몬드(Jared Diamond)가 『총, 균, 쇠(Guns, Germs, and Steel): 무기, 병균, 금속은 인류의 문명을 어떻게 바꾸었는가』라는 책에서 말한 것처럼 다른 어떤 것보다도 우연이나 기회 그리고 지리의 문제라고 설득력 있게 주장한다. 노바스코샤(캐나다 동부의 반도, 역자 주) 해안에서 발생한 스위스항공 111편 추락사고로 사망한 하버드의 에이즈 공중보건연구가 조나단 만(Jonathan Mann)은 그 자신이 세계의 모든 차원에서 건강을 창조하고 유지하는 데 있어 무엇보다도 존엄성이 중요하다고 생각했다. 그는 "개인이나 집단의 존엄성에 가해진 상처는 바이러스나 박테리아의 파괴력같이 신체적·정신적·사회적 행복을 파괴하는, 우리가 지금껏 인식하지 못하는 병을 발병시키는 힘을 가졌다."라고 강력하게 주장하였다.

우리 인간은 정말 한 가지 이상의 면에서 천재성을 가진 존재이며, 우리가 가장 갈망하고 가장 보호해야 하는 것은 우리의 근본적인 존엄성이다. 풀러는 다음과 같이 말했다. "사람들이 필요로 하고 원하는 것은 다른 사람을 지배하는 것이 아니라 그들에게 인정을 받는 것이다." 흥미로운 생각이다. 물론 재러드 다이아몬드라면 분명 기술적으로 더 진보한 문화가 기술적으로 낙후한 문화를 끊임없이 지배해 온 역사적 사례를 근거로 들면서 이에 동의하지 않았을 것이다.

우리는 다른 사람이 우리를 있는 모습 그대로 봐 주고, 이해해 주며, 받아 주고, 인정해 주기를 바라며 또 그런 것을 인간의 기본 권리로 인정받기를 원하지만, 한편으로 얼마나 제한적이고 자기중심적인 사고에 쉽게 사로잡히는지 모른다. 심지어 그것이 소위 '영적'인 생각이라도 말이다. 오히려 영적인 생각의 경우에는 더 쉽게 사로잡힐 수 있다. 그 과정에서 우리는 자신이 가장 잘 알고 있는 것, 가장 자신다운 것, 가장 소중하게 생각하는 것을 착각하며 자신을 속일 수도 있다. 왜냐하면 모든 것을 다 고려해 보아도 어떤 종류의 생각이건 생각은 여전히 생각일 뿐이기 때문이다.

우리는 실제로 자신이 누구라고 생각하는가? "자기가 아무도 아닌 자라고 생각하는 저 사람은 누구인가?" 우리는 자신을 무엇이라고 생각하는가? 우리는 이 질문들을 회피하고 있다. 가장 중요한 질문이지만 우리는 이 질문에 모든 정보를 동원하여 해결해 보려고 하지 않는다. 대신 우리는 영원히 지속되는 실체로서의 자아의 어떤 측면을 강조하는 이야기를 지어내려고 한다. 비록 그것을 '아무도 아닌 사람' '아무것도 아닌 사람'이라고 부른다 해도 말이다. 그렇게 우리는 이름과 외모, 역할, 업적, 특권, 우리가 인정하는 모습, 인정하지 않는 모습 그리고 우리의 고질적인 마음 상태를 넘어서 우리 존재의 신비로운 본성을 살펴보며 우리의 실제 모습을 알기보다 지어낸 이야기에 집착하고 그것에 기분 나빠한다. 이런 자신에 관한 이야기를 지어내는 습관 때문에 마음을 평온하게 만들기가 대단히 어렵다. 왜냐하면 우리가 생각하는 자신과 현실의 자신이 다르다는 느낌을 떨쳐 버리기 힘들기 때문이다. 이것은 아마도 자신이 생각하는 모습보다 실제의 자신이 부족한 것 같은 느낌에서 오는 두려움일 것이다. 오히려 사실은 그보다 훨씬 더 큰 존재임에도 말이다.

만약 우리가 누구든 자신을 특별한 존재라고 생각한다면 그것은 잘못 생각하는 것이다. 그리고 우리가 아무도 아닌 존재라고 생각한다면 그 역시 잘못 생각하는 것이다. 숭산 스님은 이렇게 말했다. "자신이 특별한 존재라고 한다면, 자신의 이름과 모습에 집착하는 것이다. 고로 나는 서른 대를 내리칠 것이다. 자신이 아무도 아니라고 한다면, 실체가 없는 것에 집착하는 것이니 이번에도 서른 대를 내려칠 것이다. 어떻게 하겠는가?"

아마도 여기서 문제가 되는 것은 생각 자체일 것이다.

지난 2011년에 94세로 세상을 떠난 미국의 선(禪)지도자이자 친구였던 조코 벡(Joko Beck)은 생명의 더 큰 흐름 속에서 우리의 삶이 개인적 존재로서 무상하다는 것을 보여 주는 강력한 이미지로 『별일 없습니다(Nothing Special)』라는 책을 시작한다.

우리는 생명이라는 강물 속에서 일어나는 소용돌이와 같다. 강물이 흘러가면서 많은 바위나 지류, 불규칙한 지형물에 부딪히면서 여기저기서 저절로 소용돌이가 일어난다. 하나의 소용돌이 속으로 들어가는 물은 재빨리 그곳을 지나다가 다시 강물과 합쳐지고, 결국에는 또 다른 소용돌이와 합류하면서 계속 그 흐름을 이어 간다. 짧은 순간, 그것은 별개의 사건으로 구별될 수 있을 것 같지만, 소용돌이 속의 물은 단지 강물 그 자체다. 소용돌이는 일시적으로만 지속될 뿐이다. ……그러나 우리는 우리가 속해 있는 이 작은 소용돌이를 강물의 일부라고 생각하고 싶어 하지 않는다. 우리는 자신을 영구적이고 안정적인 존재로 보고 싶어 한다. 우리는 가지고 있는 모든 에너지를 우리가 있다고 가정한 개별성을 지키기 위해 쓰고 있다. 그 개별성을 지키기 위해 우리는 인위적이고 고정된 경계를 설정한다. 그 결과, 우리는 지나치게 많은 짐을 안게 되고, 그것이 소용돌이 속으로 흘러들어 다시는 밖으로 나오지 못한다. 그래서 각각의 소용돌이는 꽉 막히고 물이 자연스럽게 흐르지 못하게 된다. ……각각의 소용돌이가 이렇게 집착함으로써 바로 옆의 소용돌이 속으로 물이 충분히 흘러들지 못한다.

생명의 과정이란 것이 사실은 얼마나 비개인적인 것인지, 그리고 우리가 얼마나 쉽게 두려움과 생각으로 인해 생명의 비개인적 과정을 개인적인 것으로 만들어 버리고 제멋대로 만든 좁은 경계에 갇혀 있는지 스스로 인식할 수 있다면, 큰 이익과 자유를 누릴 수 있을 것이다. 우리 문화는 명사(名詞) 중심의 문화다. 우리는 사물을 다른 사물로 바꾸고, 소용돌이나 의식, 우리 자신처럼 사물이 아닌 것까지 사물화한다. 바로 여기서 우리는 무의식적으로 이름과 형태에 집착한다. 무엇보다도 인칭대명사와 우리의 관계에 유의할 필요가 있다. 그렇지 않으면 실제로 전혀 개인적이지 않은 것을 개인적인 것으로 받아들이고, 그 과정에서 실제로 존재하는 것을 놓치거나 잘못 받아들이게 될 것이다.

'집착하지 않기'라는 장에서 언급했듯이, 붓다는 한때 그의 모든 가르침을 "'나' '나를' '내 것'이라고 집착할 만한 것은 아무것도 없다."라는 한 문장으로 요약할 수 있다고 말했다. 이는 정체성과 자기규정에 바로 의문을 가지게 만든다. 또한 그것은 '나' '우리' 등의 인칭대명사를 절대적이고 검토되지 않은 '자기'라는 것으로 실체화한 다음, 그것의 정확성이나 완전성을 검토하지 않은 채 평생 '나에 관한 이야기' 속에서 살아가는 우리의 습관, 자기 동일시, 정체성에 의문을 던진다. 불교에서는 이러한 실체화를 모든 고통이나 망상, 괴로운 감정의 근원으로 본다. 이렇게 우리는 자기 존재의 정체성과 인칭대명사를 중심으로 쌓아 놓은 제한된 이야기를 동일시하는 잘못을 저지른다. 이러한 동일시는 우리가 그것을 깨닫거나 그것의 정확성을 의심할 여유도 없이 일어난다. 그러나 우리는 그것을 알아보고 그 뒤에 숨어 있는 깊은 진실을 꿰뚫어 보고, 언제나 우리에게 이용 가능한 더 큰 지혜까지 보는 방법을 배울 수 있다.

* * *

자기와 동일시할 수 있으며 견고하고 지속되는 실체가 없다는 것은 정치에서부터 사업, 심지어 우리 몸에 이르기까지 모든 과정에 적용된다. 사업의 예를 들어 보자. 사업가들은 종종 이렇게 말한다. "가장 중요한 것은 제품이 아니라 그 과정이다." "과정을 관리하면 제품은 알아서 나온다." 이것은 과정의 목적까지 포함한 다양한 차원에서 본질적인 것을 잊지 않는 과정을 잘 지켰을 때 자연스럽게 좋은 제품이 나올 것이라는 뜻이다.

고정불변한 실체가 없음을 표현하는 또 다른 방법은 사업 분야에서 자신이 어떤 사업을 하고 있는지 염두에 두라는 것이다. 경영대학에서 자주 드는 예가 있다. 당신은 항공사업을 하고 있는가? 아니면 사람들을 안전하고 행복하게 그들이 가고 싶은 곳으로 데려다 주는 사업을 하고 있는가? 전자는 비행기, 스케줄, 안전과 같은 제한된 틀에 초점을 맞추어 결국 결항이나 지연, 기내식 등의 서비스 질과 고객에게 제공하는 정보가 왜 그렇게 형편없는지에 대한 수많은 변명거리를 만들어 낸다. 반면, 후자는 고객 만족에 대한 장애물을 보는 관점을 변화시켜 보다 효과적이고 경쟁적이며 더 큰 이익을 내는 과정을 통해 고객 만족이라는 임무를 달성하기 위한 수단(즉, 비행기, 매표소, 수하물 취급, 스케줄, 모든 직원)을 상상하고 활성화하는 새롭고 창조적인 방법을 찾는다. 어떤 경우에도 과정이 제품이나 결과 또는 역동성과 밀접하게 관련되어 있다는 사실에 고개를 끄덕일 것이다. 궁극적으로 그들이 말하듯이 사업을 만드는 것은 사람들이다. 하지만 그것이 영리 조직이든 비영리 조직이든 간에 당신은 여전히 사업 계획이 필요하고 그것은 좋은 것이어야 한다. 그것은 어떤 사업이든 마찬가지다.

　마찬가지로, '사업'이란 무엇인가에 대해서도 정확히 말하기가 어렵다. 어떻게 보면 사업은 고용주도, 종업원도, 공급자도, 고객도 아니고, 제품도 아니다. 그것은 끊임없이 변화하는 상호작용이고 상호 연결된 전체 과정이다. 그 과정의 어느 부분에서도 '사업'을 찾을 수 없을 것이다. 그것에는 어떤 본질적인 존재도 없다고 말할 수도 있다. 하지만 그것은 분명히 작동한다. 그 핵심에 어떠한 자기 존재도 없는 이 과정은 관습적 차원에서 일이 일어나게 하고, 사람들의 삶을 개선하며, 증권거래소에서 거래가 일어나도록 만든다. 그러나 사업에는 본질적으로 고정된 존재가 없다는 성질을 포함하여 사업의 모든 측면을 인식하고 적절히 고려한다면 더 건강한 과정이 될 것이다.

　생물학적인 예를 들어 보면, 생명 자체는 항공사나 다른 어떤 사업보다 훨씬 더 복잡한 과정이라고 할 수 있다. 우리 몸을 예로 들어 보자. 30조 개 정도 되는 '직원'인 우리 몸의 세포(약 60조 개 정도로 추산되는 세균은 말할 것도 없이)는 끊임없이 어떤 과정에 있으며, 각각은 자신이 해야 할 일을 희망적이게도 놀랍도록 잘 하고 있다. 뼈세포는 자신이 간세포라고 생각하지 않고, 심장세포는 자신을 신경세포나 신장세포라고 생각하지 않는다. 비록 이 세포 모두가 그런 다른 일을 할 수 있는 잠재력과 청사진이나 지침서를 그들의 염색체 도서관의 '서고' 어딘가에 가지고 있긴 하지만 말이다. 하지만 재미있는 것은 당신이 멈춰서 그 세포들에 관해 잠시 생각한다 하더라도, 엄밀히 말해 당신 몸의 그 엄청난 수의 세포 중 어느 것도 '당신'을 위해 일하는 것은 아니라는 것이다. 그것은 모두 비개인적이다. 당신의 세포는 유전자 코드, 그러니까 오랜 과거까지 거슬러 올라가는 세포 중심의 역사적 연속성에 적힌 그대로의 본성에 따라 하게 되어 있는 일을 하고 있을 뿐이다.

모든 기업이 그 자체가 갖는 에너지와 사업 과정 그리고 생산제품의 산물인 것처럼, 우리가 독특한 개인성이라고 생각하는 것도 과정에서 나오는 신비한 산물이다. 우리의 몸과 건강, 지각력, 감정은 모두 우리 몸의 생화학적 과정과 밀접하게 연관되어 있다. 이러한 생화학적 과정에는 이온 통로, 신경 돌기의 물질전달, 단백질 합성과 분해, 효소에 의한 촉매와 대사, DNA 복제와 복구, 세포 분열과 유전자 발현 조절, 대식세포와 림프구를 통한 면역 감시, 유전적으로 프로그래밍되어 고도로 조절된 세포의 죽음(세포자살로 알려져 있음), 신체가 이전에 접하지 못했고 또한 해로울 수 있는 화합물과 구조를 중화시키고 제거하기 위한 항체 형성 등이 있다. 세포가 겪는 복잡한 과정과 그 세포가 살아 있는 유기체에 자연스럽게 통합되는 사례는 무수히 많아서, 우리가 쌓아 온 모든 지식에도 불구하고 여전히 완성되지 않았다.

그런데 그 과정을 깊이 들여다보면, 고정되고 지속되는 자아란 없다. 아무리 열심히 들여다보아도 우리가 동일시할 수 있는 '우리' 또는 '누군가'는 없는 것이다. 우리는 리보솜이나 미토콘드리아 안에 있지 않으며, 뼈나 피부, 뇌 속에 존재하는 것도 아니다. 비록 우리가 한 사람으로서 삶을 살고 세상과 교류하는 우리의 경험이 최소한 이 모든 것의 작용과 조화에 달려 있지만, 그 과정은 과학이 많은 것을 밝혀냈음에도 불구하고 여전히 상상하기도 힘들다.

우리 눈도 마찬가지다. 시각에 대해서도 많은 것을 알게 되었지만, 우리 눈에 들어오는 빛으로 우리가 사는 세상을 어떻게 형성하는지 아직 모른다. 맑은 날에는 하늘이 파랗게 보인다는 것을 알지만, 빛의 특정 파장 속에나 망막, 시신경, 또는 시각 중추인 후두엽 피질에서 '파란색'이란 없다. 하지만 우리는 하늘을 바로 파란색으로 경험한다. '파란색'의 경험은 어디서 오는 것일까? 어떻게 그런 일이 일어날까?

왜 그런지 우리는 모른다. 그것은 우리의 마음과 별도로 존재하는 자아가 있다는 의식을 포함하여, 감각을 통해 나타나는 다른 모든 현상과 마찬가지로 수수께끼다. 감각은 우리를 대신해서 하나의 세계를 만들고 그 안에 우리를 위치시킨다. 이렇게 구성된 세계는 시종일관 인식하는 사람과 인식의 대상이, 생각하는 사람과 생각의 대상이, 느끼는 사람과 느낌의 대상이 있다는 생각이 매우 강하다. 이것은 모두 개인적 과정이 아니며, 만약 거기에 실제적인 결과물이 있다 해도 과정 자체에서는 찾아볼 수 없다.

물론 우리 인간은 생물의 한 종으로서 성공적으로 지구에 정착하기 위한 진화의 해결책 중 하나다. 이런 점에서는 인간도 거미나 지렁이, 두꺼비와 마찬가지다. 우리의 본능을 폄하하는 것은 아니지만, 우리는 단지 본능보다 지혜가 필요한 도전에 잘 적응해 왔다. 우리는 마음대로 다른 손가락과 맞닿는 엄지손가락이 있다. 그리고 직립보행으로 손을 자유롭게 사용하여 물건을 집어 들고 도구와 기구를 조작할 수 있다. 하지만 무엇보다도 중요한 것은 인간에게는 급변하는 조건 속에서도 다양한 목적에 이용할 수 있는 생각하고 알아차리는 고유의 능력이 있다는 것이다.

과학자들은 이러한 특성을 **창발적 현상**(emergent phenomenon)이라고 부른다. 세인트루이스 소재 워싱턴 대학교의 저명한 생물학자이자 교수인 우르술라 구디너프(Ursula Goodenough)는 이것을 '아무것도 없는 것에서 나온 무언가'로 명료하게 표현하였다. 창발적 특성은 과정 자체의 복잡성에서 나오는 형태와 패턴으로 나타난다. 그것들은 그 과정의 개별적인 부분으로 인한 것이 아니라, 부분들 사이의 상호작용으로 인한 것이다. 그리고 그것들은 자세히 예측할 수도 없다. 그것은 소위 '혼돈의 가장자리(the edge of chaos)'에 놓여 있다. 어떠한 복잡성도, 혼돈도 없다면 돌멩이나 오래된 사체처럼 아주 질서정연하고 예측 가능한 체계를 갖게 될 것이다. 반면에 역동적인 시스템 내에서 혼돈의 정도가 아주 크다면 무질서(disorder)와 조절 이상(dis-regulation), 불편함(dis-ease) 그리고 심방세동(心房細動)이나 공황발작 같은 조절 이상의 증상이 나타날 것이다. 어떤 지배적인 일관성이나 질서도 없을 것이다. 그러나 질서와 혼돈 사이에서 우리는 흥미로운 현상을 만날 수 있다.

혼돈의 가장자리에 살아 있는 역동적 시스템은 어떤 면에서 보면 매우 섬세하게 균형을 맞추는 과정처럼 보인다. 또 다른 면에서 보면 복잡하고 끊임없이 변하는 그 자체의 질서로 안정성을 유지하는 놀라울 만큼 견고한 과정처럼 보인다. 곧 멸종될 위기에 처한 코뿔소를 생각해 보라. 감당할 수 없는 힘에 의해서도 위협받지 않고, 주변 환경에 훌륭하게 적응하는 코뿔소는 얼마나 놀라운 창발성의 표현인가. 코뿔소가 지닌 비개인적 삶의 과정에서의 역동적인 균형과 복잡성, 형태와 기능을 넘어서는 무언가를 만들어 내는 자각력의 창발, 코뿔소 마음을 만들어 내는 형태와 기능을 포함한 코뿔소 존재 자체와 그 신비스러움, 자신의 속도에 따라 살면서도 코뿔소 세계에 완전히 통합된, 그러면서도 어떠한 내재적 존재나 개별적 자아도 없이 텅 빈, 생명의 흐름 속의 한 '소용돌이'와도 같은 코뿔소의 존재는 정말로 놀라운 창발성의 표현이다. 이러한 것이 삶을 흥미롭게 만든다. 심지어 신성하게 만든다고도 표현할 수 있다. 그만큼 그것은 보호하고 존중해야 할 것이다.

창발적 현상은 생명계에만 국한되지 않는다. 체스는 본질적으로 체스의 말이나 움직임이 아니다. 그것은 바로 매우 숙련된 체스 경기자가 게임의 규칙에 따라 상호작용할 때 나타나는 것이다. 체스의 규칙을 안다고 체스를 아는 것은 아니다. 완전한 몰입과 마음의 상호작용, 일련의 합의된 규칙, 체스판과 체스말 그리고 학습의 가능성을 통해 체스의 세계를 진정으로 알 때 체스를 즐길 수 있다. 이 가운데 어느 것도 그 자체로 체스인 것은 없다. 체스가 창발하기 위해서는 이 모두가 필요하다. 야구를 비롯한 다른 스포츠도 모두 마찬가지다. 우리는 무엇이 창발할지 몇 번이고 반복해서 보고 싶어 한다. 왜냐하면 어떤 것이 창발할지 결코 알 수 없기 때문이다. 그래서 경기는 진행되어야 하는 것이다.

다음은 전 세계 대승불교 신자들이 독송하는 반야심경이다.

> 물질적 현상은 실체가 없는 것과 다르지 않고,
> 실체가 없는 것은 물질적 현상과 다르지 않다.
> 물질적 현상이 곧 실체가 없는 것이며,
> 실체가 없는 것이 곧 물질적 현상이다.
> 느낌, 인식, 심리현상들, 알음알이도 마찬가지로 실체가 없다.
>
> (색불이공 공불이색 색즉시공 공즉시색 수상행식 역부여시
> 色不異空 空不異色 色卽是空 空卽是色 受想行識 亦復如是)

사람들은 이런 말을 들으면 놀라고, 허무주의적이라고 생각할 수도 있다. 그러나 그것은 허무주의와는 전혀 다르다. 불변하는 실체가 없다는 것은 내 재적으로 자기라고 할 만한 것이 없다는 것이다. 다시 말해, 그 어떤 것도, 어떤 사람도, 어떤 사업도, 어떤 국가도, 어떤 원자도, 다른 모든 것과는 별 개로 고립되어 절대적이고 독립적이며 영속적인 실체로서 존재하지 않는다 는 것이다. 그 어떤 것도 그럴 수 없다! 모든 것은 그 자체가 항상 변화하고 있는 특정한 원인과 상황의 복잡한 작용으로부터 창발하는 것이다.

이것은 현실의 본질에 대한 놀라운 통찰이다. 그리고 그것은 양자물리학 (quantum physics)과 복잡계 이론(complexity theory)이 탄생하기 훨씬 이전 에, 사고나 철학을 통해서가 아니라 직접적이고 비개념적인 명상 수련을 통 해 도달한 통찰이다.

한번 생각해 보자. 당신이 그토록 열광하는 새 차도 하나의 소용돌이에 지나지 않는다. 불변하는 실체가 없는 것으로 오래 지나지 않아 쓰레기 더 미에 쌓일 것이다. 그 과정에서 물건을 즐길 수는 있지만 집착하지는 말아 야 한다. 우리의 몸에 대해서도 다른 사람에 대해서도 마찬가지다. 우리는 사람들에 대한 생각도 많아서 그들을 신이나 악마로 만들어 그들의 승리 나 비극에 대한 이런저런 이야기를 하기도 하고, 또 아무도 아닌 사람과 특 별한 사람으로 구분하기도 한다. 그러나 우리 모두는 우리가 만든 골칫거 리 때문에 또는 우리가 세상에서 구현한 아름다움에도 불구하고 얼마 지 나지 않아 사라질 것이다. 어제의 이슈는 오늘에는 아무 의미도 없다. 오늘 의 큰 이슈는 내일이면 아무것도 아니게 될 것이다. 이것은 그것들이 과거 에 그리고 오늘날 중요하지 않다는 뜻이 아니다. 사실 그것은 우리가 생각 하는 것보다 훨씬 중요할 수도 있다. 그러므로 우리는 그것을 단지 쓸데없 는 생각의 대상으로 만들어 버리지 않도록 매우 신중해야 할 필요가 있다.

불변하는 실체가 없음을 깨닫는다면, 우리는 동시에 만물이 가진 힘과 그 충만함 그리고 상호 연결성을 깨달을 수 있을 것이다. 그리고 그것은 우리의 개인적 삶에서, 그리고 세계 무대 속에서 한 정치 공동체로서 국가적 정책을 만들어 가는 데도 더 큰 목적과 진실성 그리고 더 큰 지혜로 행동하게 해 줄 것이다.

사실 모든 현상에서 항상 지속적으로 존재하는 자아처럼 보이는 것이 본질적으로는 불변의 실체 없는 것이라고 인식하면 도움이 될 것이다. 그것은 우리가 협소한 이기심과 욕망에 대한 집착과 궁극적으로는 모든 것에 대한 집착으로부터 개인적으로 그리고 집단적으로 자유롭게 해 줄 것이다. 또한 우리의 내면과 외면에서 일어나는 것을 현명하지 못하게 지각하거나 잘못 지각해서 생기는 협소한 자기중심적 행동으로부터 우리를 자유롭게 해 줄 것이다. 이것은 결코 비도덕적인 수동성이나 침묵을 의미하는 것이 아니라 오히려 본래 비존재적이고 실체가 없는 자아의 상태를 염두에 두고, 그러한 이해로부터 진심으로 힘차게 행동하면서 어떤 일이 일어나는지 기꺼이 보고자 하는 현명하고 자애로운 깨어 있음을 의미하는 것이다.

왜냐하면 불변의 실체가 없다는 것은 충만함과 긴밀하게 연결되어 있기 때문이다. 실체가 없다는 것은 무의미한 공허함이나 허무주의, 수동성, 절망, 또는 인간의 가치를 포기하는 것을 의미하지 않는다. 오히려 고정불변한 실체가 없다는 것은 그 자체로 충만함을 의미하며, 충만함을 가능하게 해 준다고 할 수 있다. 그리고 이러한 실체 없음은 개별적 사건이 창발하고 펼쳐질 수 있는, 보이지 않는 무형의 '공간'이라고 할 수 있다. 실체가 고정불변이라면 충만함도 있을 수 없다. 이것은 매우 단순한 원리로 만물과 과정, 현상의 상호 연결성을 가리키는 말이다. 이것은 생명에 대한 존중과 모든 것이 상호 연결되어 있다는 것을 인식하고, 개인이든 국가든 자신의 이익을 극대화하기 위해 협소하고 근시안적인 모델에 모든 것을 끼워 맞추려고 하는 것이 어리석은 일임을 알아차리는 것을 바탕으로 진정한 도덕을 가능하게 한다. 이것은 생명에 대한 존중과 모든 것이 상호 연결되어 있다는 것을 인식하고, 개인이든 국가든 자신의 이익을 극대화하기 위해 협소하고 근시안적인 모델에 모든 것을 끼워 맞추려는 것의 어리석음을 알아차리는 것을 바탕으로 한다.

경전(반야심경)에서는 다음과 같이 말하고 있다.

> 눈도, 귀도, 코도, 혀도, 몸도, 마음도, 색깔도, 소리도, 냄새도, 맛도, 접촉도, 마음의 대상도 존재하지 않는다. 눈의 영역도, 귀의 영역도, 혀의 영역도, 몸의 영역도, 마음의 영역도 존재하지 않는다.
>
> (무안이비설신의 무색성향미촉법 무안계 내지 무의식계
> 無眼耳鼻舌身意 無色聲香味觸法 無眼界乃至無意識界)

우리가 세상을 알 수 있는 관문인 감각과 어떻게 관련되어 있는지 보자! 이는 우리의 감각이나 감각의 대상 중 그 어떤 것도 절대적이고 독립적인 존재가 없다는 것을 일깨워 주고 있다. 그것들은 모두 함께 엮인 더 큰 원인과 사건의 일부분이다. 우리가 사물의 외관이 곧 실재라고 믿는 오랜 습관을 깨거나 적어도 의문을 제기하기 위해서는 이것을 반복해서 상기할 필요가 있다.

어리석음이 없으면 어리석음의 소멸도 없으며
늙음과 죽음이 없으면 또한 그것의 소멸도 없다.

(무무명 역무무명진 내지 무노사 역무노사진
無無明 亦無無明盡 乃至 無老死 亦無老死盡)

여기서 경전은 우리 자신에 대한 견해와 어떤 것을 개선하고 초월할 수 있는 가능성을 포함한 모든 개념이 실은 그 속에 본질적인 자아라고 할 고정불변인 실체가 없다는 것을 일깨워 주고 있다. 그것은 모든 사고와 모든 제한적인 개념을 넘어선 비이원적(non-dual) 세상을 가리키고 있다. 여기서는 불교의 모든 가르침조차도 본질적인 자아 존재가 없는 것으로 설명된다.

괴로움도 없고, 괴로움의 발생도 없고,
괴로움의 멈춤도 없고, 괴로움을 멈추기 위한 길도,
인식도 없다. 또한 얻을 것이 없으므로 얻음도 없다.

(무고집멸도 무지역무득 이무소득고
無苦集滅道 無智亦無得 以無所得故)

사성제와 팔정도 등 모든 것이 사라진다. 그러나……

보살은 반야(지혜)바라밀에 의존하여 마음에 아무런 장애가 없다. 어떠한 장애도 없기 때문에 그에게는 어떠한 두려움도 존재하지 않는다. 그는 모든 왜곡된 견해에서 벗어나 열반에 머문다.

(보리살타 의반야바라밀다고 심무가애 무가애고 무유공포 원리전도몽상 구경열반

菩提薩陀 依般若波羅密多故 心無罣碍 無罣碍故 無有恐怖 遠離顚倒夢想 究竟涅槃)

삼세의 모든 붓다는 반야바라밀에 의존하여 아뇩다라삼먁삼보리를 얻는다.

(삼세제불 의반야바라밀다 고득아뇩다라삼먁삼보리

三世諸佛 依般若波羅密多 故得阿耨多羅三藐三菩提)

어떠한 증득(證得, 올바른 지혜로 바른 진리를 깨달아 얻음)도, 증득의 대상도 없다는 사실을 매 순간 그리고 우리의 삶에서 인식하고 기억하고 실천한다면 모든 증득이 가능할 것이라고 경전은 말하고 있다. 이것이야말로 실체가 없음과 비이원적 실천, 반야바라밀의 발현과 최고의 완벽한 지혜가 우리에게 주는 선물이다. 그리고 우리는 이미 그것을 가지고 있다. 필요한 것은 우리 스스로 그것이 되는 것이다. 우리가 이미 그것이라는 것을 인식할 때, 색(色)은 색(色)이고, 공(空)은 공(空)이 될 것이다. 그리고 마음은 더 이상 어떤 것에도 집착하지 않을 것이다. 그것은 더 이상 자기중심적이지 않고 자유로워질 것이다.

나는 내 안에 있는 욕망의 창조물에게 말했다.
그대가 건너고 싶은 이 강은 무엇인가?
강가에는 여행하는 사람도 없고, 길도 없다.
강둑에서 돌아다니거나 쉬는 사람이 보이는가?
강도 없고 배도 없고 사공도 없다.
배를 당길 줄도 없고, 당길 사람도 없다.
땅도, 하늘도, 시간도, 강둑도, 여울도 없다!

몸도 없고, 마음도 없다!
그대는 영혼의 목마름을 달래 줄 수 있는 곳이 있다고 믿는가?
그 거대한 부재 속에서 그대는 아무것도 발견하지 못할 것이다.

그러니 강해져서 그대의 몸속으로 들어가라.
거기에 그대의 발이 디딜 견고한 장소가 있다.
그것에 대해 신중하게 생각해 보라.
다른 곳으로 달아나지 마라!

카비르는 이렇게 말하고 있다. 상상한 것에 대한 모든 생각은
버리고, 당신이 있는 그대로의 모습으로 굳건히 서 있으라.

카비르(Kabir)

"숟가락은 없다."

영화 <매트릭스> 대사 중

그대는 환상과 모든 것의 겉모습 속에 살고 있다.

실재가 있다. 그대가 바로 그 실재다.

이것을 인식할 때 그대가 아무것도 아니라는 것과

아무것도 아닌 그대가 곧 모든 것이라는 것을 깨닫게 될 것

이다. 그것이 전부다.

칼루 린포체(Kalu Rinpoche), 티베트 라마

관련자료

마음챙김 명상

Analayo, B. (2008). *Satipatthana: The Direct Path to Realization.* Windhorse, Cambridge, UK.

Beck, C. (1993). *Nothing Special: Living Zen.* HarperCollins, San Francisco.

Buswell, R. B., Jr. (1991). *Tracing Back the Radiance: Chinul's Korean Way of Zen.* Kuroda Institute, U of Hawaii Press, Honolulu.

Goldstein, J. (2002). *One Dharma: The Emerging Western Buddhism.* HarperCollins, San Francisco.

Goldstein, J. (2013). *Mindfulness: A Practical Guide to Awakening.* Sounds True, Boulder.

Hanh, T. N. (1976). *The Miracle of Mindfulness.* Beacon, Boston.

Hanh, T. N. (1998). *The Heart of the Buddha's Teachings, Broadway.* New York.

Hanh, T. N. (2014). *How to Sit.* Parallax Press, Berkeley.

Hanh, T. N. (2015). *How to Love.* Parallax Press, Berkeley.

Kapleau, P. (1965/2000). *The Three Pillars of Zen: Teaching, Practice, and Enlightenment.* Random House, New York.

Krishnamurti, J. (1999). *This Light in Oneself: True Meditation.* Shambhala, Boston.

Ricard, M. (2010). *Why Meditate?.* Hay House, New York.

Rosenberg, L. (1998). *Breath by Breath: The Liberating Practice of Insight Meditation.* Shambhala, Boston.

Rosenberg, L. (2000). *Living in the Light of Death: On the Art of Being Truly Alive.* Shambhala, Boston.

Rosenberg, L. (2013). *Three Steps to Awakening: A Practice for Bringing Mindfulness to Life*. Shambhala, Boston.

Salzberg, S. (1995). *Lovingkindness*. Shambhala, Boston.

Salzberg, S. (2017). *Real Love: The Art of Mindful Connection*. Flatiron Books, New York.

Sheng-Yen, C. (2001). *Hoofprints of the Ox: Principles of the Chan Buddhist Path*. Oxford University Press, New York.

Suzuki, S. (1970). *Zen Mind, Beginner's Mind*. Weatherhill, New York.

Thera, N. (1962/2014). *The Heart of Buddhist Meditation: The Buddha's Way of Mindfulness*. Red Wheel/Weiser, San Francisco.

Treleaven, D. (2018). *Trauma-Sensitive Mindfulness: Practices for Safe and Transformative Healing*. W. W. Norton, New York.

Tulku Urgyen. (1995). *Rainbow Painting*. Rangjung Yeshe: Boudhanath, Nepal.

마음챙김에 근거한 스트레스 완화

Brandsma, R. (2017). *The Mindfulness Teaching Guide: Essential Skills and Competencies for Teaching Mindfulness-Based Interventions*. New Harbinger, Oakland, CA.

Kabat-Zinn, J. (2013). *Full Catastrophe Living: Using the Wisdom of Your Body and Mind to Face Stress, Pain, and Illness*. revised and updated edition, Random House, New York.

Lehrhaupt, L., & Meibert, P. (2017). *Mindfulness-Based Stress Reduction: The MBSR Program for Enhancing Health and Vitality*. New World Library, Novato, CA.

Rosenbaum, E. (2017). *The Heart of Mindfulness-Based Stress Reduction: An MBSR Guide for Clinicians and Clients*. Pesi Publishing, Eau Claire, WI.

Santorelli, S. (1999). *Heal Thy Self: Lessons on Mindfulness in Medicine*. Bell Tower, New York.

Stahl, B., & Goldstein, E. (2010). *A Mindfulness-Based Stress Reduction Workbook*. New Harbinger, Oakland, CA.

Stahl, B., Meleo-Meyer, F., & Koerbel, L. (2014). *A Mindfulness-Based Stress Reduction Workbook for Anxiety*. New Harbinger, Oakland, CA.

마음챙김의 적용 관련 도서

Bardacke, N. (2012). *Mindful Birthing: Training the Mind, Body, and Heart for Childbirth and Beyond*. HarperCollins, New York.

Bartley, T. (2012). *Mindfulness-Based Cognitive Therapy for Cancer*. Wiley-Blackwell, West Sussex, UK.

Bartley, T. (2016). *Mindfulness: A Kindly Approach to Cancer*. Wiley-Blackwell, West Sussex, UK.

Bays, J. C. (2009/2017). *Mindful Eating: A Guide to Rediscovering a Healthy and Joyful Relationship with Food*. Shambhala, Boston.

Bays, J. C. (2014). *Mindfulness on the Go: Simple Meditation Practices You Can Do Anywhere*. Shambhala, Boston.

Biegel, G. (2017). *The Stress-Reduction Workbook for Teens: Mindfulness Skills to Help You Deal with Stress*. New Harbinger, Oakland, CA.

Brewer, Judson. (2017) *The Craving Mind: From Cigarettes to Smartphones to Love—Why We Get Hooked and How We Can Break Bad Habits*. Yale, New Haven.

Brown, K. W., Creswell, J. D., & Ryan, R. M. (Eds.) (2015). *Handbook of Mindfulness: Theory, Research, and Practice*. Guilford, New York.

Carlson, L., & Speca, M. (2010). *Mindfulness-Based Cancer Recovery: A Step-by-Step MBSR Approach to Help You Cope with Treatment and Reclaim Your Life*. New Harbinger, Oakland, CA.

Cullen, M., & Pons, G. B. (2015). *The Mindfulness-Based Emotional Balance Workbook: An Eight-Week Program for Improved Emotion Regulation and Resilience*. New Harbinger, Oakland, CA.

Epstein, R. (2017). Attending: *Medicine, Mindfulness, and Humanity*.

Scribner, New York.

Germer, C. (2009). *The Mindful Path to Self-Compassion*. Guilford, New York.

Goleman, G., & Davidson, R. J. (2017). *Altered Traits: Science Reveals How Meditation Changes Your Mind, Brain, and Body*. Avery/Random House, New York.

Gunaratana, B. H. (2002). *Mindfulness in Plain English*. Wisdom, Somerville, MA.

Jennings, P. (2015). *Mindfulness for Teachers: Simple Skills for Peace and Productivity in the Classroom*. W. W. Norton, New York.

Kaiser-Greenland, S. (2010). *The Mindful Child*. Free Press, New York.

McCown, D., Reibel, D., & Micozzi, M. S. (Eds.) (2010). *Teaching Mindfulness: A Practical Guide for Clinicians and Educators*. Springer, New York.

McCown, D., Reibel, D., & Micozzi, M. S. (Eds.) (2016). *Resources for Teaching Mindfulness: An International Handbook*. Springer, New York.

Penman, D. (2018). *The Art of Breathing*. Conari, Newburyport, MA.

Rechtschaffen, D. (2014). *The Way of Mindful Education: Cultivating Wellbeing in Teachers and Students*. W. W. Norton, New York.

Rechtschaffen, D. (2016). *The Mindful Education Workbook: Lessons for Teaching Mindfulness to Students*. W. W. Norton, New York.

Rosenbaum, E. (2005). *Here for Now: Living Well with Cancer Through Mindfulness*. Satya House. Hardwick, MA.

Rosenbaum, E. *Being Well (Even When You Are Sick): Mindfulness Practices for People with Cancer and Other Serious Illnesses*. Shambala, Boston, 2012.

Segal, Z. V., Williams, J. M. G., & Teasdale, J. D. (2013). *Mindfulness-Based Cognitive Therapy for Depression: A New Approach to Preventing Relapse* (2nd ed.). Guilford, New York.

Teasdale, J. D., Williams, M., & Segal, Z. V. (2014). *The Mindful Way*

Workbook: An Eight-Week Program to Free Yourself from Depression and Emotional Distress. Guilford, New York.

Williams, A. K., Owens, R., & Syedullah, J. (2016). *Radical Dharma: Talking Race, Love, and Liberation*. North Atlantic Books, Berkeley.

Williams, J. M. G., Teasdale, J. D., Segal, Z. V., & Kabat-Zinn, J. (2007). *The Mindful Way Through Depression: Freeing Yourself from Chronic Unhappiness*. Guilford, New York.

Williams, M., & Penman, D. (2012). *Mindfulness: An Eight-Week Plan for Finding Peace in a Frantic World*. Rhodale.

치유

Doidge, N. (2016). *The Brain's Way of Healing: Remarkable Discoveries and Recoveries from the Frontiers of Neuroplasticity*. Penguin Random House, New York.

Goleman, D. (1997). *Healing Emotions: Conversations with the Dalai Lama on Mindfulness, Emotions, and Health*. Shambhala, Boston.

Moyers, B. (1993). *Healing and the Mind*. Doubleday, New York.

Siegel, D. (2007). *The Mindful Brain: Reflection and Attunement in the Cultivation of Wellbeing*. W. W. Norton, New York.

Van der Kolk, B. (2014). *The Body Keeps the Score: Brain, Mind, and Body in the Healing of Trauma*. Penguin Random House, New York.

시

Eliot, T. S. (1943/1977). *Four Quartets*. Harcourt Brace, New York.

Lao-Tzu. (1988). *Tao Te Ching* (Stephen Mitchell, transl.). HarperCollins, New York.

Mitchell, S. (1989). *The Enlightened Heart*. Harper & Row, New York.

Oliver, M. (1992). *New and Selected Poems*. Beacon, Boston.

Tanahashi, K., & Leavitt, P. (2018). *The Complete Cold Mountain: Poems of* the Legendary Hermit, Hanshan. Shambhala, Boulder, CO.

Whyte, D. (1994). *The Heart Aroused: Poetry and the Preservation of the Soul in Corporate America*. Doubleday, New York.

기타 서적

Abram, D. (1996). *The Spell of the Sensuous*. Vintage, New York.

Blackburn, E., & Epel, E. (2017). *The Telomere Effect: A Revolutionary Approach to Living Younger, Healthier, Longer*. Grand Central Publishing, New York.

Davidson, R. J., & Begley, S. (2012). *The Emotional Life of Your Brain*. Hudson St. Press, New York.

Harris, Y. N. (2015). *Sapiens: A Brief History of Humankind*. HarperCollins, New York.

Katie, B., & Mitchell, S. (2017). *A Mind at Home with Itself*. HarperCollins, New York.

Luke, H. (1987). *Old Age: Journey into Simplicity*. Parabola, New York.

Montague, A. (1978). *Touching: The Human Significance of the Skin*. Harper & Row, New York.

Pinker, S. (1997). *How the Mind Works*. W. W. Norton, New York.

Pinker, S. (2012). *The Better Angels of Our Nature: Why Violence Has Declined*. Penguin Random House, New York.

Pinker, S. (2018). *Enlightenment Now: The Case for Reason, Science, Humanism, and Progress*. Penguin Random House, New York.

Ricard, M. (2013). *Altruism: The Power of Compassion to Change Yourself and the World*. Little Brown, New York.

Ryan, T. (2012). *A Mindful Nation: How a Simple Practice Can Help Us Reduce Stress, Improve Performance, and Recapture the American Spirit*. Hay House, New York.

Sachs, J. D. (2011). *The Price of Civilization: Reawakening American Virtue and Prosperity*. Random House, New York.

Sachs, O. (1970). *The Man Who Mistook His Wife for a Hat*, Touchstone, New York.

Sachs, O. (2017). *The River of Consciousness*. Knopf, New York.

Sapolsky, R. (2017). *Behave: The Biology of Humans at Our Best and Worst*. Penguin Random House, New York.

Tegmark, M. (2014). *The Mathematical Universe: My Quest for the Ultimate Nature of Reality*. Random House, New York.

Turkle, S. (2011). *Alone Together: Why We Expect More from Technology and Less from Each Other*. Basic Books, New York.

Turkle, S. (2015). *Reclaiming Conversation: The Power of Talk in a Digital Age*. Penguin Random House, New York.

Varela, F. J., Thompson, E., & Rosch, E. (2016). *The Embodied Mind: Cognitive Science and Human Experience*. revised edition, MIT Press, Cambridge, MA.

Wright, R. (2017). *Why Buddhism Is True: The Science and Philosophy of Meditation and Enlightenment*. Simon & Schuster, New York.

Websites

Center for Mindfulness, UMass Medical School: www.umassmed.edu/cfm

Mind and Life Institute: www.mindandlife.org

Vipassana retreat centers and schedules: www.dharma.org

찾아보기

인명

내용

존 카밧진(Jon Kabat-Zinn, Ph.D.)

존 카밧진 박사는 매사추세츠 의과대학의 MBSR(마음챙김에 근거한 스트레스 완화) 프로그램과 스트레스 완화 클리닉(1979년) 및 의학, 의료 및 사회에서의 마음챙김 명상센터(1995년)의 설립자이며 또한 의학 명예교수다. 그는 의료 전문가, 기술 및 비즈니스 커뮤니티 그리고 전 세계 일반 청중을 위한 마음챙김에 관한 워크숍과 집중수련을 지도하고 있다. 그는 사회 정의와 경제 정의를 강력히 지지하고 있다. 그는 베스트셀러 『Wherever You Go There You Are』 및 『Full Catastrophe Living』을 포함하여 10권의 저자 또는 공동 저자이며, 그의 아내인 마일라 카밧진(Myla Kabat-Zinn)과 함께 마음챙김 양육에 관한 책인 『Everyday Blessings』를 출판하였다. 그는 빌 모이어스와 함께 PBS 스페셜 〈치유와 마음(Healing and Mind)〉, 오프라 그리고 앤더슨 쿠퍼와 함께한 CBS의 〈60분(60 Minutes)〉 등 전 세계 TV 다큐멘터리에 출연하였다. 현재는 매사추세츠에 살고 있으며, 그의 연구는 의학, 심리학, 건강관리, 신경과학, 학교, 고등교육, 기업, 사회 정의, 형사사법, 교도소, 법, 기술, 정부, 전문 스포츠와 같은 주류 기관이 마음챙김을 도입하는 데 기여하였다. 지금도 그는 세계 각지의 병원과 의료센터는 마음챙김과 MBSR 훈련을 기반으로 한 임상 프로그램을 제공하고 있다.

역자 소개

안희영(Ahn Heyoung)

　미국 컬럼비아 대학교에서 MBSR 지도자 교육과정을 주제로 박사학위를 받았다(성인학습 및 리더십 전공). 현재 한국 MBSR 마음챙김 연구소 소장으로 재직 중이며 2005년부터 마음챙김에 근거한 스트레스 완화(MBSR) 프로그램을 한국에 보급하고 있다. 2010년 미국 MBSR 본부인 마음챙김센터(CFM)에서 한국인 최초로 인증을 취득하였다. 현재 국내 유일의 국제 MBSR 지도자 및 티처 트레이너로서 한국 MBSR 마음챙김 연구소(http://www.mbsrkorea.com)를 중심으로 스트레스, 명상, 리더십과 관련된 교육을 하고 있다. 미국에서 내면검색(Search Inside Yourself) 프로그램 지도자 인증을 취득하고 Mind Leadership 과정 및 기업 명상 프로그램인 Potential Project 지도과정을 이수하였으며, 옥스포드 마음챙김센터(Oxford Mindfulness Center)에서 MBCTL 국제인증지도자 및 트레이너 자격을 취득하였다.

　풀브라이트 교환교수(뉴욕대학교), 한국심신치유학회 회장, 대한통합의학교육협의회 부회장, 한국정신과학학회 부회장, 서울불교대학원대학교 석좌교수 및 부총장을 역임하였으며, 현재 한국심신치유학회 명예회장, 대한명상의학회 고문, 한국불교심리치료학회 운영위원으로 있다.

역서로는 『의료 분야에서의 마음챙김 MBSR』(공역, 학지사, 2020), 『8주 마음챙김(MBCT) 워크북』(불광출판사, 2017), 『온정신의 회복』(공역, 학지사, 2017), 『의식의 변용』(공역, 학지사, 2017), 『MBSR 워크북』(공역, 학지사, 2014), 『예술과 과학이 융합된 마음챙김』(공역, 학지사, 2014), 『켄 윌버의 ILP』(공역, 학지사, 2014), 『8주 나를 비우는 시간』(공역, 불광출판사, 2013), 『스트레스와 건강』(공역, 학지사, 2012), 『존 카밧진의 처음 만나는 마음챙김 명상』(불광출판사, 2012), 『자유로운 삶으로 이끄는 일상생활 명상』(공역, 학지사, 2011), 『마음챙김과 정신건강』(학지사, 2010), 『마음챙김에 근거한 심리치료』(공역, 학지사, 2009), 『현재 이 순간을 알기』(공역, 보리수선원, 2009) 등이 있으며, 저서로는 『통합심신치유학 실제』(공저, 학지사, 2020), 『Resources for Teaching Mindfulness』(Springer, 2016) 중 7장 'Teaching MBSR in Korea with a special reference to cultural differences' 등이 있다.

논문으로는 「Dialogical and Eastern Perspectives on the Self in Practice」(Teaching MBSR in Philadelphia and Seoul)(IJDS, 2015), 「통합심신치유의 통전적 패러다임 모델」(공동 연구, 예술심리치료연구, 2013), 「현대 서구사회에서의 마음챙김 활용」(불교학연구, 2012), 「MBSR 프로그램의 불교 명상적 기반」(불교학연구, 2010), 「마음챙김과 자기기억의 연관성」(선학, 2010), 「통합미술치료를 위한 MBSR 프로그램 활용방안」(예술심리치료연구, 2010), 「Mindfulness and Its Mechanism for Transformative Education」(한국교육실천연구회, 2008). 등이 있다.

김정화(Kim Jeonghwa)

서울불교대학원대학교에서 심신치유교육학 박사를 수료하였으며, 한국 MBSR 마음챙김 연구소에서 민간 MBSR 2급 지도자 자격을 취득하였다. 불교명상지도사, 스트레스관리지도사, 심리상담사, 힐링건강지도사로서 성인과 학생들을 대상으로 스트레스 완화(MBSR), 자기돌봄 관련 프로그램 운영과 심리상담을 하며 이와 관련된 서적을 번역하고 있다.

역서로는 『부부관계 향상을 위한 수용전념치료』(공역, 학지사, 2020)가 있다.

온정신의 회복 시리즈 **1**

존 카밧진이 이야기하는
당신이 모르는 마음챙김 명상
MEDITATION IS NOT WHAT YOU THINK :
Mindfulness and Why It Is So Important

2022년 4월 25일   1판 1쇄 인쇄
2022년 4월 30일   1판 1쇄 발행

지은이 • Jon Kabat-Zinn
옮긴이 • 안희영 · 김정화
펴낸이 • 김진환
펴낸곳 • ㈜ **학지사**
　　　　 04031 서울특별시 마포구 양화로 15길 20 마인드월드빌딩
대표전화 • 02)330-5114　　　팩스 • 02)324-2345
등록번호 • 제313-2006-000265호

홈페이지 • http://www.hakjisa.co.kr
페이스북 • http://www.facebook.com/hakjisa

ISBN 978-89-997-2678-1 93180

정가 15,000원

출판 · 교육 · 미디어기업 **학지사**

간호보건의학출판 **학지사메디컬** www.hakjisamd.co.kr
심리검사연구소 **인싸이트** www.inpsyt.co.kr
학술논문서비스 **뉴논문** www.newnonmun.com
교육연수원 **카운피아** www.counpia.com

한국 MBSR 마음챙김 연구소

깨어 있는 삶의 기술, 건강하고 행복한 삶으로의 초대

 MBSR(Mindfulness-Based Stress Reduction) 프로그램은 동양의 마음챙김 명상과 서양의학을 접목하여 탄생한 의료명상 교육 프로그램으로, 1979년 미국 매사추세츠 주립대학교 메디컬센터에서 만성통증이나 만성질병에 노출된 환자들의 스트레스를 감소시키기 위해 존 카밧진 박사에 의해 창안되었습니다. MBSR은 마음챙김에 근거한 치료법 중에서 역사가 가장 길고 임상적인 연구 결과가 가장 많이 제시된 프로그램으로 알려져 있으며, Time, Newsweek, ABC, NBC 등 해외 유수 언론을 통해 소개되면서 최고의 심신 이완 및 스트레스 감소 프로그램으로 인정받고 있습니다.

 MBSR의 성공비결은 일반인들에게는 어려울 수 있는 명상을 이해하기 쉬운 언어 사용과 과학적인 효과 검증을 바탕으로 체계적이고 알기 쉽게 제공하는 것이라고 알려져 있습니다.

 MBSR 프로그램의 임상 효과는 만성통증, 불안, 우울, 범불안장애 및 공황장애, 수면장애, 유방암 및 전립선암, 건선, 외상, 섭식장애, 중독, 면역강화 등의 다양한 정신적 증상의 완화 또는 치료뿐만 아니라 스트레스에 기인한 고혈압, 심혈관 질환 등 많은 만성질환의 증상 완화, 예방, 치료에 도움을 주는 것으로 보고되고 있습니다. MBSR은 이제 병원에서의 스트레스 치유뿐 아니라 학교나 기업에서 인성교육, 창의성, 리더십 교육에 적극 활용되고 있으며 법조계, 스포츠 분야 등 다양한 분야로 꾸준히 확산되고 있는 추세입니다.

국내에서도 이 책에 소개된 MBSR 프로그램을 제대로 배울 수 있는 길이 열려 있습니다. 한국 MBSR 마음챙김 연구소는 전 세계 약 13여개의 명망 있는 교육단체들과 연합된 글로벌 마음챙김 공동체(GMC Global Mindfulness Collaborative) 파트너로서 국내 유일의 국제인증 지도자이자 MBSR 티쳐 트레이너인 안희영 박사가 미국본부의 교과 과정과 지도원리 및 전통방식으로 MBSR 프로그램을 보급하고 있습니다. 또한 MBSR 일반 과정뿐만 아니라 3~7일 마음챙김 집중수련 과정, MBCT-L 8주 일반 과정, MBSR 국제 지도자 양성 과정 등 다양한 프로그램을 제공하고 있습니다.

*한국 MBSR 마음챙김 연구소 홈페이지, 카페, 유튜브(한국 MBSR 마음챙김 연구소)로 들어오시면 안희영 박사의 마음챙김 명상 음원을 다양하게 경험하실 수 있습니다.

⊙ 서울시 서초구 방배동 981-32 봉황빌딩 3층 Tel (02)525-1588
⊙ E-Mail mbsr88@hanmail.net
⊙ 홈페이지 www.mbsrkorea.com
⊙ 다음카페 cafe.daum.net/mbsrkorea
⊙ 네이버카페 cafe.naver.com/mbsrkorea

 ▶ YouTube 한국 MBSR 마음챙김 연구소

MBSR 창시자 존 카밧진 박사의 명상 음원
우리말 녹음 구입 안내

이제 존 카밧진 박사의 명상 지도 음원을 우리말 버전으로 접할 수 있습니다.

CD 시리즈 1은 바디스캔, 앉기 명상, 마음챙김 요가 1, 2를 안희영 박사가 직접 우리말로 녹음하여 출시 중에 있습니다.

MBSR 방식으로 명상을 수련하실 분은 구입해서 사용하실 수 있습니다. CD로 제작되었지만 MP3 방식으로도 사용하실 수 있도록 녹음되어 있습니다. 구입 문의는 시내 서점이나, 한국 MBSR 마음챙김 연구소(02-525-1588, mbsr88@hanmail.net)로 하시면 됩니다.